U0504365

# 霸权兴衰
## 与变动中的
# 全球治理秩序

The Rise and Fall of Hegemony and
the Changing Global Governance Order

任 琳 等／著

中国社会科学出版社

**图书在版编目（CIP）数据**

霸权兴衰与变动中的全球治理秩序／任琳等著．—北京：
中国社会科学出版社，2023.7

ISBN 978 – 7 – 5227 – 2004 – 3

Ⅰ．①霸…　Ⅱ．①任…　Ⅲ．①国际政治—研究　Ⅳ．①D5

中国国家版本馆 CIP 数据核字（2023）第 114230 号

| | | |
|---|---|---|
| 出 版 人 | 赵剑英 |
| 责任编辑 | 李凯凯 |
| 责任校对 | 季　静 |
| 责任印制 | 王　超 |

| | | |
|---|---|---|
| 出　　版 | 中国社会科学出版社 |
| 社　　址 | 北京鼓楼西大街甲 158 号 |
| 邮　　编 | 100720 |
| 网　　址 | http://www.csspw.cn |
| 发 行 部 | 010 – 84083685 |
| 门 市 部 | 010 – 84029450 |
| 经　　销 | 新华书店及其他书店 |

| | | |
|---|---|---|
| 印　　刷 | 北京君升印刷有限公司 |
| 装　　订 | 廊坊市广阳区广增装订厂 |
| 版　　次 | 2023 年 7 月第 1 版 |
| 印　　次 | 2023 年 7 月第 1 次印刷 |

| | | |
|---|---|---|
| 开　　本 | 710×1000　1/16 |
| 印　　张 | 16 |
| 字　　数 | 202 千字 |
| 定　　价 | 86.00 元 |

# 前　言

　　当今世界正处于百年未有之大变局，国际秩序进入动荡变革调整期，不稳定性和不确定性风险日益凸显。其中，霸权国的相对衰落以及其为了护持霸权而采取的诸多行为冲击了全球治理秩序，迟滞了全球治理体系改革，客观上也恶化了中国实现民族复兴、人民幸福的外部环境，以及世界和平与发展、人类进步的客观条件。在某种意义上，中美关系是决定全球治理秩序走向的最核心变量。面对新形势新问题，迫切需要拨开迷雾，看清霸权国行为背后的逻辑，并思考全球治理体系改革的未来方向。

　　本书批判性地借鉴和发展了斯特兰奇关于结构性权力的分析框架，更加重视各类因素的系统性塑造、互相作用机制及相关溢出效应。这也为全书的内容聚焦、变量锁定和案例选择圈定了范围，并为逻辑伸展和论点论证提供了有效的分析工具。书中回顾了第二次世界大战后全球治理体系的逐步建立，以及与之相对的体系内制度性权力的塑造，不但紧扣国家与市场逻辑互动之主题，而且通过增加国际制度的分析维度，使研究更为贴近变动中的世情。"二战"后相当长一段时间内，战争一度不再是大国争夺权力的必选项，而多边制度框架下的国家博弈则成为大国博弈的新主题。霸权国将个体利益凌驾于多边利益之上，没有遵循制度逻辑、维护制度信誉，成为其逐步丧失可持续生产制度性权力能力的重要原因。制度变量的引入丰富了现实主义的分析，为我们后续关注大国博弈的影响投射至全球治理秩序，提供了必要的观察维度和分析路径。

大国博弈仅是部分原因甚至表象，霸权兴衰还有更为根本的内生性动因。截至特朗普政府执政，美国认识到其实力和影响力的相对示弱。为了护持霸权，美在金融、技术和经济等领域内频频作为，诉诸诸多单边主义、霸凌主义和保护主义。随后的拜登政府虽做出了部分政策调整，但基本延续了特朗普政府的强硬政策。在高科技领域，美对华发起制裁、采取"脱钩"政策，尤其是在关键核心技术和零部件领域对中国企业实施"卡脖子"战略。这些行为的背后，都是美针对霸权相对衰落事实的"纠偏"行为，但霸权衰落背后还有着更深层的原因，例如经济过度金融化、技术进步滞后、滥用制裁丧失网络性权力等。这些因素不断发酵才是霸权最终走向渐进性衰落的直接原因，并非霸权国一再"甩锅"给崛起国的某些所谓的理由。

当然，正如马克思、恩格斯曾论及资本主义制度必然走向灭亡但这一历史过程并非一蹴而就，霸权的产生和衰亡也需要经历相当长的时间，且当下其在金融、货币和技术等重要领域内的网络性权力虽有内生性矛盾和霸权侵蚀效应，但绝对优势仍在；此外，为了延迟这一历史必然的到来，霸权国采取了一系列的霸权护持行为，直接或间接地加剧了国际秩序的动荡。

本书随即将视野转向霸权国行为对全球治理秩序带来的冲击。在很多时候，这种影响力投射系霸权国借由联盟政治实现的。然而，近年来联盟政治也在出现一些新形态，例如联盟异化和联盟扩容。全球治理的目的是协调国家逻辑，管理市场逻辑，并通过（国际）制度的设计、运行和改革达到某种治理均衡，维持世界秩序的相对稳定。随着大国博弈不断升级，霸权国的权力逻辑不断超越多边制度协调的逻辑，违背了全球治理的初衷，致使人们对未来世界秩序和全球治理图景充满迷茫。在高科技领域，"脱钩"体现在回归联盟政治、组建排他性多边规则上，例如美国联合盟友打造所谓的《瓦森纳协定》，谋划实现对华技术封锁。然而，许多美国的盟友国家并不想在中美之间"选边站"，而是倾向于适用时而追随时而背叛的务实外交策略，因此出现了联盟异化的新现象。此外，霸权国诉诸的联盟扩容策略是虚弱和缺乏稳定性的。霸权国在基础设施等诸多领域内都采取了联盟扩容政策，将笼络对象扩容到某些发展中国家，意图塑造针对崛起国的排他性体系。然而，这些霸权护持的政策无视扩容对象国家所处的发展阶段，并不关心相关强加标准很可能对它们造成巨大的经济损失。

"脱钩"必然带来一个彼此隔离的世界，滋生和平赤字、发展赤字、安全赤字和治理赤字。"脱钩"甚至会将世界拖入彼此对立的"新冷战"，世界各国被迫步入一个平行的世界秩序。不过，由于各种因素的共同作用，短期内全球治理的最明显特征将是不断攀升的制度复杂性。当全球治理的多边秩序处于停滞、瓦解和重塑的状态，区域一体化进程却在悄然加强，比较典型的案例有《区域全面经济伙伴关系协定》（RCEP）的顺利签署与落地；再如，系统内诸多国家不想"选边站"，有学者因此认为，在同一功能领域内很可能出现分别以中美为主导国，但成员国彼此重叠的两套治理安排。加之，近年来西方发达国家将一些多边机制"工具化"和"武器化"，更是加剧了全球治理领域内的制度复杂乱局。制度复杂性的终点是什么？综合已有观点，本书罗列了几种全球治理的未来图景。作为世界上最为重要的两个行为体，中美两国的双边互动结果将最终塑造全球治理的未来版图。

本书的分析起点是与霸权兴衰有关的结构性权力，落脚点却是全球治理的制度表现。我们曾多次把书稿拿给学界前辈和同仁审读，不少人会好奇地问及这本书是现实主义的，还是制度主义的；还有人直接断定我们延续了此前"退出外交"① 一文中的制度现实主义。实际上，本书遵循的是中庸之道。古人云，"中则不偏，常则不易，惟中不足以尽之，故曰中庸。"② 或许有必要为中庸思想正名，因为中庸并不是寡思守旧，而是灵活务实。中庸说的是全面、灵活、客观与辩证。我们尊重现实主义和制度主义的判断，虚心汲取其中有益的分析变量，秉持实事求是与辩证思维，坚持中庸的分析路径。或许这也是为什么有学界同仁说，我们既没有现实主义的悲观，又没有制度主义的乐观，反而是吸取了现实主义深深的现实关怀，承袭了制度主义对未来的企盼，认为只有发掘现实主义的权力运行机制之真相，才能利用并完善全球治理的制度路径，塑造一个更美好的世界。

面对当下霸权国咄咄逼人的权力护持行为，以及充满不确定性的全球治理秩序的演化方向，我们要自立自强，积厚成势。首先，要练好内功，统筹发展与安全。塑造我国科技自主研发创新能力，保障产业链和供应链安全，实现高水平自立自强，不断增强我国参与国际经济合作与竞争新优势。其次，要坚持开放包容，反对封闭排他。习近平总书记指出，"在国际上搞'小圈子'、'新冷战'，排斥、威

---

① 任琳：《"退出外交"与全球治理秩序——一种制度现实主义的分析》，《国际政治科学》2019 年第 1 期。

② 程颢、程颐：《二程集》，王孝鱼点校，中华书局 2004 年版，第 122 页。

胁、恐吓他人，动不动就搞脱钩、断供、制裁，人为造成相互隔离甚至隔绝，只能把世界推向分裂甚至对抗。一个分裂的世界无法应对人类面临的共同挑战，对抗将把人类引入死胡同"。① 最后，要守正创新，塑造高水平制度型开放。借力更深层次更宽领域更高水平的改革，提高国家抵御外部风险的能力。明确新一轮高水平开放的方向和路径，从商品和要素流动型开放，到规则、规制、管理、标准等制度型开放，构建起一个安全高效的开放型经济体系。以高水平制度规则为基础，参与、制定和践行高水平国际规则，是一个积极与外部世界"挂钩"的过程，也是下好先手棋，取得战略主动的重大举措。

---

① 习近平：《论把握新发展阶段、贯彻新发展理念、构建新发展格局》，中央文献出版社 2021 年版，第 493 页。

# 目　录

## 总论　再见斯特兰奇

## Ⅰ　霸权兴衰:国家与市场的逻辑

# II　霸权护持：联盟政治与
相互依赖武器化

## Ⅲ　全球治理的现实困境与未来图景

# 总　论

## 再见斯特兰奇

# 大国博弈的底层逻辑:权力结构与制度化趋势

本章借鉴和发展苏珊·斯特兰奇（Susan Strange）关于权力结构的研究框架，并据此对霸权兴衰的底层逻辑进行历史追踪。霸权国在由权力结构所框定的安全、金融、知识和生产等领域的博弈中寻求获得和维持权力，并随着历史演进徘徊于国家逻辑和市场逻辑之间。本章试图简要勾勒大国权力博弈内容与方式的历史变化，并提出在全球治理的话语体系下权力结构日益呈现制度化的表现形态。① 的确，"二战"后的大国权力博弈常常是在多边制度框架下进行的。然而，近年来也出现了破坏全球治理的权威基础，超越制度规则约束的大国博弈之异象。就国际制度博弈而言，本章重点追踪其历史演变过程，而后续章节将或多或少地涉及其溢出效应。恰恰是因为霸权国诉诸"脱钩""断网"等无视全球治理权威基础的各类行为日益涌现，既成全球治理的制度安排日益被瓦解、分化和复杂化。

---

① 任琳、孙振民：《大国战争之后：权力生产方式的历史演变》，《当代亚太》2020 年第 1 期。

## ◇一 权力结构中的大国权力博弈

斯特兰奇提出的权力结构的研究框架为分析霸权的底层逻辑提供了较为系统和全面的视域：在权力结构中，国家逻辑与市场逻辑的博弈影响了结构性权力的生成。不过在此过程中，霸权国获取、护持抑或消耗、丢失结构性权力并非一蹴而就，而是先要经过资源性权力的积累或侵蚀，以及联系性权力的兑现或损耗等长久的历程。资源性权力、联系性权力、结构性权力是霸权国在权力结构中求取权力的三个层次，分别对应着大国权力博弈的基础、手段和目标。

### （一）权力结构的研究框架

权力是理解霸权的基础。作为推动行为发生的"使能机制"，权力可以解释霸权行为的目标和激励。[①] 伯特兰·罗素（Bertrand Russell）认为，权力是"社会科学中根本性的概念"，意味着"创造预期效果"。[②] 至于这种预期效果为何，罗伯特·达尔（Robert A. Dahl）给出的解释是"A 能够使 B 做出某种行为，哪怕此行为并

---

① Randall Germain, "Susan Strange and the Future of IPE", in Randall Germain, ed., *Susan Strange and the Future of Global Political Economy: Power, Control and Transformation*, London and New York: Routledge, 2016, p. 7.

② Bertrand Russell, *Power: A New Social Analysis*, London: Allen & Unwin, 1938, pp. 10, 35.

非 B 的本意"①。因此，彼得·布劳（Peter M. Blau）将权力总结为"个人或群体对外施加自身意志的能力"②。在这类定义的基础上，史蒂文·卢克斯（Steven Lukes）将权力进一步分为三层，认为行为体在推进自身利益、创造预期效果的过程中使用三种程度的权力，由低到高分别是推进自身偏好的权力、拒止不利政策的权力、设置有利议程的权力。③

斯特兰奇将权力置于结构中予以理解，认为能够创造预期效果的权力寓于权力结构之内。她总结了国际政治经济中的四大结构：安全结构、生产结构、金融结构、知识结构。这四大结构是对政治经济结构的进一步细分，它们互相联动、被可视化为一个四面相接的棱锥体（从而每一方面都与其余三个方面接触）（见图 0-1）。结构性权力就寓于其中，被掌握在安全的提供者、生产的组织者、信贷与货币交换的安排者、知识的掌握与传播者手中。具体来说：

（1）安全结构是各种安全防务关系总和而成的框架。提供安全的人不仅能制约他人的安全选择，还能在财富的生产或消费方面取得特惠；

（2）生产结构是创造财富的一系列生产安排的总和，包括决定生产什么、由谁生产、为谁生产、用什么方法生产、按什么条件生产等各种生产安排。生产方式变迁往往导致政治权力分布的洗牌，改变国家与市场之间的关系；

① Robert A. Dahl, "The Concept of Power", *Behavioral Science*, Vol. 2, No. 3, 1957, pp. 201-215.

② Peter M. Blau, *Exchange and Power in Social Life*, New York: Wiley, 1964, p. 117.

③ Steven Lukes, *Power: A Radical View*, Basingsroke: Macmillan Education, 1974, pp. 15-24.

（3）金融结构是创造和管理信贷的各种安排以及决定各国货币汇率的国际货币体系的总和。创造信贷、取得外界对自身偿付能力的信任，意味着获得影响生产与消费的能力，也意味着获得操控货币相对价值的能力；

（4）知识结构是总和了信仰、信息以及传送信仰与信息的渠道三个层次的框架。知识结构中的权力表现为控制知识的传送，即允许或阻止知识的流动。①

总结起来，结构性权力就是决定各行为体办事方法的权力，就是构造关系框架（包含国与国之间关系、国家与人民之间关系、国家与企业之间关系）的能力。② 作为结构性权力的掌控者，霸权国能够塑造整个体系结构内各行为体（主要是国家）的行为模式和活动范围，充当国际政治经济秩序的组织者和安排者。③

斯特兰奇关于权力结构的研究框架还隐含一层逻辑：结构性权力是国家逻辑和市场逻辑博弈的产物。④ 这层逻辑具有两方面含义：一方面，国家逻辑和市场逻辑之间存在博弈；另一方面，国家逻辑和市

① 苏珊·斯特兰奇：《国际政治经济学导论——国家与市场》，杨宇光等译，经济科学出版社 1990 年版，第 52、72、103、137 页。

② 苏珊·斯特兰奇：《国际政治经济学导论——国家与市场》，杨宇光等译，经济科学出版社 1990 年版，第 29 页。

③ 任琳、孙振民：《大国战争之后：权力生产方式的历史演变》，《当代亚太》2020 年第 1 期。

④ 比如，在金融结构中，其两方面主要内容（信贷安排和货币体系）的结构性权力都是随国家与市场之间平衡互动的变化而变化的：就信贷安排而言，创造信贷的权力由政府和市场所分享，由这两者之间的政治妥协和管理关系所决定；就货币体系而言，不同货币之间的汇率则受政策变化和市场变动的共同影响。参见 Christopher May, "Strange Fruit: Susan Strange's theory of Structural Power in the International Political Economy", *Global Society*, Vol. 10, No. 2, 1996, p. 181.

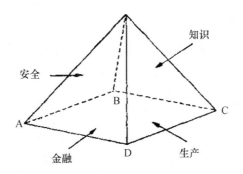

**图 0-1 斯特兰奇总结的权力结构**

资料来源：苏珊·斯特兰奇：《国际政治经济学导论——国家与市场》，杨宇光等译，经济科学出版社 1990 年版，第 32 页。

场逻辑的博弈影响了结构性权力的生成。具体来说：

（1）国家逻辑和市场逻辑之间存在博弈，两者能够协调却也常常失衡。在结构示意图中，斯特兰奇将国家（S）和市场（M）置于天平的两端（见图 0-2）。国家逻辑强调权力，市场逻辑强调财富。权力与财富都是国际政治经济活动的目的。[1] 权力能够用来控制他人的观念和行动，财富能够带来收益。[2] 权力和财富并不必然互斥，它们可以充当彼此的实现手段，因而从根本上和长远上是和谐一致的。[3] 财富是追求权力的物质基础，同时，权力服务于财富的积累。因此，国家逻辑与市场逻辑之间能够协调。国家逻辑并不排斥财富，而是要通过追求财富来为追求权力服务。市场逻辑也并不排斥权力，而是要

---

[1] 罗伯特·吉尔平：《国际关系政治经济学》，杨宇光等译，经济科学出版社 1989 年版，第 13—16 页。

[2] 罗伯特·吉尔平：《跨国公司与美国霸权》，钟飞腾译，东方出版社 2011 年版，第 16—20 页。

[3] 罗伯特·基欧汉：《霸权之后：世界政治经济中的合作与纷争》，苏长和等译，上海人民出版社 2001 年版，第 25—28 页。

通过追求权力来服务于追求财富。不过，这样一种协调关系是有张力的，毕竟国家逻辑将权力作为终极目标，而市场逻辑将财富作为终极目标，权力与财富在现实中又时有冲突。这时，把权力摆在首位的国家逻辑就和把财富摆在首位的市场逻辑偏离和谐的状态。等到其中一方压倒另一方、牺牲另一方，国家逻辑和市场逻辑就陷入失衡。国家逻辑与市场逻辑的失衡，要么表现为在政府和企业的分歧中哪一方的诉求胜出，要么表现为政府政策是偏重权力追求还是偏重财富追求。

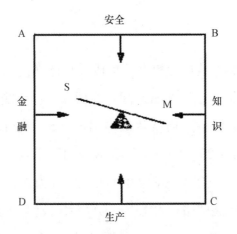

**图0-2 权力结构中的国家逻辑与市场逻辑**

资料来源：苏珊·斯特兰奇：《国际政治经济学导论——国家与市场》，杨宇光等译，经济科学出版社1990年版，第31页。

（2）国家逻辑和市场逻辑的协调或失衡影响了结构性权力的生成与否。当国家逻辑和市场逻辑协调一致，权力和财富的积累就会互相促进、彼此助力，有利于结构性权力的生成。而当国家逻辑和市场逻辑陷入失衡，权力和财富的积累就会互相干扰、彼此挤占，不利于结构性权力的生成。国家逻辑和市场逻辑的失衡又分两种情况：市场逻辑压倒国家逻辑时，权力为财富的积累服务，但工具化了的权力处在被边缘化的位置上。在这种情况下，国家的权力诉求很可能被牺牲，从而直接损害一国的结构性权力；国家逻辑压倒市场逻辑时，则是财富处在容易被忽视或被战略性放弃的位置上。虽然权力的积累被重视起来，但缺少足够的财富支撑，同样不利于结构性权力的生成。

总之，国家逻辑与市场逻辑处于总体一致与动态平衡中，就会共同推动结构性权力的生成，而如果这两种逻辑在某段时间内陷入较为严重的冲突与失衡，则会对霸权国的结构性权力产生负面影响。

## （二）权力博弈的分析体系

在关于权力结构的研究框架的基础上，可以进一步构建权力博弈的分析体系，从而揭示霸权的底层逻辑。上一节的研究框架虽提示结构性权力是国家逻辑和市场逻辑在权力结构中博弈的产物，但对其生成过程仍缺少解释。斯特兰奇在《国家与市场》中更多的是提出了一个启发性的研究框架，而非一个逻辑连贯的分析体系。因此，有必要把其中的解释机制补齐。

要想细化斯特兰奇对权力的分析，还需从权力概念本身入手。毕竟斯特兰奇给出的"权力"并非一个直白的概念，它有结构性意涵，也有关系性意涵，甚至还隐含着资源性意涵，是多个层面的多重因果相遇、共同造就的产物。[①] 综合学界讨论的各式各样的权力形态，我们能够发现，结构性权力其实处在一个连续的权力谱系中的最

---

① Randall Germain, "Susan Strange and the Future of IPE", in Randall Germain, ed., *Susan Strange and the Future of Global Political Economy: Power, Control and Transformation*, London and New York: Routledge, 2016, p. 4.

高程度上，其下依次是中间程度的联系性权力和基础程度的资源性权力。霸权意味着在资源性权力、联系性权力、结构性权力上均具有优势。可以从基础的资源性权力逐级向上地观察这几种权力形态：

（1）资源性权力就是硬实力，包括军事力量、经济力量、外交力量等内容。一国的权力资源越多，就越有可能在国际上推进自己的偏好。[①] 但是，仅仅掌握权力资源并不必然带来对国际事务的控制。

（2）联系性权力是体现在互动关系中的权力。互动关系讲的是权力资源的相互使用。一国只有有效地对他国使用自己具备的权力资源，才能真正做到在国际社会中推行自己的意志。那么在权力资源的相互使用中，哪一方能掌握更多联系性权力呢？罗伯特·基欧汉（Robert Keohane）和约瑟夫·奈（Joseph Nye）认为，权力来源于国与国之间的敏感性和脆弱性：敏感性指一国变化导致另一国发生有代价变化的速度及代价，脆弱性则指一国因外部事件强加的代价而受损的程度。A 国如果相对于 B 国的敏感性和脆弱性更高，就在权力互动中处于劣势。[②]

（3）结构性权力是一国（基于自身的权力资源和权力关系）在由众多资源单位和权力关系所组成结构中的主导力。与斯特兰奇的思考类似，斯蒂芬·克拉斯纳（Steven Krasner）将此描述为能够改变游

---

[①] Joseph M. Grieco, "The Maastricht Treaty, Economic and Monetary Union and the Neo-Realist Research Program", *Review of International Studies*, Vol. 21, No. 1, 1995, p. 27.

[②] 罗伯特·基欧汉、约瑟夫·奈：《权力与相互依赖》，门洪华译，北京大学出版社 2004 年版，第一章。

戏规则的"元权力（meta-power）"①。斯特凡诺·古齐尼（Stefano Guzzini）进一步总结道，结构性权力源自各国在国际体系中所占据位置和所扮演角色的对比，能通过改变国际场景来影响国际结果。②

综上，资源性权力是对权力资源的积累，联系性权力是对资源性权力的运用，结构性权力是对联系性权力的整合。安德烈·普斯托维托夫斯基（Andrej Pustovitovskij）和扬-弗雷德里克·克雷默（Jan-Frederik Kremer）提出的解释有助于进一步加深我们对三种权力形态之间联系的理解。他们从产品、需求、外部选择这一组概念出发，解释权力如何在资源、关系和结构层面层层递进：在权力的资源层面上，各国依据自身拥有的资源以及他国对资源的需求产出产品，产品的可得性和必要性初步决定产品的价值，进而定义国家权力；在权力的关系层面上，如果一国在与他国互相满足需求的过程中寻得外部选择，就能相对弱化对方产品的价值，从而相对提升自身的权力；在权力的结构层面上，各国生产的产品和彼此形成的需求关系共同构成一组结构，一国如果在其中广泛寻得能满足其需求的外部选择，或自身能广泛充当供应产品的外部选择，就能在与他国的比较中广泛处于权力优势。③

至此，可以对结构性权力的生成过程进行总结。国家逻辑与市场

---

① Stephen D. Krasner, *Structural Conflict*: *The Third World Against Global Liberalism*, Berkley: University of California Press, 1985, p. 14.

② Stefano Guzzini, "Structural Power: The Limits of Neorealist Power Analysis", *International Organization*, Vol. 47, No. 3, 1993, pp. 443 – 478.

③ Andrej Pustovitovskij, Jan-Frederik Kremer, "Structural Power and International Relations Analysis: 'Fill your Basket, Get Your Preferences'", IEE Working Papers 191, Ruhr University Bochum, Institute of Development Research and Development Policy, 2011, pp. 7 – 15.

逻辑的博弈影响结构性权力的生成，其实是三种权力在国家逻辑与市场逻辑的博弈中次第生成和接连转化的过程：

首先，国家逻辑与市场逻辑的博弈影响国内政策和国内环境，诸如政府调控、市场调节等一系列国内政治经济条件影响了资源性权力的积累。例如，有多少经费用于国防开支（安全相关权力资源）、是否限制技术类对外投资（知识相关权力资源）、资本管制的松紧不同（金融相关权力资源）、产业政策的导向如何（生产相关权力资源）等。

其次，国家逻辑与市场逻辑的博弈影响对外政策和外部环境，诸如对外开放程度、国际自由程度等一系列国际政治经济条件影响了资源性权力向联系性权力的转化以及联系性权力的发挥。例如，在全球性网络上，金融要素流动的方向、技术要素流动的方向、商品要素流动的方向和军事能力的投射方向都是关系属性的，决定了谁对谁更有影响力或是彼此之间如何发生互动联系。

最后，在多国的国家逻辑与市场逻辑博弈所共同塑造的内外环境中，各国对于联系性权力的发挥共同影响了结构性权力的获得，亦即谁在权力结构中享有或者获得了比较优势的结构。

实际上，结构性权力的生成过程就对应着大国权力博弈的过程。权力博弈即大国在互动中通过使用恰当的策略获得可观的回报。积累资源性权力、发挥联系性权力、获得结构性权力三个步骤在逻辑上和程度上递进，分别对应大国参与权力博弈的基础、手段和目标。而如前所述，影响这一过程的主要因素来自大国（追求权力的）国家逻辑和（追求财富的）市场逻辑之间的博弈。对于以霸权国为代表的各大国而言，它们既同其他大国博弈，自身也经历内部的国家逻辑和市场逻辑的博弈，同他国的权力博弈建立在各自国家逻辑和市场逻辑博弈的基础上。此外，不论是国家逻辑和市场逻辑的博弈，还是大国之间的权力博弈，它们共同的博弈场景是安全结构、金融结构、生产结构、知识结构等权力结构。权力结构是影响大国博弈的最基础的环境因素。（见图0-3）

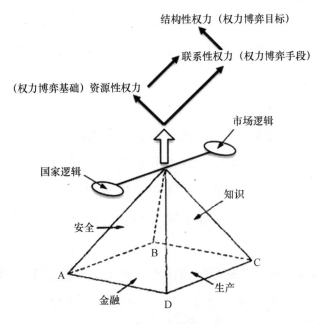

**图0-3　权力博弈的分析体系**

资料来源：笔者在参考和发展斯特兰奇模型的基础上自制。

最后，我们可以对霸权的底层逻辑进行总结：霸权国要想获取并护持霸权，就要同他国特别是其他大国进行权力博弈并能够持续胜出、保持权力优势。可从过程维度、内部维度、外部维度这三个维度理解大国权力博弈：

（1）大国权力博弈的过程围绕几种权力形态展开。积累资源性权力是大国权力博弈的基础，发挥联系性权力是大国权力博弈的手段，获得结构性权力（权力比较优势）是大国权力博弈的目标。资源性权力、联系性权力、结构性权力上的优势对于霸权而言都是必要的。

（2）大国权力博弈的内生动力是国家逻辑和市场逻辑的博弈。国家逻辑和市场逻辑的平/失衡影响到一国在大国权力博弈中的表现。国家逻辑和市场逻辑的协调平衡（双方互相支持）有助于取得并维持霸权，国家逻辑和市场逻辑失去平衡（一方压倒另一方）则不利于霸权的获取和护持。例如，市场逻辑追求金融能够最大化财富收益，国家逻辑追求金融服务于霸权国的权力护持，而两者之间是矛盾互动的关系，既会彼此促进，又可能彼此背离乃至消耗。

（3）大国权力博弈的外部约束是其所置身的权力结构。当权力结构本身发生变化，国家逻辑和市场逻辑的博弈以及大国权力博弈的基础、手段和目标都会随之变化，最后，霸权的兴衰也会受之牵动。

从大国权力博弈的底层逻辑出发，我们能够覆盖多个领域、综合多种因素地分析霸权国的行为：可以分析权力结构的演进，也可以分析霸权国内的国家逻辑和市场逻辑的博弈，还可以分析霸权国在大国权力博弈中行使权力等更细致的问题。

本章下文将聚焦权力结构演进如何影响大国权力博弈。历史上，大部分情况下，具备资源性权力的大国并不能直接获得结构性权力，发动军事战争成为其将优势兑现的中间手段。战争是大国在权力博弈中发挥联系性权力的极端形式。但随着权力结构的变化，其中的权力资源发生变化、结构性权力的内涵发生变化，在博弈基础及博弈目标均发生变化的情况下，博弈手段也发生变化。因此，传统军事战争变得不再必要，甚至被排斥。各结构中开始出现诸如科技战、贸易战、金融武器化、经济安全化等"新战争"形态。与此同时，多边制度成为权力结构中的新元素，推动了权力结构的制度化，从而使得多边制度框架中的博弈成为大国权力博弈的新内容。

## ◇二　权力结构演进与作为博弈手段的战争

### （一）大国战争时期的权力结构

冷战前的世界历史中，在各类权力结构中寻求权力优势的夙愿往往会鼓励大国尤其是霸权国发动军事战争。这表现在大国权力博弈的基础、目标以及国家逻辑和市场逻辑的博弈等多方面。

首先，该时段中结构性权力的争夺围绕领土/领海及相关商业利益展开，因而鼓励通过战争的方式实现此类目标诉求。不论是哈布斯堡王朝对全体系霸权的追逐，还是路易十四修整法国领土的企图，都显示出改变领土须诉诸战争手段。通过战争新获得领土，不仅能够改善安全形势，还能获得领土之上巨大的资源回报。而在对海域和航运资源的争夺中，英国先后迎击荷兰、法国、德国，其目标诉求也由主导商贸体系发展到支配殖民格局。

其次，该时段中的权力资源鼓励国家开动战争机器。每一种新制胜要素（权力资源）出现都意味着在相应历史阶段率先掌握它的国家将获得战争优势。在生产结构中，率先生产铁器的一方享有军事技术优势，后来随着大炮、舰队、飞机、核武器的发展，谁的火力投送更远，则军事行动的胜算就越大。19世纪中叶，在克里米亚战争和德法战争中，工业革命的成果就被率先转化为战争优势。[①]工业生产力还转化为经济力量、进而密切影响国家的对外战略。比如，德国在经历爆发式增长后已经初步具备了主导国际体系的实力，却被包围在欧陆中央，无法顺利向海外伸展利益，[②] 这时战争手段的价值就显现了出来。在金融结构中，战争金融出现后能通过贷款补给战争的方式进一步放大国家实力："建立军事—金融体制的国家，就是一个能够随时借到或更快借到钱的国家，往往握有发动战争的主动权；而能够以更低利息融资的国家，则可以在战争中坚持得更久。"[③]

最后，国家逻辑和市场逻辑在重商主义的强国思路中实现统一，战争服务于财富扩张和权力伸展。西方国家崛起其实就是以军事力量和政治权力保护和拓展经济利益、又用垄断利润支撑国家权力的过程。列强们都把自己的殖民地看作原材料的供应地和本国产品的倾销地，必要时会动用武力来保护殖民地、驱逐外来者，靠国家的力量取得或维持在国际竞争中的胜利，而只有那些最能充实国库财政来扩建高效海军和补强军事力量的国家才能在冲突中获胜。[④] 因此，西方发达国家一度借由宗主国和殖民地之间的联系性权力，实现其在安全、金融、生产和知识等领域内的结构性权力优势。

---

① 保罗·肯尼迪：《大国的兴衰》，王保存等译，中信出版社 2013 年版，第 188—240 页。

② 保罗·肯尼迪：《大国的兴衰》，王保存等译，中信出版社 2013 年版，第 263—270 页。

③ 王湘穗：《币缘论：货币政治的演化》，中信出版社 2017 年版，第 94 页。

④ 罗纳德·芬德利、凯文·奥罗克：《强权与富足：第二个千年的贸易、战争和世界经济》，华建光译，中信出版社 2012 年版，第 254 页。

## （二）战后新结构与战争新形态

在大国无战争①时期，也就是世界大战结束之后，各国围绕权力的博弈发生了一系列新变化。权力资源转化为权力关系以及权力结构性优势的方式呈现制度化的趋势，此外，三个层面的权力间的网络化进一步加强了。不仅大国权力博弈的基础和目标不断更新，霸权国内部政策制定中国家逻辑与市场逻辑不断地此消彼长。这一系列持续的变化在将直接军事冲突边缘化的同时，也催生了一些没有硝烟的新战争形式。

首先，大国权力博弈的基础发生变化，各国的权力资源越发相互依存。安全结构中，核力量成为大国的首要力量，但大国普遍认识到核威慑大大增强了战争可能的破坏性，彼此逐渐形成战略平衡，避免滑入核战争。② 生产结构中，随着各国经济联系加深，国家经济力量的基础也变得更具流动性。资本、技术等生产要素愈发脱离国界束缚，且逃离战争地区的能力增强。战争因而不仅无法像之前那样强占生产要素，还会因其破坏性而赶走投资。③ 此外，在国际分工程度加深的背景下，全球产业链、供应链、价值链钩织地越发紧密。

---

① 杨原：《武力胁迫还是利益交换？——大国无战争时代提高国际影响力的核心路径》，《外交评论》2011 年第 4 期；杨原：《大国无战争时代霸权国与崛起国权力竞争的主要机制》，《当代亚太》2011 年第 6 期；杨原、曹玮：《大国无战争、功能分异与两极体系下的大国共治》，《世界经济与政治》2015 年第 8 期。

② Robert Jervis, "The Political Effects of Nuclear Weapons", *International Security*, Vol. 13, No. 2, 1988, pp. 80 – 90；Kenneth N. Waltz, "Nuclear Myths and Political Realities", *The American Political Science Review*, Vol. 84, No. 3, 1990, pp. 731 – 745.

③ Richard Rosecrance, *Rise of the Virtual State：Wealth and Power in the Coming Century*, New York：Basic Books, 1999, pp. 3 – 84.

一国的产业实力更难同他国脱离开来。金融结构中，国际资本流动在金融国际化大潮中加快，各国金融市场双向开放程度加深。知识结构中，技术迭代特别是数字技术的兴起对各国提出了科研合作、数据流动等新的要求。这些方面的变化使大国难以精准地、物理意义上地依托自身的权力资源对他国的权力资源进行打击。

其次，大国权力博弈的目标发生变化，结构性权力的功能性和中性特征越发凸显。"二战"结束后，领导集体安全安排和全球经济治理成为结构性权力的新内容：安全结构中，权力开始借助国际制度中的等级制来实现。美国通过领导北约（NATO）来维持其在西方安全秩序中的主导地位。经济结构中，权力优势不仅依托于传统物质层面，还依托于全球经济治理体系中的主导权。美国在国际货币基金组织（IMF）、世界银行（WB）等诸多国际组织享有重大事项的一票否决权，从而确保其在全球经济治理中的主导地位。冷战结束以来，结构性权力内涵进一步丰富：安全结构中，由于非传统安全困境凸显，领导构建非传统安全共同体的重要性上升。[1] 经济结构中，发展问题在全球经济治理事务中的重要性上升。在发展治理领域的贡献以及由此而来的合法性与话语权成为重要的权力内容。[2] 将己方所得建立在他方所失基础上的武力方式无助于推进实现公益色彩

---

① 王江丽：《非传统安全语境下的"安全共同体"》，《世界经济与政治》2009 年第 3 期；余潇枫、王梦婷：《非传统安全共同体：一种跨国安全治理的新探索》，《国际安全研究》2017 年第 1 期。

② 谢来辉：《从"扭曲的全球治理"到"真正的全球治理"——全球发展治理的转变》，《国外理论动态》2015 年第 12 期；黄超：《全球发展治理转型与中国的战略选择》，《国际展望》2018 年第 3 期。

明显加强的结构性权力。

最后，国家逻辑与市场逻辑之间的平衡在战后世界中多次发生变化。与战前金本位制下自由放任的世界经济相比，战后的国际社会吸取教训、在货币和贸易领域形成更高水平的制度规范——布雷顿森林体系及其理念"内嵌式自由主义（embedded liberalism）"[①]——将主权国家的管理空间和世界市场的开放空间结合起来，有效平衡了国家逻辑和市场逻辑，奠定了经济结构的非战基调。冷战结束后，全球经济治理理念转而被新自由主义所主导，市场逻辑压过国家逻辑，引领了一轮"超级全球化（hyper-globalization）"[②]。但此轮市场扩张造成众多矛盾并在全球金融危机集中爆发，之后国家逻辑的重要性回归。[③]在最近这段时间国家逻辑与市场逻辑的博弈中，霸权国从护持自身结构性权力的考虑出发，依托资源性权力行使联系性权力，对崛起中的新兴国家进行打压，虽没有升级至军事战争，但还是将经济结构同安全结构联系起来、打破经济治理的非战状态，推行科技战、贸易战、金融战等诸多同传统战争可相类比的破坏性政策。本书后面章节将就此具体展开分析。

---

① John Gerard Ruggie, "International Regimes, Transactions, and Change: Embedded Liberalism in the Postwar Economic Order", *International Organization*, Vol. 36, No. 2, 1982, pp. 379–415; Eric Helleiner, "The life and Times of embedded Liberalism: Legacies and Innovations since Bretton Woods", *Review of International Political Economy*, Vol. 26, No. 6, 2019, pp. 1112–1135.

② Dani Rodrik, *The Globalization Paradox: Democracy and the Future of the World Economy*, New York and London: W. W. Norton & Company, 2011, p. 200.

③ 田野、卢玫：《全球经济治理的国家性：延续还是变革》，《探索与争鸣》2020年第3期。

## ◇ 三 权力结构制度化中的大国权力博弈

### （一）权力结构制度化

简单梳理后不难发现，世界大战后战争价值的扭转源自集中、广泛且深入的多边制度建设。这些多边制度建立在资源性权力的基础上，又是塑造结构性权力的平台媒介、全球网络或曰联系性权力。集中指的是国际社会的建制事业在时间上紧凑高效；广泛指的是多边制度广布各个领域。安全结构、生产结构、金融结构、知识结构中都形成了相应的组织和规则；深入指的是制度具备较高的正式性和约束力。参与国际制度的各国愿意接受制度对自身行为的约束，以此换取制度对其他国家的行为约束。一种新的制度内博弈逻辑形成了：权力的获得和维持需要借助制度合作，权力的使用需要依托制度。[1] 权力博弈的手段因此从大国战争发展到制度博弈。学界已就国际制度博弈开展了大量研究，讨论大国如何在旧制度内部围绕"改制"、在新旧制度之间围绕"建制"竞争，[2] 如何通过设置排他性制度、包容性制

---

[1] 约翰·伊肯伯里：《大战胜利之后：制度、战略约束与战后秩序重建》，门洪华译，北京大学出版社 2008 年版，第 17 页。

[2] 田野：《中国参与国际合作的制度设计》，社会科学文献出版社 2017 年版，第 5—6 页；刘玮：《崛起国创建国际制度的策略》，《世界经济与政治》2017 年第 9 期；管传靖、陈琪：《领导权的适应性逻辑与国际经济制度变革》，《世界经济与政治》2017 年第 3 期；Julia Morse and Robert Keohane, "Contested Multilateralism", *The Review of International Organizations*, Vol. 9, No. 4, 2014, pp. 385 –412。

度乃至退出既存制度开展竞争，[①] 以及制度博弈如何沿着规则、机制、机构、秩序这一系列层次发展演化。[②]

多边制度之所以能成为国际政治经济各结构中的重要元素，是因为其在权力生产方面的外部性、非中性、中立性、动态性四种属性：首先，多边制度的重大变革之处在于它与国际体系本身直接相关，是一种部分独立于国内生态的权力生产方式。其次，多边制度具有不可避免的非中性。"在同一制度下不同的人或人群所获得的往往是各异的东西，而那些已经从既定制度中、或可能从未来的某种制度安排中获益的个人或集团，无疑会竭力去维护或争取之。"[③] 非中性对大国而言意味着通过多边制度获益的可能，使多边制度在一定程度上成为权力工具。再次，多边制度在一定程度上还具有中立性。国际组织正是因其相对的中立性而更容易在国际援助发放、国际争端解决、国际资源分配等事务上被各国接受，大国也得以借之隐蔽地影响国际体系。[④]

---

① N. Feinberg, "Unilateral Withdrawal from an International Organization", *British Yearbook of International Law*, Vol. 39, 1963, pp. 189 – 219; Michael Akehurst, "Withdrawal from International Organizations", *Current Legal Problems*, Vol. 32, No. 1, 1979, pp. 144 – 154; Kai He, *Institutional Balancing in the Asia Pacific: Economic Interdependence and China's Rise*, New York: Routledge, 2009, Chap. 2 – 5; Phillip Y. Lipscy, "Explaining Institutional Change: Policy Areas, Outside Options, and the Bretton Woods Institutions", *American Journal of Political Science*, Vol. 59, No. 2, 2015, pp. 341 – 356; Inken von Borzyskowski, Felicity Vabulas, "Hello, Goodbye: When do States Withdraw from International Organizations?", *The Review of International Organizations*, Vol. 14, No. 1, 2019, pp. 335 – 366.

② 李巍：《制度之战：战略竞争时代的中美关系》，社会科学文献出版社 2017 年版，第 226 页；李巍、罗仪馥：《从规则到秩序——国际制度竞争的逻辑》，《世界经济与政治》2019 年第 4 期。

③ 张宇燕：《利益集团与制度非中性》，《改革》1994 年第 2 期。

④ Kenneth W. Abbott and Duncan Snidal, "Why States Act Through Formal International Organizations", *The Journal of Conflict Resolution*, Vol. 42, No. 1, 1998, pp. 18 – 23.

最后，多边制度具有权力生产的动态性。尽管霸权国希望发挥制度对秩序的锁定作用，但实力较弱的国家愿意进入多边制度的很大部分原因就是将来依托制度改善自身在体系中的角色。[①]

（二）多边制度框架中的权力博弈目标

正因为国际政治经济各结构的制度化，结构性权力这一大国权力博弈的目标增添了新维度——制度性权力（institutional power）。制度性权力是国家在制度体系中确定议事日程和设计规则的权力。[②] 在非传统安全时代，国家通过在新兴战略领域建立国际通行的治理制度来谋求"制度先行者"优势。[③] 国家拥有制度性权力时能借助组织规则、结合具体情境来提升自身在国际制度中的议价能力，[④] 甚至塑造制度中其他国家的偏好、目标和行为，而缺少制度性权力只能被动接受制度创造的产品和特征。[⑤] 综

---

① 约翰·伊肯伯里：《大战胜利之后：制度、战略约束与战后秩序重建》，门洪华译，北京大学出版社 2008 年版，第 49—51 页。

② 任琳、孙振民：《大国战争之后：权力生产方式的历史演变》，《当代亚太》2020 年第 1 期。

③ 任琳：《多维度权力与网络安全治理》，《世界经济与政治》2013 年第 10 期。

④ Christopher H. Achen, "Institutional Realism and Bargaining Models", in Robert Thomson, Frans N. Stokman, Christopher H. Achen and Thomas König, eds., *The European Union Decides*, Cambridge: Cambridge University Press, 2006, pp. 86 – 123; Christina J. Schneider, "Weak States and Institutionalized Bargaining Power in International Organizations", *International Studies Quarterly*, Vol. 55, No. 2, 2011, pp. 331 –355.

⑤ Michael Mastanduno, "System Maker and Privilege Taker: U. S. Power and the International Political Economy", *World Politics*, Vol. 61, No. 1, 2009, pp. 121 –154; Youcheer Kim, "Is China Spoiling the Rules-Based Liberal International Order? Examining China's Rising Institutional Power in a Multiplex World Through Competing Theories", *Issues & Studies*, Vol. 56, No. 1, 2020, pp. 1 –28.

上，制度性权力使国家可以在国际组织中影响规则制定并推进自身偏好。具体到操作层面，制度性权力影响的对象主要是围绕着组织成员、组织活动、组织规则的创造与执行等各种事项的决策（过程与结果）。[①] 因此，也可以简化地将制度性权力理解为国家在国际组织中影响决策的能力。[②]

制度性权力的相近概念是制度控制（controlling institution）和制度性话语权（institutionalized power of discourse）。前者更多见于国外相关研究中，后者则主要出自国内话语体系。制度控制的观点来自对国际制度中权力因素的反思。[③] 西方学界在关注国际制度带来的宪政秩序、合作收益等公共产品时，同时注意到国际组织对于大国特别是霸权国而言具有一定的工具属性。[④] 国际组织不仅是"开展合作的焦点"，更是"施行控制的场所"。[⑤] 兰德尔·斯通（Randall W. Stone）指出，国家与国际组织之间存在不对称的权力关系，更具体说是大国与国际组织及其中的小国之间存在不对称的权力关系。大国通过威胁退出等手段控制国际组织，将其作

---

[①] Robert W. Cox, Harold K. Jacobson, *The Anatomy of Influence*, New Haven, CT: Yale University Press, 1973.

[②] 刘岚雨、陈琪：《国际经济组织如何思考——IMF 和世界银行决策行为背后的大国因素》，《暨南学报》2017 年第 10 期。

[③] Lloyd Gruber, *Ruling the World: Power Politics and the Rise of Supranational Institutions*, Princeton, NJ: Princeton University Press, 2000; Ayse Kaya, *Power and Global Economic Institutions*, Cambridge: Cambridge University Press, 2015.

[④] Robert O. Keohane, *After Hegemony: Cooperation and Discord in the World Political Economy*, Princeton: Princeton University Press, 1984; G. John Ikenberry, *After Victory: Institutions, Strategic Restraint, and the Rebuilding of Order After Major Wars*, Princeton: Princeton University Press, 2001.

[⑤] Henry Farrell and Abraham L. Newman, "Weaponized Interdependence: How Global Economic Networks Shape State Coercion", *International Security*, Vol. 44, No. 1, 2019, p. 47.

为自己的权力工具。① 制度控制的概念还出现在美国政策界开展的相关研究中。早在 1957 年，美国预算局（1970 年后更名为美国行政管理和预算局）在一份报告中就指出，"控制的真正对象是目标机构开展的海外活动。控制一个多边机构与控制国内机构的不同之处仅仅在于前者的项目更为复杂。"② 在关注西方大国对国际制度的控制之外，也有学者注意到国际组织中存在南北国家之间对于制度性权力的博弈。③

制度性话语权的概念就是在新兴国家争取全球治理体系改革的博弈语境下发展起来的。作为国际话语权的重要组成部分，制度性话语权指的是国家在国际制度体系中通过规则、程序、制度、规范等来影响和塑造他者行为的权力。④ 我国学者近年来围绕构建和提升中国的制度性话语权开展了多角度研究。⑤ 目前，这一概念虽然主要应用于中国国内，却表达了国际体系中后发国家对于公正合理的国际制度安

---

① Randall W. Stone, *Controlling Institutions: International Organizations and the Global Economy*, Cambridge: Cambridge University Press, 2011, pp. 1 – 4.

② Timothy J. Mckeown, "How U. S. Decision-makers Assessed their Control of Multilateral Organizations, 1957 – 1982", *The Review of International Organizations*, Vol. 4, No. 3, 2009, p. 276.

③ Stephen D. Krasner, *Structural Conflict: The Third World Against Global Liberalism*, Berkley: University of California Press, 1985.

④ 孙吉胜：《中国国际话语权的塑造与提升路径——以党的十八大以来的中国外交实践为例》，《世界经济与政治》2019 年第 3 期。

⑤ 陈伟光、王燕：《全球经济治理中制度性话语权的中国策》，《改革》2016 年第 7 期；王明国：《全球治理转型与中国的制度性话语权提升》，《当代世界》2017 年第 2 期；林跃勤：《全球经济治理变革与新兴国家制度性话语权提升研究》，《社会科学》2020 年第 11 期；韩雪晴：《理性偏好、共同体意象与国际制度性话语权的建构》，《欧洲研究》2020 年第 3 期；赵利群：《国际制度性话语权与"一带一路"倡议的顺利实施》，《学海》2020 年第 6 期。

排的诉求。制度控制与制度性话语权这两个概念虽然体现出一定的立场对比，但都强调制度之中的、依托制度的权力，且认为权力的影响是结构性的。

制度性权力有正式与非正式之分。正式的制度性权力指决策过程中各成员国的投票权。非正式的制度性权力指成员国对决策过程的非正式参与和获取信息的特殊渠道。当主导成员国拥有外部选项，且其参与或退出国际组织的行为能带给其他成员国以外部性，就具有非正式的权力优势。而当主导成员国具有非正式的权力优势，就在正式性权力方面向小国作出部分让渡。有利的外部选项意味着大国能够做出可信的退出威胁，从而提升在国际组织中的非正式影响力。但同时作为交换，源自正式规则的正式性权力往往包含了大国对小国的权力让渡，换言之，小国能够得到超出自身比例的代表性。从成员国之间的关系来看，大国让出部分正式性权力以获得使用非正式权力的合法性，小国默许部分非正式权力以获得更多程序上的正式性权力。[①] 在使用非正式权力时，大国可以通过提供财政资源和技术支持，输送本国官僚任职，或与其他成员国培养双边关系、开展会议外交等手段向国际组织输送影响力。关于非正式权力存在的原因，蒂莫西·麦基翁（Timothy J. Mckeown）给出过一段精彩的解释：

> 如果一个秩序主导国在国际组织中拥有大量正式权威，并且仅借此就能确保制定符合自己偏好的国际公共政策，那么其他国家就很难选择加入国际组织。而另一方面，如果主导国接受国际

① Randall W. Stone, *Controlling Institutions*: *International Organizations and the Global Economy*, Cambridge: Cambridge University Press, 2011, pp. 33 – 35.

组织的正式规则对其行动空间构成制约，比如其他国家在正式规则下有能力阻碍主导国顺利推进其偏好，或者正式规则明令政策制定过程不应受到少数国家利益的影响，那么主导国为了影响政策制定，就不得不付出更多资源、采用非正式甚至隐秘的方式来使用权力。①

### （三）多边制度框架中的权力博弈基础

制度性权力的资源基础与制度性权力本身所包含的正式内容与非正式内容相对应。学界就此从投票权重、国际官僚、财政贡献等国际组织的运作要素入手开展了丰富的研究。在这些研究中，也有部分学者进一步探讨了以上要素如何导致制度性权力的差异化分布。

其一，投票权重及其分配生成制度性权力及其差异。不同的投票分配规则首先赋予成员国以不同的投票权重，从而使后者对国际组织决策的控制能力产生不同：全体一致（unanimity）赋予各成员国以否决权，各国的控制能力较强；多数表决（majority）赋予各成员国以平均权重，各国的控制能力较弱；加权投票（weighted）则赋予各成员国以差异性权重，各国的控制能力也呈现出差异性。② 而后，投票分配规则与投票获胜规则相结合，再加上各种可能的投票获胜方案，将各成员国的投票权重（voting weight）进一步转化为投票权力（vot-

① Timothy J. Mckeown, "How U. S. Decision-makers Assessed their Control of Multilateral Organizations, 1957 – 1982", *The Review of International Organizations*, Vol. 4, No. 3, 2009, p. 270.

② Daniel J. Blake & Autumn Lockwood Payton, "Balancing Design Objectives: Analyzing New Data on Voting Rules in Intergovernmental Organizations", *The Review of International Organizations*, Vol. 10, No. 3, 2015, pp. 377 – 402.

ing power)，使决策格局进一步复杂化。[①]

其二，官僚国籍及其分布生成制度性权力及其差异。希尔克·迪克斯特拉（Hylke Dijkstra）发现，成员国政府官员与国际组织官员之间的联系是成员国得以影响国际组织的一种微妙方式。通过在国际组织中建立"影子官僚"，成员国能够减少相对于国际组织的信息不对称，并加强对后者行为的掌控力。[②] 正因如此，各成员国均有意将本国公民送入国际官僚机构。至于此种行为驱动的最终结果，研究发现，在众多国际组织的秘书处中，官僚的国籍分布普遍呈 U 型曲线，即强国和穷国都获得了超出比例的代表性。[③] 而在联合国秘书处，超比例代表现象最为严重的国家群体是北欧国家那样的富裕民主小国。[④]

其三，财政贡献及其份额生成制度性权力及其差异。在联合国难民署（UNHCR）中，主要捐资国的利益就在很大程度上影响了难民保护行动的空间。若主要捐资国能从难民署的难民保护行动中获得军

---

① 姚大庆：《加权投票制、投票力与美国的金融霸权》，《世界经济研究》2010 年第 3 期；Dennis Leech and Robert Leech，"A New Analysis of a Priori Voting Power in the IMF：Recent Quota Reforms Give Little Cause for Celebration"，in M. Holler，H. Nurmi，eds.，*Power，Voting，and Voting Power：30 Years After*，Berlin，Heidelberg：Springer，2013，pp. 389 –410；罗杭、杨黎泽：《国际组织中的投票权与投票权力——以亚洲基础设施投资银行为例》，《世界经济与政治》2018 年第 2 期。

② Hylke Dijkstra，"Shadow Bureaucracies and the Unilateral Control of International Secretariats：Insights from UN peacekeeping"，*The Review of International Organizations*，Vol. 10，No. 1，2014，pp. 23 –41.

③ Michal Parízek，"Control，Soft Information，and the Politics of International Organizations Staffing"，*The Review of International Organizations*，Vol. 12，No. 4，2017，pp. 559 –583.

④ Paul Novosad & Eric Werker，"Who Runs the International System? Nationality and Leadership in the United Nations Secretariat"，*The Review of International Organizations*，Vol. 14，No. 1，2019，pp. 1 –33.

事利益和国家声誉，那么难民署的行动空间大，反之则小。① 即便是非国家行为体也能通过捐资提升自身在国际组织中的影响力。比如，来自私营部门的债权人在向 IMF 等国际金融机构提供（政府之外的）资金后，其偏好也会影响到这些国际组织的贷款选择。② 再如，世卫组织（WHO）和教科文组织（UNESCO）在财政危机下开辟的"筹资对话"新机制在客观上强化了一些行为体在相关议题上的影响力。③ 会费、股本、赠款等形式的国家出资是国际组织获得资源的主要方式。在国际组织改革中，份额增资与借款安排调整会导致相应权力结构的变化。④ 凯瑟琳娜·迈克尔洛瓦（Katharina Michaelowa）指出，国际组织的融资结构逐渐多元化，部分成员国及外部行为体通过特殊渠道为组织活动捐资。这使国际组织中（代表各成员国的）正式决策机构的权力向前者流散——新的捐资绕开了正式决策机构，从而降低了后者的决策重要性。⑤

### （四）信誉：多边制度框架中的权力博弈手段

治理融资与制度信誉是大国在多边制度框架中关键的权力博弈手段。相比历史上的战争融资，融资如今主要指治理融资。融资治理全

① 吴昊昙：《主要捐助国利益与国际组织的行动空间——基于联合国难民署 20 世纪 90 年代难民保护行动的考察》，《国际问题研究》2019 年第 5 期。

② E. R. Gould, "Money Talks: Supplementary Financiers and International Monetary Fund Conditionality", *International Organization*, Vol. 57, No. 3, 2003, pp. 551 – 586.

③ 汤蓓：《财政危机下的国际组织变革路径》，《世界经济与政治》2019 年第 9 期。

④ 熊爱宗：《国际组织的资源动员——以国际货币基金组织为例》，中国人民大学比较国际政治经济圆桌会议第四期"世界秩序变革与国际组织改革"会议论文，2021 年 4 月 17 日。

⑤ Katharina Michaelowa, "Resourcing International Organisations: So What?", *Global Policy*, Vol. 8, No. S5, 2017, pp. 113 – 123.

球事务、促进世界发展正在成为国际社会对大国履行国际责任的一种"承认工具"①，事关领导的合法性；信誉是维系制度内合作的重要条件，构成制度内融资的基础。

之所以在多边制度框架中发挥联系性权力需诉诸治理融资，是因为新旧治理问题丛生，治理赤字的填补需要有效融资。一方面，经济全球化过程中的传统问题长期未能得到有效解决。比如，美元主导的国际货币体系带给全球各国以汇率波动风险，也严重影响全球经济发展的稳定性，但多元的国际货币体系迟迟无法形成。② 另一方面，新兴的治理问题迅速发酵。在世界经济论坛发布的"全球风险认知调查"中，气候变化、大规模杀伤性武器扩散等非传统安全问题近年连续上榜，由新冠疫情引发的卫生危机和生计危机也成为短期内国际社会必须面对的新风险点。此外，本次疫情还推动了人类经济社会的演进。数字化虽得以加速发展，却同时蕴含着"数字鸿沟"风险。工业时代积累的不平等在数字时代可能延续甚至加深，从而威胁到各国的社会稳定和可持续发展。③

大国间围绕治理融资的制度博弈目前表现出两种行为：一种是争着承担治理融资，另一种是争着逃避治理融资。前一种行为可见于新兴国家在旧制度内做出更多贡献或搭建更有效的新制度，如组建新的开发性金融机构，从而在整个制度体系中相对提升自身的融资能力，

---

① 毛维准：《国际责任：一种新"文明标准"？》，《世界经济与政治》2018 年第 10 期。

② "Imagining a Post-COVID – 19 Scenario for a Renewed Bretton Woods Agreement"，https：//www. cigionline. org/articles/imagining-post-covid-19-scenario-renewed-bretton-woods-agreement，访问时间：2021 年 2 月 26 日。

③ "The Global Risks Report 2022"，https：//www. weforum. org/reports/global-risks-report-2022，访问时间：2022 年 1 月 26 日。

也可见于发达国家提升自身的融资效率优势，如推广"官方可持续发展支柱总量（TOSSD）"等新的官方援助概念，并推动这些新融资理念的机制化，从而将贸易、投资加入对官方发展援助的统计范围中，发扬自身在国际发展融资中的效率优势；① 后一种行为可见于霸权国选择性地退出或威胁退出国际制度。比如，特朗普政府的"退出外交"实质上是要摆脱国际制度对自身的行为约束、向外转嫁治理成本。新兴大国需在努力推动全球治理融资渠道多元化的同时避免"战略透支"、规避"战略陷阱"，警惕西方国家通过制度规则向外摊派治理成本，却不让予对称的制度性权力。

大国在制度博弈中需为自己的融资征得足够的置信空间，换言之，争取充足的制度信誉。正如在银行系统内融资需要足够的征信基础，大国为公共产品融资也要以制度信誉作为依托。在历史上，信誉往往以建立同盟的方式稳定下来，② 而在多边制度框架中，信誉越发以维系制度的形式稳定下来。③ 制度信誉并不意味着制度的固守不变。维系制度的生命力恰恰需要并且能够针对内外部的变化进行制度调整。制度信誉的内核在于信守多边承诺。抛弃多边承诺会受到国际组织制裁、国际舆论谴责等系统性惩罚。④ 制度领导国绕过制度、挥舞权力大棒的单边主义行为会侵蚀他国对制度领导国所做制度承诺（自

---

① 张春：《西方在国际组织中维持话语主导权的几种常见策略——以联合国 2030 年议程制定中的门槛管理为例》，《国际观察》2018 年第 3 期；周思砲、毛小菁：《TOSSD：国际发展融资统计新趋势》，《国际经济合作》2018 年第 8 期。

② 阎学通：《道义现实主义的国际关系理论》，《国际问题研究》2014 年第 5 期。

③ 任琳、孙振民：《大国战争之后：权力生产方式的历史演变》，《当代亚太》2020 年第 1 期。

④ Lisa L. Martin, *Coercive Cooperation：Explaining Multilateral Economic Sanction*, Princeton：Princeton University Press, 1992, chap. 1.

愿接受国际制度对本国行为的约束）的信任。① 因此，破坏信誉虽不会直接降低一国的物质实力，但会削弱其政治动员能力。

从制度信誉的角度看中美博弈，可以发现美国政府的诸多行为正侵蚀其信誉基础。不论是特朗普政府搞"退出外交"破坏国际社会的治理事业，还是拜登政府拉拢盟友另搞意识形态站队的"小圈子"冲击多边秩序，都是在强调"美国优先（America First）"，将美国一国的利益凌驾于国际多边正义之上。企图把代表国际上少数人意志、由几个或部分国家制定的规则强加给其他广大国家的做法已经违背了多边承诺，表现出少边、俱乐部式甚至无视与凌驾的特征。这样的策略会削弱他国对美国领导的多边制度及其在世界秩序中扮演角色的信心，最终致使美国无法从国际社会有效融资，无法胜任全球治理责任，从而在现代意义上的权力博弈中败下阵来。②

与美国政府近年推行的"伪多边主义"相比，真正的多边主义强调以联合国为核心的国际体系，强调以国际法为基础的国际秩序，强调大国带头主持公道、厉行法治、承担责任、聚焦行动。③ 在当今国际社会中，国际政治经济各结构的制度化程度提高，结构性权力的意涵发展为积累制度性权力以引领构建安全共同体、引领解决全球经济治理中的发展问题，同时，运用和兑现权力资源依靠在多边制度框架

---

① 约翰·伊肯伯里：《大战胜利之后：制度、战略约束与战后秩序重建》，门洪华译，北京大学出版社 2008 年版，第 248—252 页。

② 任琳、孙振民：《大国战争之后：权力生产方式的历史演变》，《当代亚太》2020 年第 1 期。

③ 《王毅：践行真正的多边主义，警惕"伪多边主义"》，https：//www.mfa.gov.cn/web/wjbz_673089/xghd_673097/202105/t20210526_9175294.shtml，访问时间：2021 年 5 月 26 日。

中塑造和维持信誉，国与国在打交道时发挥联系性权力的正义性增强。因此，只有遵循制度逻辑、维护制度信誉，才能在权力博弈中通过良性竞争持续获得结构性权力。

I

霸权兴衰：国家与市场的逻辑

# 第 一 章

# 金融霸权的内生矛盾:国家与市场逻辑的失衡

本章聚焦四大权力结构中的金融结构,探索金融领域中的国家逻辑与市场逻辑的互动如何影响霸权。在国家逻辑驱动下,金融被用来帮助霸权国积累权力资源和维系影响力;在市场逻辑主导下,金融以逐利为最高目标。国家逻辑和市场逻辑协调平衡时,霸权护持与金融逐利之间互相支持,而当国家逻辑与市场逻辑之间的平衡被打破,金融就可能损害霸权稳定的权力基础,消耗霸权并致其衰落。金融领域中,国家与市场两种逻辑的互动体现在国内与国际这两个层次上。具体而言,当金融的市场逻辑压倒国家逻辑,就会一方面阻滞霸权国国内资源性权力的积累,另一方面干扰霸权国在国际上生成并维系联系性权力,最终侵蚀霸权国的结构性权力。本章将详细探讨在国内与国际两个层次上以及国家与市场两种逻辑下,金融如何牵动霸权兴衰特别是如何导致霸权衰落的机制。当然,这种理论探索并非断言美国霸权已经或未来不久将因其金融领域的内生性矛盾遽然衰落,而是揭示金融不仅有其支撑霸权的一面,也有其逐渐削弱霸权的另一面。

## ◇一 问题提出：金融霸权的内生性矛盾

金融与霸权的关系存在悖论：金融既能将霸权推向"兴"，又能将霸权推向"衰"。[1] 一方面，金融可能奠定霸权兴起的基础，既能为霸权国国内的技术进步和经济增长赋能，又能为霸权国创造在国际上领导多边治理的信用，从而为霸权提供必要的资源支撑;[2] 另一方面，金融也可能成为霸权的"掘墓人"[3]，造成霸权国自身经济衰退，甚至侵蚀霸权国在多边行动中的领导力。[4] 可谓"成也萧何，败也萧何"。这"成败"之间的转化机制值得探究：什么使金融变成霸权的"掘墓人"、如何使金融变成霸权的"掘墓人"？本章认为，国家逻辑和市场逻辑的互动是理解这一问题的关键：金融的国家逻辑与市场逻

---

[1] 任琳：《金融与霸权关系的悖论》，《国际政治科学》2020 年第 1 期。

[2] Howard Curtis Reed, "Financial Center Hegemony, Interest Rates, and the Global Political Economy", in Yoon S. Park and Musa Essayyad, eds., *International Banking and Financial Center*, Dordrecht: Springer, 1989, pp. 247 – 268; Leo Panitc and Sam Gindin, "Finance and American Empire", in Leo Panitch and Martijn Konings, eds., *American Empire and the Political Economy of Global Finance*, London: Palgrave Macmillan, 2009, pp. 17 – 47.

[3] "掘墓人"这一表述借鉴自《共产党宣言》所指出的无产阶级是资本主义社会的"掘墓人"："随着大工业的发展，资产阶级赖以生产和占有产品的基础本身也就从它的脚下被挖掉了。它首先生产的是它自身的掘墓人。资产阶级的灭亡和无产阶级的胜利是同样不可避免的。"参见马克思、恩格斯《共产党宣言》，中共中央编译局译，人民出版社 1997 年版，第 40 页。

[4] 梁亚滨：《霸权的代价：从美国霸权衰落分析美国金融危机的起因》，《太平洋学报》2010 年第 5 期；张发林：《全球金融治理体系的演进：美国霸权与中国方案》，《国际政治研究》2018 年第 4 期；卢凌宇、鲍家政：《从制造者到索取者：霸权衰落的逻辑》，《世界经济与政治》2019 年第 9 期。

辑如果协调就会助推霸权的兴起，反之则会导致霸权的衰落。而在
"兴"与"衰"之间，相比于得到更多关注的金融对霸权的积极作
用，本章将视线聚焦金融与霸权关系悖论中的后一面，深入分析金融
对霸权的消极作用。

### （一）金融牵动霸权，而非仅是金融霸权

首先需明确，本章探讨的是金融导致霸权的衰落，并非仅是美国
金融霸权的衰落。以上两个命题相互联系却也彼此区分。所谓美国金
融霸权指的是美元在国际货币体系中的中心位置以及美国在全球金融
治理中的主导地位。美国霸权的范围则远超于此，不仅包含金融霸
权，还涵盖贸易、投资等其他经济治理领域中的主导地位以及安全、
外交等非经济领域内的强大影响力。以上领域之间还存在互补关系。
延续斯特兰奇对结构性权力的理解，金融霸权仅指金融结构中的结构
性权力，霸权则包括金融以及安全、生产、知识等多个维度的结构性
权力。美国金融霸权的衰落不一定直接导致美国霸权的全盘衰落，但
美国霸权的衰落最后一定包含美国金融霸权的衰落，甚至在某种程度
上还以此作为最重要的标志。当然，理解金融霸权对于廓清金融与霸
权之间的悖论关系仍是非常必要的。

相比于本章关注的"金融是否及如何导致霸权衰落"这一命题，
"美国金融霸权是否衰落"这一命题热度更高、争议更大。在讨论金
融与霸权兴衰的关系之前，有必要先简单梳理围绕美国金融霸权的两
方观点：一方认为，在历次经济衰退中，美国的金融霸权都历险而不
倒。斯特兰奇在 20 世纪美国经历第一次衰落危机时曾称，美国在全

球金融领域中"仍拥有特别的权力（still an extraordinary power）"①。时至 2008 年国际金融危机，世界各国对美元的支持及美国承担最后贷款者角色的空前规模，似乎仍然支持斯特兰奇在上轮美国衰落危机中所做的判断。在协力应对国际金融危机的过程中，各国没有对美元主导地位提出挑战，美国政府也得以广泛指挥他国进行危机应对，从而显示出美元霸权的持续性。② 而另一方则认为，在国际金融危机后，多国政府纷纷表达对美元、美国金融市场乃至美国经济的失望之情。众多学者认为，美国的结构性金融权力将在此之后的中长期内遭到削弱。③

实际上，理解美国金融霸权离不开探究美国霸权中的其他结构性因素。赫尔曼·施瓦茨（Herman Mark Schwartz）的分析就继承了斯特兰奇对国际政治经济各类结构性因素之间联动的强调，他将金融结构同生产结构、知识结构、贸易结构等联系起来解释美国为何仍然掌

---

① Susan Strange, "Still An Extraordinary Power: America's Role in a Global Monetary System", in R. E. Lombra and W. E. Witte, eds., *Political Economy of International and Domestic Monetary Relations*, Iowa: Iowa State University Press, 1982, pp. 73 – 93.

② Eric Helleiner, "Still An Extraordinary Power after All These Years: The US and the Global Financial Crisis of 2008", in Randall Germain, ed., *Susan Strange and the Future of Global Political Economy: Power, Control and Transformation*, London and New York: Routledge, 2016, pp. 93 – 108.

③ Eric Helleiner and Stefano Pagliari, "The End of an Era in International Financial Regulation? A Postcrisis Research Agenda", *International Organization*, Vol. 65, No. 1, 2011, pp. 169 – 200; Jonathan Kirshner, *American Power After the Financial Crisis*, Ithaca: Cornell University Press, 2014; Gregory Chin, "China's Rising Monetary Power", in Eric Helleiner and Jonathan Kirshner, eds., *The Great Wall of Money: Power and Politics in China's International Monetary Relations*, Ithaca: Cornell University Press, 2014, chap. 7; Kevin P. Gallagher, *Ruling Capital: Emerging Markets and the Regulation of Cross-Border Finance*, Ithaca: Cornell University Press, 2015.

握着全球金融霸权：全球范围内总供给与总需求之间的不平衡①在过去几十年间持续加剧。收入曲线底端的人口越发缺少足够的收入去"消化"不断膨胀的全球产能。而美国能够通过将收入分配曲线顶端的财富转化为全球广为接受的资产，向全球源源不断地注入美元来吸收过剩产能、填补全球需求缺口。以美元换产品从而在全球创造信用的做法就是结构性权力的体现。世界上的其他经济体尚不具备这种能力，都不能像美国这样凭借全球最大的债务国身份创造需求和信用，因而只能结构性地依赖美国寻求经济增长。美国则能凭借兜售美元资产的收入为本国经济增长提供源源不断的供能。② 具体而言，有两个机制创造了美国金融霸权的结构性基础，解释了各国为何持续持有美元资产。一是经常账户盈余国家内需不足，依赖外需谋求经济增长。银行将外贸挣得的美元再次投入全球经济中，从而创造巨量的美元债务。这将它们锁定于日常使用美元和在危机中依赖美联储的境地，实质上是不断为美元信用提供背书。二是美国企业凭借知识产权优势在全球价值链中获取不均衡的高额利润。美式贸易规则的全球扩散将这些超额利润合法地保护起来，进一步维持了美元资产的高估价和吸引力。因此，国际社会对美元此类惯性式的依赖强化了美国在金融结构中的权力。③

---

① Susan Strange and Roger Tooze, eds., *The International Politics of Surplus Capacity*: *Competition for Market Shares in the World Recession*, London: Routledge, 1981, Introduction.

② Herman Mark Schwartz, "Strange Power Over Credit; or the Enduring Strength of US Structural Power", in Randall Germain, ed., *Susan Strange and the Future of Global Political Economy*: *Power*, *Control and Transformation*, London and New York: Routledge, 2016, pp. 69 – 92.

③ Herman Mark Schwartz, "American Hegemony: Intellectual Property Rights, Dollar Centrality, and Infrastructural Power", *Review of International Political Economy*, Vol. 26, No. 3, 2016, pp. 490 – 519.

不过，各类结构性因素之间的联动是处于变化中的，其他国际权力结构的变化也会影响美国的金融霸权。就生产结构而言，由于美国政府在全球经济低迷的形势下大行保护主义，以及各国普遍引导供应链在岸和近岸发展，以美元换取全球产品和吸收全球需求的可持续性受到影响。就知识结构而言，美国企业虽常年凭借其知识产权优势维持美元资产的吸引力，但在美国政府近年来阻碍技术扩散的知识垄断做法之下，其攫取高额利润的这一优势在被弱化。就安全结构而言，在俄乌冲突导致国际安全形势骤然紧张的背景下，美国冻结俄在美资产、干预全球金融秩序的决定，以及全球能源供应和粮食供应扰动等事态，也都对美元资产的吸引力产生负面影响。国际社会多国或为避免被美元"武器化"和信用"政治化"殃及，或为确保油气等大宗商品的供给安全，纷纷寻求进一步多样化货币储备构成和国际结算手段。总体而言，美国的金融霸权地位在未来可能并不会被持续削弱，甚至可能在某些时候随着国际形势的变化乘势回升。但在新兴国家群体性崛起并渐进塑造新型全球化的历史进程中，"去美元化（de-dollarization）"将随着国际结构的变迁对美国的金融霸权形成越来越强的冲击。

简单梳理金融霸权的相关研究能为探究金融如何影响霸权提供诸多启发。首先，金融的核心在于信用，如不能创造信用则将霸权推向衰落。霸权国在"二战"结束后依赖一套治理体系规制国家、企业和个人等各类国际行为体。支撑这套治理体系的是来自行为体的信任。金融总体稳定意味着治理体系运转的可置信，否则会使霸权国丧失信用。其次，金融若要侵蚀霸权，需联同其他国际政经结构发挥作用。金融无法为霸权国创造信用的具体表现是，金融系统缺乏安全性稳定性，或是不能有效支撑全球发展，提供必要公共产品。再次，金融导致霸权衰落也可以是出于内生原因的，源自国家逻辑与市场逻辑的失衡。曼瑟·奥尔森（Mancur Olson）指出，国内利益集团阻滞资源合理配置是国家衰落的内部原因，[①]霸权国内分利集团的博弈能够影响到霸权国对金融结构的认知和运用，进而成为霸权护持的内部掣肘。金融能为全球创造需求，却也以牺牲霸权国内生产为代价。美元霸权的内在矛盾是，以美元换产品的模式会抑制国内产能特别是低附加值制造业的发展。这会给霸权国内的就业形势、收入分配和社会流动带去负面影响，并进一步冲击霸权的社会基础。最后，金融导致霸权衰落体现在国内和国际两个层面。金融能"影响世界财富分配和流动的方向，为美国霸权提供财富支撑，分摊美国维持霸权的成本"[②]，但同时也能在国内阻滞用于支持权力的财富积累，以及在国际上导致霸权信誉丧失、进而削弱其对世界财富分配和流动的影响力，最终导致霸权的衰落。本章接下来就将集中探讨金融牵动霸权兴衰的具体发生机制。

### （二）分析的关键：国家逻辑与市场逻辑

在国际政治经济学最基本的两种逻辑中，国家逻辑强调等级秩序中的权力，而市场逻辑强调开放环境中的利益。国家逻辑与市场逻辑的目标不同，但也共享基本的理性经济人假设，即利益最大化，只是两种逻辑对利益的定义不同。两种逻辑的平衡构成了霸权稳定的基础，但两者的关系却往往是彼此消长与矛盾互动的。施瓦茨认为，英

---

[①]　曼瑟·奥尔森：《国家的兴衰：经济增长、滞胀和社会僵化》，李增刚译，上海人民出版社 2007 年版，第 71—76 页。

[②]　梁亚滨：《称霸密码：美国霸权的金融逻辑》，新华出版社 2012 年版，第 29 页。

美两国的霸权都建立在国家确保能创造和控制市场的基础上，只是这两种力量在不同的历史时段各有消长。①

金融究竟是遵循国家逻辑，还是市场逻辑呢？答案是既遵循国家逻辑，又遵循市场逻辑。金融的国家逻辑是为国家所用、为霸权护持服务，金融的市场逻辑是为市场所用、为资本扩张服务。一方面，金融能放大霸权国的权力资源，但是，霸权国政府并不能完全掌控金融，金融利益集团反过来也能有力地影响政府政策；另一方面，金融的复杂性使其具有一定的市场独立性，但是，金融又无法完全依赖市场有效配置资源，因而金融全球化的市场行为也需要政府的支持和监管。② 金融的角色是双重的，既包含逐利的资本利益，又包括称霸的国家利益。在霸权护持的思路下，金融受国家逻辑驱动，帮助霸权国积累权力资源和维系国际影响力；而在经济全球化的环境中，金融也遵循市场逻辑，将霸权国的权力最大化并不是其优先目标。

金融的国家逻辑和市场逻辑容易陷入失衡。如果市场逻辑压倒国家逻辑，资本逐利将以霸权消耗为代价。其他条件不变，如果金融资本不受国家约束，国家逻辑与市场逻辑之间的天平失衡，重心从国家逻辑一端移向市场逻辑一端，霸权国可能因此逐渐丧失维持霸权的能力。维持霸权意味着，对内要积累大量可动用的金融资源以维持生产与安全，对外要具备提供全球公共产品、维持国际秩序的能力，即维

① 赫尔曼·M. 施瓦茨：《国家与市场：全球经济的兴起》，徐佳译，江苏人民出版社 2008 年版。

② Eric Helleiner, "Explaining the Globalization of Financial Markets: Bringing States Back in", *Review of International Political Economy*, Vol. 2, No. 2, 1995, pp. 315 – 341; Eric Helleiner, "Post-globalization: Is the Financial Liberalization Trend Likely," in Robert Boyer and Daniel Drache, eds. , *States against Markets: the Limits of Globalization*, 1996, pp. 193 – 195.

持等级秩序并保证系统的安全与稳定，否则霸权衰落。因此，当国家逻辑被市场逻辑压倒，二者失衡恰是在国内国际两个层面上导致霸权的衰落：在国内层面，金融会对霸权国的社会财富进行掠夺；在国际层面，霸权国会难以有效履行治理义务而丧失国际信誉。

综上，金融的国家逻辑（S）在国内层面追求维持霸权国的实力和国内秩序，在国际层面则追求维持国家间等级秩序和霸权影响力；金融的市场逻辑（M）在国内层面并不关心产业结构与收入分配，在国际层面则并不重视安全因素，而是支持自由化和全球化，因此可能淡化国际秩序中的等级结构。国家逻辑的承载主体是国家政府，市场逻辑的承载主体是金融资本。前者追求权力，后者追求利益。作为内生于美国霸权却不受国界约束的资本，金融既在国家逻辑下扮演美国霸权"奠基人"的角色，又在市场逻辑下扮演美国霸权"掘墓人"的角色。只有市场逻辑充分发挥在全球资本市场的扩张力，霸权的影响力才得以渗透至全球各国。然而，在市场逻辑压倒国家逻辑的情况下，金融则可能破坏霸权基础。这一矛盾塑造的过程在国内和国际两个层面展开，共同塑造霸权兴盛，也共同导致霸权衰落。（见表 1-1）

表 1-1　　　　　　　　　　金融的国家逻辑与市场逻辑

| | 国家逻辑 VS. 市场逻辑 | |
|---|---|---|
| | S-国家逻辑 | M-市场逻辑 |
| 承载主体 | 国家政府 | 金融资本 |
| 国内追求 | S1-权力追求<br>维持霸权国实力增长<br>维持霸权国内部秩序 | M1-利益追求<br>本国制造业空心化<br>不关心财富再分配 |

续表

| | 国家逻辑 VS. 市场逻辑 | |
| --- | --- | --- |
| | S - 国家逻辑 | M - 市场逻辑 |
| | S2 - 权力追求 | M2 - 利益追求 |
| 国际追求 | 维持霸权影响力 | 淡化国际秩序等级 |
| | 维持国际等级秩序 | 支持自由主义世界秩序 |

资料来源：笔者自制。

表1-1中关于国家逻辑与市场逻辑的四种追求都能在霸权国近年的政治生态中找到对应：不受约束的金融部门长期放任资本扩张，在全球范围内推动自由化、收割世界财富（M2）的同时也掠夺霸权国国内的社会财富，造成霸权国国内的贫富分化加剧和经济动荡频仍（M1），越发激化国内民众对全球化的不满。特朗普政府试图专注美国社会内部问题、通过所谓"让美国再次伟大（Make America Great Again）"的政策迎合美国社会中的民粹主义（S1），但这种内顾倾向却又势必对既成霸权的国际基础（S2）——美国主导的全球治理体系——造成冲击。例如，在相关国际金融机构或机制中降低本应承担的治理义务①，企图通过将国内矛盾向国外转移来赢得国内支持，但此举降低了霸权国参与全球治理的信誉，导致霸权消耗。当然，有些治理义务的减少是霸权国主观意愿下降造成的，而有些减少则与霸权国实力的相对下降息息相关。综上，国家逻辑与市场逻辑的矛盾互动是理解霸权衰落根源的重要依据，而两者之间的失衡在金融领域尤为明显。

---

① 杨双梅：《制度地位、"退出外交"与美国的国际制度选择》，《外交评论》2020年第4期；李明月：《国际制度中的国家退出行为：国内—国际互动的解释》，《太平洋学报》2020年第8期。

基于国家逻辑与市场逻辑的分析效力，并对照本书总论中提出的权力博弈的分析体系，可形成两个基本假设：（1）在国内层面，当金融的市场逻辑压倒国家逻辑，金融为霸权积累资源性权力的能力下降，进而导致霸权衰落；（2）在国际层面，当金融的市场逻辑压倒国家逻辑，金融为霸权维系联系性权力的能力下降，进而导致霸权衰落。最后需要补充说明的是，当金融的国家逻辑压倒市场逻辑，也就是国家逻辑与市场逻辑失衡的另一种情形发生时，霸权也将受到威胁，本书的后面章节将对这一情形冲击霸权的作用机制进行专门分析，此处不做详述。

## ◈二　情境与案例

金融的市场逻辑压倒国家逻辑从而在国内和国际两个层面导致霸权的衰落，这一过程是如何具体实现的呢？答案在于国际政经结构之间的联动，即金融结构作用于安全结构、生产结构，然后进一步作用于霸权的资源性权力和联系性权力。这是因为现代社会中金融在同霸权互动时途径更为多元，不再局限于战争融资，还为生产技术、非传统安全融资。

（一）金融与国内资源性权力

在国内层面，金融结构在国家逻辑或市场逻辑驱动下同其他结构的联动存在以下四种情境：（1）f－s－S（金融—国家安全—国家逻辑）；（2）f－s－M（金融—国家安全—市场逻辑）；（3）f－p－S

（金融—国内生产—国家逻辑）；（4） f‐p‐M（金融—国内生产—市场逻辑）。（见图 1‐1）

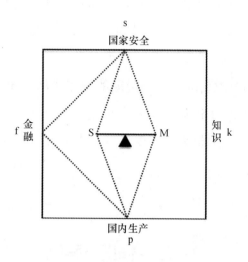

**图 1‐1 国内情境**

资料来源：笔者在参考和发展斯特兰奇模型的基础上自制。

根据前文的理论分析，可以预期金融在四种情境下对霸权的不同影响："f‐s‐S"指金融遵从国家逻辑在安全领域帮助国家政府进行战争融资，助力霸权护持。"f‐s‐M"指金融在市场逻辑指导下给敌国政府的军事行动借款，破坏霸权护持。不过，以上两种传统情境在现代社会并不显著。而在另外两种情境中，"f‐p‐S"指金融在国家逻辑驱动下进入生产部门、产生乘数效应（multiplier effect），从而充实霸权国权力资源。"f‐p‐M"指金融遵从市场逻辑配置生产资源，但不关心国内分配问题，因而在霸权国内部滋生经济社会问题，进而消耗霸权国权力资源。本节着重阐释"f‐p‐S"情境与"f‐p‐M"情境，即金融遵从国家逻辑或市场逻辑同国内生产之间的联动。

**1. "美洲金银现象"再现**

"f－p－S"与"f－p－M"这对情境的典型案例是"美洲金银现象"：美洲金银涌入欧洲后，相比于有些国家借之实现经济腾飞，另一些国家未能将其转化为生产力，反而招致严重的经济困境。美洲金银导致的两种结局分别对应"f－p－S"情境和"f－p－M"情境。后一种情境如今又在美国经济结构的金融化趋势中显现。经济金融化堪称现代版的"美洲金银现象"，即金融资本在市场逻辑驱动下逐利、进入非生产部门。案例间的对比表明，如果对金融资本管控不力，不仅无法实现权力资源持续积累，还会危及国家经济安全。

国家能否持续积累权力资源在一定程度上取决于能否形成有效的经济组织，再将经济资源转化为权力资源。经济组织的重要职能是保护、配置和管理核心经济资源，其中最为重要的是金融资本。对有效经济组织的追求催生了产权制度。一方面，要依照市场逻辑对私人资本进行规范和保护；另一方面，要依照国家逻辑对民间资本进行配置和管理。道格拉斯·诺斯（Douglass C. North）和罗伯特·托马斯（Robert P. Thomas）认为，西方世界的崛起要求政府和市场之间的有效平衡、基于强大产权制度的有组织生产，而当生产组织效率低下、无法有效获取经济资源、导致增长疲软时，国家可能因此衰落。大航海时代的伊比利亚半岛以及当代拉丁美洲、亚洲和非洲的大部分地区都是如此。[①] 国家只有有效平衡国家逻辑与市场逻辑，有效地引导、约束和利用民间资本，才能实现持续性积累权力资源。当国家缺少主动权去平衡两者，就很难对金融力量进行监管，更难以将其转化为权

---

① 道格拉斯·诺斯、罗伯特·托马斯：《西方世界的兴起》，厉以平等译，华夏出版社 2009 年版，第 223 页。

力资源。

美洲的黄金和白银流入欧洲后，在不同的欧洲国家产生的影响截然不同。面对美洲金银的大量流入，有些欧洲国家借之实现了经济腾飞，而有些国家没有。在前一种情况中，美洲金银在流入国转化为生产力，产生可持续积累权力资源的能力，而在后一种情况中，美洲金银并没有进入生产领域，没有为流入国积累权力资源，甚至破坏了当地经济的稳定。外来货币由于没有转化为经济生产力，反而导致了通货膨胀，给经济带来严重破坏。[①]造成两种情况之间差异如此悬殊的关键在于金银是否被投入生产部门，是否被用于提升生产力。

如今，金融不能服务于生产力的"美洲金银现象"以经济金融化的新面目再次出现：银行、保险、证券、期货、信托等金融业部门在GDP中占比不断攀升。如图1-2所示，1973—2017年的美国GDP中，金融业增加值占比大幅上升，制造业增加值占比则大幅下降。[②]美国愈演愈烈的经济金融化演绎了一出现代版"美洲金银现象"：在市场逻辑驱动下，资本偏好快钱和热钱，不断涌入非生产部门。查尔斯·金德尔伯格（Charles P. Kindleberger）将这种资本流动趋势概括为霸权国的生命周期，即一国经济重心从贸易向工业再向金融部门转移，资金从生产部门逸入金融部门。[③]其原因正如托马斯·皮凯蒂（Thomas Piketty）指出的，资本部门的收益率更高。[④]

---

[①]　张宇燕、高程：《美洲金银与西方世界的兴起》，中信出版社2004年版，摘要。

[②]　不仅是金融和金融相关部门的产值在整个GDP中占比不断攀升，非金融部门中企业的金融行为也不断增加，因此以上数据尚不能完全展现美国经济的金融化程度。

[③]　查尔斯·P. 金德尔伯格：《世界经济霸权：1500—1990》，高祖贵译，商务印书馆2003年版，第二章。

[④]　托马斯·皮凯蒂：《21世纪资本论》，巴曙松等译，中信出版社2018年版，第362页。

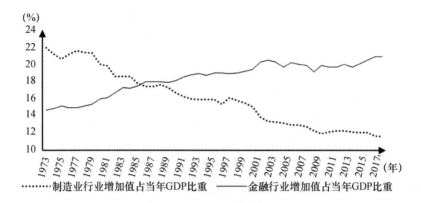

**图 1 - 2　1973—2017 年美国金融业和制造业行业增加值占 GDP 比重变化**

资料来源：王守义：《经济金融化趋向及其对我国实体经济发展的启示——基于 1973—2017 年美国经济发展数据的分析》，《马克思主义研究》2018 年第 10 期。

　　图 1 - 3 显示，美国金融业过去四十余年的强势发展对制造业产生了显著的"挤压效应"。金融资产占国家总资产的比重升至 70%，非金融企业资产占国家总资产的比重从 40% 以上大幅跌至 25% 左右。与此同时，非金融企业的金融资产在其总资产中所占比例几乎与金融资产在国家总资产中所占比例呈同步增长之势，从 20 世纪 70 年代初的不足 30% 一路升至 2017 年的逾 50%。因此，经济金融化不仅存在于美国经济结构的产业分布中，也显见于各行各业。该现象的直接后果就是大量本应被投入生产部门的资金被放在金融市场中逐利，而无法有效回流至生产部门。如果缺少对金融资本的管制，任由资本套利而非投入生产领域，就会像历史上西班牙使用美洲金银的反面案例那样，不仅无法持续积累权力资源，还会恶化国家经济状况。

　　"美洲金银现象"的古今案例显示，霸权衰落不单纯源自崛起国的外部挑战，还同时源自内生性因素，即霸权国出于自身原因无法有效积累资源性权力。而且，由于资源性权力是霸权的基础、是生成联系性权力进而汇聚结构性权力的根基，所以霸权国在国内积累权力资

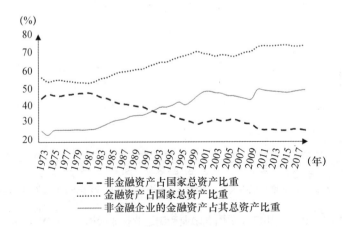

**图 1 – 3   1973—2017 年美国金融资产比重及非金融企业金融资产比重变化**

资料来源：王守义：《经济金融化趋向及其对我国实体经济发展的启示——基于 1973—2017 年 美国经济发展数据的分析》，《马克思主义研究》2018 年第 10 期。

源的能力下降，还意味着其难以在国际上提供足够的公共产品，导致其塑造国际秩序的能力下降。

**2. 经济金融化对美国霸权的消耗**

本节将进一步展示 "f – p – M" 对霸权的影响。金融力量倒向市场逻辑会产生一系列消耗霸权的国内政治基础的效应：经济金融化使资本更少进入生产部门，挤压普通民众在生产部门的就业，推高社会失业率；金融力量在市场逻辑驱动下把逐利置于首位，把平复经济社会矛盾置于次位，加剧社会不平等，动摇国内政局；国家政府为避免金融资本外流，反而会间接向普通工人转嫁税负，进一步加剧社会不平等。

自 20 世纪 70 年代以来，美国经历了快速的经济金融化进程。金融行业大幅扩张对经济社会整体产生了深远影响，其中包括导致劳资关系进一步不平衡发展和不平等程度进一步加深：其一，形成股东利益最大化的主流意识形态（shareholder value），企业的头等要务是通过裁员、股票回购等各种手段抬高股价，迎合股票持有者的利益诉求。于是，工人本应作为企业最为天然的利益相关者（stakeholder），却被进一步置于随时可以牺牲的边缘地位[①]；其二，推动非金融公司的金融化，各行业尤其是制造业公司越发依靠金融活动而非传统业务创收，对传统业务的投资随之减少。于是，资方对生产性活动的倚重减弱，工人的议价能力也相应遭到贬抑。[②] 这种经济环境使得工人们的境遇很难取得实质性改进。

金融业对制造业的"挤压"最终会落脚到对制造业人口的就业挤压，在霸权国内部积累矛盾。一方面，随着制造业等生产部门的产值不断下降，它们所能提供的工作岗位也会不断减少；另一方面，金融资本在弱监管条件下无休止套利，同其他生产部门的盈利差距不断拉大，进一步扩大了资本部门相比生产部门的从业人员贫富差距。如图 1 - 4 所示，美国制造业从业人数占就业总人口的比重从 1998 年的近 14% 持续降至 2017 年的 8%，高端服务业从业人数所占比重则稳步上升（这其中金融服务业从业人员占据了大部分）。需要注意的是，制造业人口降速远超金融服务业人口升速，说明从制造业失业的普通工人难以顺利转入金融服务业。金融服务业的学历门槛和专业门槛更高，传统制造业工人普遍面临在经济金融化过程中被就业市场淘汰的困境。这造成美国社会近年来失业率走高和贫富差距拉大，并进一步危及经济社会稳定、冲击霸权的国内政治基础。

---

[①] Karen Ho, *Liquidated: An Ethnography of Wall Street*, Durham, NC: Duke University Press, 2009, p. 122.

[②] Ken-Hou Lin and Donald Tomaskovic-Devey, "Financialization and U. S. Income Inequality, 1970 -2008", *American Journal of Sociology*, Vol. 118, No. 5, 2013, pp. 1284 - 1329.

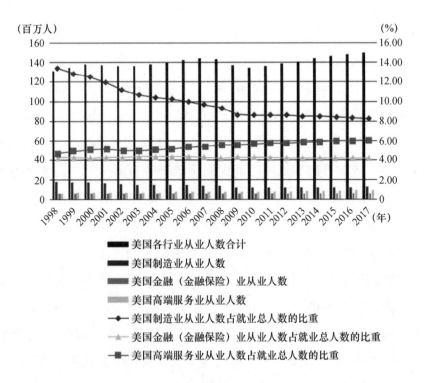

**图 1-4　1998—2017 年美国部分行业从业人数及比重变化**

资料来源：美国经济分析局数据库。①

　　市场逻辑追求超级全球化是以国内政治代表性为代价的，金融资本的国内政治代言人维护的是金融套利最大化而非其他，这也是近几年霸权国国内民粹主义抬头的重要经济政治根源。"超级全球化和民主政治之间存在着一种根本矛盾。追求超级全球化就必须削弱国内政治势力，没有这么多代表社会各界的团体，技术官员也就不用那么顾及民意要求了。"② 当逐利的超级全球化同强调代表性的国内政治之

①　任琳：《金融与霸权关系的悖论》，《国际政治科学》2020 年第 1 期。
②　丹尼·罗德里克：《全球化的悖论》，廖丽华译，中国人民大学出版社 2011 年版，第 158 页。

间发生矛盾时，金融资本及其政治代言人们由于受到"绝对的致富欲"① 支配而重视维护前者。不过，这样的选择长期来看并非没有代价："高估了超级全球化的好处，低估了国内政治势力的力量。"② 长此以往，支持超级全球化的金融派终于遭到美国社会反弹，反对自由化、全球化的民粹主义抬头，大批以产业工人为代表的全球化"失意者"受此吸引，塑造了特朗普政府上台执政并推行民粹风格的内政外交政策的基础。这个过程展现了市场逻辑和国家逻辑的矛盾——对逐利的市场逻辑的偏重将使霸权国政府丧失本国大众的支持，从而消解霸权的国内政治基础。

此外，国家政府为避免资金外流，还会将金融资本的税负部分转给普通工人。丹尼·罗德里克（Dani Rodrik）在《全球化的悖论》一书中指出，"一个国家的税收制度应该反映了这个国家的需要和偏好，但是企业和资本可以在全球范围内迁移，就限制了国家这方面的能力。更重要的是，因为资本是可以迁移的，这就给企业税率造成了下行压力，将资本应付的税赋负担转嫁到工人身上，因为他们的迁移不是那么容易。"③ 制度本应是用来约束市场力量的，但在现实情境中，制度失效也让市场力量失控，冲击经济社会稳定，进而消耗霸权。资本越是积累，它拥有的这种破坏性力量就越强大。按照国家逻辑，任何类型国家的政府要想维护政治安全、维持秩序稳定，都需要在国内进行财富的再分配以缓和经济社会矛盾。然而，这种考虑在金

---

① 马克思：《资本论》第一卷，中共中央编译局译，人民出版社 2004 年版，第 683 页。

② 丹尼·罗德里克：《全球化的悖论》，廖丽华译，中国人民大学出版社 2011 年版，第 158 页。

③ 丹尼·罗德里克：《全球化的悖论》，廖丽华译，中国人民大学出版社 2011 年版，第 162 页。

融的市场逻辑中居于次要位置。当霸权国政府无法掌控金融力量甚至
被金融力量所俘获时，就会导致社会资源不断流出生产部门，加之二
次分配的调节作用持续不力，美国国内的不平等程度步步加深。

### 3. 新冠疫情下的金融力量

"f－p－M"这一情境所展示的霸权消耗过程会在霸权国遭遇危
机时进一步凸显：受市场逻辑驱使，金融力量会绑架政府来优先保障
金融资本的利益，并将危机向民众转嫁，从而阻碍政府充分发挥公共
职能，有效实施危机救助，使贫富差距进一步扩大，社会矛盾进一步
累积，从而加速消耗霸权的国内政治基础。新冠疫情暴发后，面对卫
生健康和经济社会的双重危机，美国政府的政策就展现了金融力量在
市场逻辑主导下是如何消耗霸权的。

美国政府在应对新冠疫情的过程中对金融资本倾斜，导致国内社
会矛盾加速累积。在美股市场陷入熔断危机后，美联储推出史无前例
的大规模宽松货币政策救市。相比于历史上的同类政策，美联储在本
次疫情中采用的宽松货币政策将给美国社会带来更多副作用。而在美
国资本市场遭遇危机的同时，美国社会还因为疫情的冲击出现了更严
重的生计危机。但与美国政府不惜一切的救市力度相比，救实业、救
民众的再分配政策却暴露出资金有限、效力不足等一系列问题。

一方面，美联储推行的零利率和"无上限"量宽政策使资本利益
膨胀。宽松货币政策会导致资金向金融机构和高收入人群聚集并推高
资产价格。虽然得益于金融系统中新注入的流动性，美国股市从2020
年3月的暴跌中迅速恢复，但是，由于美国最富裕的1%人群持有全
国52%的股票和共同基金，他们成为政府危机救助的最大赢家。与此
同时，资产价格的推升并未有效提振实体经济和就业市场，反而在不

同群体间扩大了贫富差距。于是，美国经济愈发呈现为"K 型复苏"（K-Shaped Recovery），即经济在经历危机之后其中一些部门回升而另一些部门加剧衰退，导致金融市场与实体经济之间、大型公司与中小企业之间、富裕人群与贫困人群之间的差距进一步扩大。[①]

另一方面，美国政府的财政政策无法给实体经济和民计民生以足够的支持。比如，美国联邦政府 2020 年 4 月 3 日开放岗位保留计划"薪酬保护项目（Paycheck Protection Program）"，面向中小企业提供 3490 亿美元的低息贷款，4 月 27 日又追加 3210 亿美元的贷款规模，旨在鼓励公司维持雇员工作及其工资水平。不过按照项目设计，该补助中有高达 40% 的部分可用于除支付工资之外的其他用途。这就激励那些本有能力维持就业的企业申领补助，而后把资金用于诸如金融投机等其他用途，从而挤压那些真正有裁员压力的企业所能得到的资金支持。而且，该项目在实施过程中依照"先到先得"原则，使强势企业能更早更多地争得补助。多项调查显示，救助资金无法流向真正有需要的地方，而是流向受疫情影响更小的发达地区和大型公司。[②]

在压倒性的市场逻辑的驱使下，霸权国的金融资本通过有力地操控政府政策来加大攫取社会资源，不仅在危机中避免利益受损，反而在危机中更便利地逐利。但是，贫富差距的扩大和社会矛盾的累积也在加速消耗霸权的国内政治基础。不平等程度的加深不仅削弱了美国

---

① Catarina Saraiva, "How a 'K-Shaped' Recovery Is Widening U. S. Inequality", https://www. bloomberg. com/news/articles/2020 – 12 – 10/how-a-k-shaped-recovery-is-widening-u-s-inequality-quicktake，访问时间：2020 年 12 月 10 日。

② Jérémie Cohen-Setton and Jean Pisani-Ferry, "When More Delivers Less: Comparing the US and French COVID-19 Crisis Responses", https://www. piie. com/publications/policy-briefs/when-more-delivers-less-comparing-us-and-french-covid-19-crisis-responses，访问时间：2020 年 6 月 30 日。

经济的恢复能力，更损害了美国社会的凝聚力，从内部对美国霸权构成侵蚀。

综上，在霸权国金融利益集团的影响下，市场驱动在金融领域占上风，金融的市场力量未被置于国家逻辑的霸权护持目标约束下，不但没有被用来积累权力资源，还会消耗霸权的国内政治基础。这也是资本主义与生俱来的天性和必然走向灭亡的历史性原因。因此，霸权衰落有其内生根源，即金融领域的国家逻辑之于市场逻辑处于劣势。

（二）国际金融与联系性权力

在国际层面，金融结构在国家逻辑或市场逻辑驱动下同其他结构的联动包括以下四种情境：（1）f－s－S（金融—系统性安全—国家逻辑）；（2）f－s－M（金融—系统性安全—市场逻辑）；（3）f－p－S（金融—全球大生产—国家逻辑）；（4）f－p－M（金融—全球大生产—市场逻辑）（见图1－5）。需要说明的是，在现代社会和国际场景中，安全结构的主要内容是系统性、非传统的安全，生产结构的主要内容是国际分工和全球产业链、供应链、价值链。

根据前文的理论分析，可以预期金融在四种情境下对霸权的不同影响："f－s－S"指金融力量在国家逻辑下得到有效监管，像金融危机这样的系统性安全风险得到有效防范，霸权国治下的国际秩序稳定；"f－s－M"指金融力量在市场逻辑指导下不关心霸权护持，导致金融危机爆发，霸权国因失利失信而丧失国际影响力；"f－p－S"指从国家逻辑出发，政府规范金融行为、配置生产资源，维持霸权国在国际分工和全球价值链中的优势地位，维系霸权治下的国际等级秩序；与之相反，"f－p－M"指从市场逻辑出发，

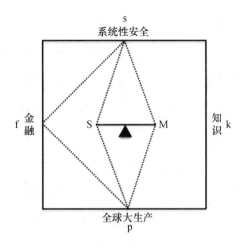

**图 1 - 5　国际情境**

资料来源：笔者在参考和发展斯特兰奇模型的基础上自制。

政府并未有效监管金融行为，金融在无限逐利的过程中部分改变了全球价值链的原有格局，进而牵动国际等级秩序，减损霸权国在同他国的国际分工关系中的联系性权力。本节重点关注"f - s - M"情境与"f - p - M"情境，即金融力量遵从市场逻辑同系统性安全及全球大生产之间的联动。

### 1. 价值链格局变动？

在国际层面上市场逻辑超越国家逻辑的前一种可能后果是霸权国在全球价值链中的高位被颠覆。但研究发现，尽管新兴国家相对提升了自身在全球价值链中的位置，但美国的优势没有发生根本性改变。以中美两国为例，大量资本流入中国没有抹除两国在全球价值链中的差距。金融力量虽然遵循市场逻辑行事，却并未导致霸权衰落。

市场逻辑之下的金融结构—生产结构联动并未在国际层面明显地

侵蚀霸权，这表现为中美两国在全球价值链中的位置并未明显改变。大量美资企业来华投资，为中国经济增长提供了重要的资金和技术支撑，客观上逐渐推升了中国在全球价值链中的位置。但与此同时，美国依然居于全球产业链的高端。大量资本流入中国并未改变两国在全球价值链中的地位对比。虽然中国在对美出口"量"上领先，但美国仍然在对华出口"质"上占优，这得益于其在资本密集型产业和技术密集型产业上的优势。美国虽然在数字上呈现对华贸易逆差，但依然占据贸易收益的大头。相关研究发现，中美两国在全球价值链中的贸易利得均呈逐年增长，但中国的获利能力远低于美国。① 中国商务部出台的《关于中美经贸关系的研究报告》指出："美国居于全球价值链的中高端，对华出口多为资本品和中间品，中国居于中低端，对美出口多为消费品和最终产品，两国发挥各自比较优势，双边贸易呈互补关系。2017 年中国向美国出口前三大类商品为电机电气设备及其零附件、机械器具及零件、家具寝具灯具等，合计占比为 53.5%。中国从美国进口前三大类商品为电机电气设备及其零附件、机械器具及零件、车辆及其零附件，合计占比为 31.8%。机电产品在中美双边贸易中占重要比重，产业内贸易特征较为明显。中国对美出口的'高技术产品'，大多只是在华完成劳动密集型加工环节，包含大量关键零部件和中间产品的进口与国际转移价值。"②

这背后的原因或许在于，美国金融资本在国际层面追求双重目标，既要追逐利益，又要护持霸权。长期盘踞美国政坛的金融派一方

---

① 王武青、苏庆义、赵鑫铖：《全球价值链视角下中美贸易失衡的原因、测度和贸易利得分析》，《统计与信息论坛》2020 年第 2 期。

② 《关于中美经贸关系的研究报告》，http://www.mofcom.gov.cn/article/ae/ai/201705/20170502581448.shtml，访问时间：2019 年 1 月 19 日。

面欲借超级全球化最大化金融利益，另一方面也欲借自由主义世界秩序维护美国霸权。自由主义世界秩序在意识形态上的欺骗性使其看起来是在淡化等级秩序，但本质上还是要维护等级秩序。市场逻辑与国家逻辑在这时是基本协调的：在全球价值链中保持高位、维持国际生产秩序的等级结构并不阻碍在全球范围内配置资源以实现利益最大化。资本在追逐利润最大化时，依照市场原则在全球经济系统内配置资源，并不意味着放弃母国在价值链中的优势地位。因此，尽管新兴市场和发展中国家相对提升了自身在全球价值链中的位置，[①] 美国霸权的绝对优势并未发生根本性改变。

在这个意义上，国际生产中的等级结构并没有随着资本在全球范围内的扩散而发生质变。得益于资本密集型产业的优势，这种等级结构在一定程度上反而得以强化。金融力量不仅遵循了市场逻辑，也并未与国家逻辑产生严重冲突，因此导致霸权衰落的主要原因并不在此。

### 2. 金融霸权失信

"f–s–M" 情境下，资本逐利会动摇他国对霸权国主导下国际货币体系的信心。霸权稳定的融资体系一直被滥用，表现为霸权国要求监管他国的金融状况，却不切实进行自我约束。一个突出的现象是，美元滥发、贬值会使各国对其丧失信心而诉诸更值得信赖的融资渠道，以多元货币而非单一美元为基础的 IMF 债券由此诞生。这标志着基于信任的霸权影响力开始下降。

市场逻辑之下的金融结构—安全结构联动在国际层面明显地侵蚀

---

① 庞珣、何晴倩：《全球价值链中的结构性权力与国际格局演变》，《中国社会科学》2021 年第 9 期。

霸权。这一过程中的关键机制是信誉。进入 21 世纪后，一系列多边制度成为维持国际秩序的重要手段。作为国际社会中国与国之间达成的契约关系，多边制度的核心就是信誉。霸权国能否提供全球公共产品关乎其在国际秩序中的影响力。这是其他国家对霸权国信任的来源，也是霸权国维持权力合法性的基础。[①] 置信空间大则霸权的影响力大，置信空间小则霸权的影响力小。霸权国若想护持霸权，就要维护自身信誉，在金融领域中约束国际金融行为，确保国际金融系统稳定及其中各国的金融安全。然而，市场逻辑主导下的货币政治不一定相融于霸权护持的国家逻辑。[②] 金融资本在市场逻辑驱使下可能逃脱政府约束，威胁各国金融安全，从而动摇霸权国主导的国际货币体系和全球金融秩序。

市场逻辑驱动下金融对霸权信誉的破坏表现为两方面：一方面，不受约束的金融资本未能受到必要的管制，四处"收割"各国财富并酝酿系统性金融危机，危机最终爆发殃及各国，霸权的公信力和影响力下降；另一方面，危机爆发后，市场逻辑继续压倒国家逻辑发挥作用，驱使霸权国政府滥用国际规则甚至国内规则向他国转嫁成本，进一步破坏霸权信誉。历史上，资本全球流动曾作为经济全球化的重要动力，同与之配套的全球经济治理体系一起形成霸权稳定的基础，但这是在国家逻辑与市场逻辑达成微妙平衡时才得以实现的。资本无限逐利会打破这一平衡，动摇国际社会对霸权秩序的信心，消融霸权国

---

① 由于权力资源向影响力直接转化的损耗大、难度高，借助治理秩序的合法性护持权力成为最实惠的手段。参见西蒙·赖克、理查德·内德·勒博《告别霸权！全球体系中的权力和影响力》，陈锴译，上海人民出版社 2017 年版，第 33、195 页。

② Jonathan Kirshner, "Money Is Politics", *Review of International Political Economy*, Vol. 10, No. 4, 2003, pp. 645 – 660.

经营的等级秩序。①

　　20 世纪 70 年代，欧洲美元市场的诞生②是美元逐利的一个重要体现。虽然它最终促使国际金融市场的产生，但当时金融体系一度陷入混乱，乃至濒临崩溃。同样是在 70 年代，以美国为首的发达国家要求拉美国家推进金融自由化。以阿根廷为例，美国金融力量借机大肆掠夺，破坏阿根廷的金融稳定和经济发展，乃至危及全球金融系统稳定与安全。看似美国赚了便宜，实则增加了国际社会对美国金融霸权的不满，同时减损了国际社会对全球金融治理的信任。在市场逻辑的主导下追求金融全球化"使得撤销监管后的金融体系更为脆弱。它让银行、企业和政府大量增加短期借款，整个金融体系的借贷率大大增加。它也使得金融危机更容易在各国之间传播开来，因为一个国家的金融困境很容易给另一个国家的资产负债表带来问题"。③ 在此场景下，全球经济体系的安全维持变得更加艰难，与霸权国维持自身信誉和影响力的目标相悖。

　　此外，霸权国要求其他国家的金融状况受到监管，却不切实进行自我约束。斯特兰奇曾批评美国没有扮演好中立的仲裁者和制度体系

---

　　① 霸权国在金融领域的政策行为致其失信的另一类情形是国家逻辑压倒市场逻辑：出于霸权护持而干扰正常的金融秩序，却因此失信于国际社会、反而对霸权产生负面影响。此类情形的经典案例是，美国动辄威胁将他国踢出 SWIFT（环球银行金融电信协会），降低了他国对美元中心的国际支付体系的信心。俄乌冲突期间，美国联合盟友施压 SWIFT 将俄罗斯踢出的举动就是这一情形的最新注脚。这类情形对于本章专门讨论的市场逻辑压倒国家逻辑的情形构成补充，后面章节还将就此展开更多讨论。

　　② 美国银行家将美元带到伦敦的货币市场，换取短期高额利润，毕竟这种超额利润在美国国内货币市场上是不被允许的。货币的自由流动更是意味着美元大量流入欧洲货币市场，信用过分扩张。参见苏珊·斯特兰奇《国际政治经济学导论——国家与市场》，杨宇光等译，经济科学出版社 1990 年版，第 123—124 页。

　　③ 丹尼·罗德里克：《全球化的悖论》，廖丽华译，中国人民大学出版社 2011 年版，第 107 页。

的运营者，而是表现为不负责任的霸主。① 这个体系甚至被美国用来打压竞争者，例如，美国在 20 世纪 70 年代打压贸易对手日本和西欧时，通过美元贬值消除对日和对欧的贸易赤字。但是，这种行为会使国际社会逐步丧失对美元的信心，不再愿意购买美国债券。

IMF 债券就诞生于各国对美国经济政策负面溢出效应的群体性反思，也表明美国霸权在因失信而衰落的过程中，已经从面对少数国家时的联系性权力部分下滑，质变为面对国际社会时的结构性权力全面跌落。面对金融安全风险，各国考虑诉诸更值得信赖的融资渠道，产生了以多元货币而非单一美元为基础债券的动因。IMF 债券是 IMF 向成员国政府及其央行发行的债券，始于 2009 年 7 月初。2008 年国际金融危机后，国际社会对多元货币的诉求增强。越来越多的国家认识到来自不负责任霸权国经济政策的负面溢出效应，认识到仅购买单一美元债具有极高的不可控风险。IMF 债券经执行董事会批准，以特别提款权（SDR）标价和计息，最长期限可达 5 年。在 SDR 篮子中，美元不再是单一货币，非美元货币占总权重的一半以上，如此符合了各国将外汇资产多元化的诉求。这是 IMF 自成立后首次尝试发行债券，虽然在诸多方面仍然不够完善，发行量不大，也存在一定的不可控风险，但这种多元化债权国、融资渠道和外汇储备的发展趋势却非常明显。当然，美国依然在 IMF 的重大事项决策中拥有一票否决权，IMF 债券并未从根本上改变当前的全球金融秩序和美国的金融霸权地位，各国也并未彻底摆脱美元独大的困扰。但是，它标志着美国不再是国际社会唯一主要的融资来源，基于信任的霸权影响力正逐步呈现下降

---

① 根据霸权稳定论，霸权国应为全球经济体系提供贷款，美国却是在不断地借贷。参见苏珊·斯特兰奇《国际政治经济学导论——国家与市场》，杨宇光等译，经济科学出版社 1990 年版，第 133 页。

趋势。

从影响力维度看，金融领域的失信直接导致霸权国在全球治理中影响力的衰落。美国未能有效地预警、控制和应对 20 世纪 70 年代至今的历次金融危机。2008 年国际金融危机更进一步削弱了"由美国主导的、以美元为中心的、自由放任的全球金融秩序的合法性"[1]。债股汇市本质上都是信用体系，"是一个自我实现的预言机制"[2]，没有好的信誉就意味着丧失稳定性。全球金融治理体系也具有同样的性质。制度设计不善、资本不受约束、利益集团干扰、霸权国滥用制度等情况都是在消耗霸权信誉。随着霸权国逐步丧失国际信誉，其对国际事务和全球治理所能施加的影响力降低。

## ◇ 三 结论

本章从金融切入探讨霸权衰落，提供了一个从内部理解霸权衰落的新视角：霸权国自身对于金融的国家逻辑与金融的市场逻辑平衡失利导致霸权衰落。霸权衰落并非仅仅是因为对外提供公共产品造成的消耗或外部大国的权力转移等外生因素所致。

本章的两个基本假设都被证实：霸权国对于市场逻辑和国家逻辑的平衡失败导致霸权衰落。在国内层面，金融利益集团追求超级全球化，天平过度偏向市场一侧，经济高度金融化、制造业空心化，收入

---

[1] 乔纳森·科什纳：《货币与强制：国际货币权力的政治经济学》，李巍译，上海人民出版社 2015 年版，序言。

[2] Jonathan Kirshner, "Money Is Politics", *Review of International Political Economy*, Vol. 10, No. 4, 2003, p. 654.

差距扩大，加之税收的二次分配能力下降，民众质疑所谓霸权治下的超级全球化，国内政治压力增加，霸权的国内政治基础被削弱；在国际层面超重的市场逻辑之下，不受约束的资本陷全球于系统性风险之中，加剧了治理赤字和信誉赤字，广泛存在的霸权国滥用制度非中性凌驾于他国之上的现象，进一步压缩霸权影响力所依赖的置信空间。当金融的市场逻辑压倒国家逻辑，就会一方面阻滞霸权国国内资源性权力的积累；另一方面干扰霸权国在国际上生成并维系联系性权力，最终侵蚀霸权国的结构性权力。

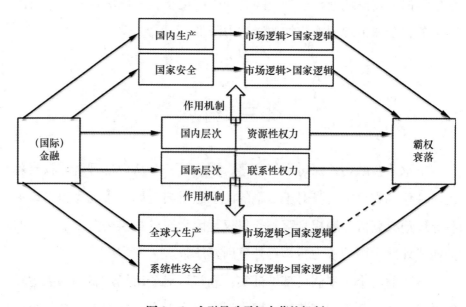

**图 1-6　金融导致霸权衰落的机制**

资料来源：笔者自制。

概括来说，金融结构联动国际政治经济其他结构导致霸权衰落的情境有二：一是在市场逻辑压倒国家逻辑的情况下，霸权国在国内无法有效引导金融资本投入生产部门来积累资源性权力；二是在市场逻辑压倒国家逻辑的情况下，霸权国在国际上无法有力驾驭金融力量维持霸权秩序，联系性权力处处减损。最终，这两方面的权力消耗导致霸权国的结构性权力衰落。

# 第 二 章

## 霸权兴衰与技术扩散:国家与市场逻辑的博弈

  霸权国认为技术扩散过程中市场逻辑超越了国家逻辑，危及了霸权国的相对权力优势，然而这背后的机理并非是单线的。此外，霸权国的权力逻辑也并未顾及知识扩散是世界进步的重要和必然动力，且只有各国增进科研合作，才能在面临百年变局之际推动科技进步，拉动世界经济，改善全球民生。国家逻辑与市场逻辑之间存在共同利益，但也存在矛盾。核心差异在于，国家寻求权力与安全的最大化，而市场寻求利益的最大化。本章发现，二者之间矛盾更加凸显的条件有：其一，旧技术已经逐步退出市场，但新技术却面临研发滞后；其二，霸权国相对于崛起国而言，物质实力出现下降，导致更加寻求权力与安全的稳固。① 未来，高科技竞争将愈演愈烈，因而各国也将强调加强自主研发能力的重要性。以人工智能为代表的新技术将带来许多新挑战，甚至可能重塑世界的经济、政治格局。实际上，大国之间的冲突难以解决问题，只有通过国际交流与合作，各国才能共同应对挑战，共享发展与繁荣。

---

  ① 任琳、黄宇韬：《技术与霸权兴衰的关系——国家与市场逻辑的博弈》，《世界经济与政治》2020 年第 5 期。

## ◇一　问题的提出

在国际政治学研究中，技术通常被理论化为外生变量。在国际政治经济学领域，例如斯特兰奇的结构性权力理论当中，它也不是重要变量。以技术为重点的国际关系研究是以生产为媒介，分析技术如何影响生产以及其影响如何溢出到其他领域。当然，既有研究中也不乏关注技术对国家权力的影响、国际政治格局关系的文献，[①] 但此类研究却未对其互动与作用机制进行详细解释。[②] 这也意味着技术这一变量理应成为既有研究中的一个长期以来未引起足够重视的重要视角。

既有研究有的关注技术如何对国家间的战争以及争霸关系产生影响，例如由于核武器创造的大国无战争时代，技术进步不仅是重要的物质能力，并决定战争的胜败，[③] 也构成了霸权国家的重要

---

① William F. Ogburn, *Technology and International Relations*, Chicago: University of Chicago Press, 1949; E. O. Smigel, "Technology and International Relations", in William F. Ogburn, ed., *American Sociological Review*, Chicago: University of Chicago Press, 1949, pp. 440 – 441; O. Hieronymi, *Technology and International Relations*, London: Palgrave Macmillan, 1987; Melvyn P. Leffler, *A Preponderance of Power: National Security, the Truman Administration, and the Cold War*, Stanford, California: Stanford University Press, 1992.

② Maximilian Mayer, Mariana Carpes and Ruth Knoblich, "An Introduction", in Maximilian Mayer, Mariana Carpes and Ruth Knoblich, eds., *The Global Politics of Science and Technology*, Vol. 1, *Concepts from International Relations and Other Disciplines*, Heidelberg: Springer, 2014, pp. 1 – 2.

③ Maurice Pearton, *The Knowledgeable State: Diplomacy, War, and Technology Since 1830*, London: Burnett Books, 1982.

实力支撑。① 当前研究已进一步解释技术进步在不同方面对国际政治如何产生影响，例如技术进步（核武器的发明）创造了相互威慑的"恐怖核平"，② 从而对于塑造现代世界格局产生了一系列直接或者间接的影响；③ 由于技术进步也使国家之间对于信心流动的监管与辨识更加困难，使原本就不够牢固的战略互信面临进一步弱化的风险；④ 新技术改变了未来战争的形式，"随着数字技术在军事领域里的大量使用，与实体战线并行的数字战线被开辟出来"⑤。

　　除了从世界秩序是否发生改变的维度去观察技术的影响，另一种视角是采取完全相反的方式，即从国际政治的影响出发，分析其如何作用于技术领域。⑥ 吉尔平认为国家权力的因素会决定技术向何处进行外溢，具体而言他对资本和技术要素的外溢进行理论化，以解释这些现象如何被政治化以服务于美国霸权，例如为了帮助欧洲战后重

①　Mikael Nilsson, "The Power of Technology: U. S. Hegemony and the Transfer of Guided Missiles to NATO during the Cold War, 1953 – 1962", *Comparative Technology Transfer and Society*, Vol. 6, No. 2, 2008, pp. 127 – 149; Daniel R. Headrick, *Power Over Peoples: Technology, Environments, and Western Imperialism, 1400 to the Present*, Princeton: Princeton University Press, 2010; 唐新华：《西方"技术联盟"：构建新科技霸权的战略路径》，《现代国际关系》2021 年第 1 期。

②　Carina Meyn, "Realism for Nuclear-Policy Wonks", *The Nonproliferation Review*, Vol. 25, No. 1 – 2, 2018, pp. 111 – 128; 孙海泳：《论美国对华"科技战"中的联盟策略：以美欧对华科技施压为例》，《国际观察》2020 年第 5 期。

③　傅莹：《人工智能对国际关系的影响初析》，《国际政治科学》2019 年第 1 期。

④　Qichao Zhu and Kun Long, "How Will Artificial Intelligence Impact Sino-US Relations?", *China International Strategy Review*, Vol. 1, No. 1, 2019, pp. 139 – 151.

⑤　张宇燕：《理解百年未有之大变局》，《国际经济评论》2019 年第 5 期。

⑥　Ronald J. Deibert, *Parchment, Printing, and Hypermedia: Communication in World Order Transformation*, New York: Columbia University Press, 1997, p. xi, p. 329; Geoffrey Herrera, *Technology and International Transformation: The Railroad, the Atom Bomb, and the Politics of Technological Change*, Albany: State University of New York Press, 2006.

建，美国实施"马歇尔计划"，允许技术和资金向不属于社会主义阵营的欧洲国家和地区进行转移，制定并维持了并不利于美国经济利益的歧视性贸易与投资政策。① 黄琪轩认为，权力竞争、权力更替等大国政治博弈刺激了技术革命，从而推动了技术的变迁、革新与进步。②

近年来有许多研究认为技术与国际权力分配之间存在明显的相互影响，③ 从而以国家与市场互动的维度入手，探讨跨国企业与国家，特别是霸权国家的互动方式以及方式的异同。吉尔平从三种模式探讨了国家与市场互动方式，包括"主权困境"、依附和重商主义，并分别探究了它们的优劣。④ 随着世界各国进入相对和平的"大国无战争"时期，政府与技术、国家与市场的互动关系受到了更多的来自学界和政界的关注。尽管企业组织形式存在不同，市场与国家之间存在不一样的博弈方式，但霸权国家对权力的追求与企业对财富的追求在大多数情况下并不产生冲突。对于一个能够在技术领域形成不对称依赖优势，从而在国际分工体系中占据主导地位的国家，它也通常具备足够实力可以对国际体系进行主导。与此同时，对于可以在技术领域形成不对称依赖的公司，它们也在供应链上享有最多的分红。因此，国家和公司都期望在与他国互动中形成并巩固不对称的依赖关系，从

① 罗伯特·吉尔平：《跨国公司与美国霸权》，钟飞腾译，东方出版社 2011 年版，第 171—203 页。

② 黄琪轩：《世界技术变迁的国际政治经济学——大国权力竞争如何引发了技术革命?》，《世界政治研究》2018 年第 1 期；池志培：《美国对华科技遏制战略的实施与制约》，《太平洋学报》2020 年第 6 期；韩爽：《美国出口管制从关键技术到新兴和基础技术的演变分析》，《情报杂志》2020 年第 12 期。

③ Daniel W. Drezner, "Technological Change and International Relations", *International Relations*, Vol. 33, No. 2, 2019, pp. 286 – 303.

④ 罗伯特·吉尔平：《跨国公司与美国霸权》，钟飞腾译，东方出版社 2011 年版，第 171—203 页。

而获得特权。其中的差异，在于前者谋求霸权和支配地位，而后者则从技术租金中谋求垄断利润。

然而，国家和企业之间也存在利益的不一致性并由此形成矛盾。霸权国支持全球化，但追求的是等级化全球秩序，而作为全球化主要动力的企业，与等级化相反的扁平化趋势则会因为企业的商业活动而开始涌现。例如，主导国家比较优势会因技术传播而降低，因为技术不仅会从占有优势的国家溢出到边缘地区，帮助后者实现科技的攀升，同时后者也会因为科技进步而实现经济增长。[1] 吉尔平等人还认为，维护主导地位的核心保障在于科技创新，而从中心国家向外围国家溢出是知识要素的内在属性。随着时间推移与长期的国家间互动，经济与军事权力结构在系统内也会发生改变，旧有体系也愈发无法被按照原有的方式进行治理，哪怕其违背了霸权国家的意愿。[2]

在中美之间存在经贸摩擦的背景下，高科技产业之间如何进行互动的问题变得更为重要。美国意欲在高科技领域采取对华"脱钩"的说法在近年来甚嚣尘上，许多学者担心美国意图把中国"规锁"在中低端价值链，从而维护其霸权地位。[3] 作为霸权国家，美国提出的"脱钩"战略似乎没有考虑到全球价值链在技术和生产全球化时代的重要性，所以与之类似的现象是否在历史上也曾经出现过？如果存在这样的类似情况，那是否说明霸权者与其科技公司之间的利益存在周期性冲突？在企业层面寻求技术商业利益（市场逻辑）与在国家层面

---

[1]　Carlo M. Cipolla, *The Economic Decline of Empire*, London：Methuen, 1979, pp. 1 – 7.

[2]　Robert Gilpin, *War and Change in World Politics*, Cambridge：Cambridge University Press, 1981.

[3]　张宇燕：《理解百年未有之大变局》，《国际经济评论》2019 年第 5 期。

寻求安全和权力之间存在怎样的张力？为了更系统地回答上述问题，本书试图从国家与市场的逻辑互动的角度，并在一个特定的时间周期内，考察技术与霸权兴衰的关系。需要说明的是，本书研究的对象是民用技术，而非军事技术，因为后者商品化程度较低，也不是本书观察到的两种逻辑博弈的首选对象。

## ◇二　概念、变量和基本假设

在解释理论框架之前，需要对技术与霸权两个研究对象进行定义。

第一，根据现有文献，实力和影响力通常构成了霸权的两个方面。前者指在权力资源方面占据相对优势，包括资源、人力、生产能力等（根据这一类型划分，技术作为生产能力重要组成部分也是构成霸权的内生因素之一）；后者指对其他国家的影响力，主要源于权力资源的相对优势而使他国对其更为依赖，从而在这种不对称依赖关系中构建起了主导国的网络性权力[①]，例如在霸权国主导的价值链中嵌入其他国家，或者进行价值观和意识形态的输出从而对其他国家进行影响。此外，有三类原因可以解释霸权兴衰：其一，治理资料消耗导致霸权自然衰落；其二，新兴国家崛起导致权力分配的转移；其三，国内不同利益集团的内耗导致霸权的基础难以维持。[②] 本书的讨论对

---

① Stacie E. Goddard, "Embedded Revisionism: Networks, Institutions, and Challenges to World Order", *International Organization*, Vol. 72, No. 4, 2018, pp. 763 – 797；任琳、孙振民：《大国战争之后：权力生产方式的历史演变》，《当代亚太》2020 年第 1 期。

② 任琳：《金融与霸权的关系悖论》，《国际政治科学》2020 年第 1 期。

象主要涉及第二类（以日本、西欧、中国等国家和地区为代表的体现了霸权国外国家集团的崛起）和第三类（跨国企业寻求海外利益而转移技术）。霸权护持是否成功或曰霸权是否衰落是衡量霸权力量的重要维度。

第二，技术的原初定义并未在国际政治经济学或国际关系的研究中受到重点关注。莫汉·马里（Mohan Mali）认为，影响国际结构的三大因素由技术发展、战争、经济变革共同构成，因为实际上技术和战争与安全、经济变革与增长的结果都息息相关。① 就技术的原初定义而言，本书采用查尔斯·维斯（Charles Weiss）的定义，即技术是"为了实际目的而对自然世界有组织的技术知识的应用，或开发和使用这种知识的能力"②。在现实应用中研发、推广和衰退三个阶段构成了技术的发展周期。由于市场与国家的互动是本书的关心重点，以下探讨主要涉及从国内市场流入国际市场的现象，即技术在后两个阶段特别是在推广阶段的"技术扩散"，以及在衰退阶段霸权国能否借助"技术创新"再次迈向新的技术周期并分析其对霸权兴衰的影响。

第三，除了定义技术和霸权的基本构成外，还需要明确本书讨论的两种主要作用机制，即市场逻辑和国家逻辑，以识别底层的互动关系。两种逻辑的主体都是国家和企业（尤其是跨国公司），基本前提是市场求富，国家求强。技术有两个作用，既可以创造财富，也可以被国家用来谋求权力。此外，财富既可以是权力的对立面，也可以是权力的重要支柱。两者既矛盾又相辅相成，都是国家实施内外政策的

---

① Mohan Mali, "Technopolitics: How Technology Shapes Relations Among Nations", *The Interface of Science*, *Technology & Security*, No. 12, 2012, pp. 21 – 29.

② Charles Weiss, "How Do Science and Technology Affect International Affairs?", *Minerva*, 2015, p. 53.

目标和手段。从这个意义上说，需要研究的核心问题在于，在何种情况下，这两种逻辑是一致的或者是不一致的。

市场的逻辑倾向于在国内和国际市场上寻求利润以最大化财富收益，因此寻求绝对回报而不是权力和安全的最大化。从全球化的角度，跨国公司是技术传播和知识转移的主要驱动力。随着老技术衰退期的临近，跨国公司更愿意推动老技术的转移和扩散，但在客观上却导致国际权力结构相对扁平化。企业同时不断地研究新技术，试图尽快过渡到下一个技术周期，以在技术替代中保持不对称的相互依存关系，以实现高科技垄断利润。当然，企业运营也存在风险和延误。如果研发未能取得显著成果，仅从将旧技术扁平化为技术循环中获得更多收益，而未能成功研发出新的技术，则企业无法可持续地占据不对称相互依赖的优势。

国家逻辑的核心是维护其权力，[1] 偏好绝对意义上的等级化世界秩序。基于安全考虑，国家追求在于其他国家对比中的比较优势，关注相对收益而非绝对收益。[2] 正如现实主义者所强调，让对手国获得

---

① Denys Hay, "The Pursuit of Power: Technology, Armed Force and Society Since A. D. 1000", *History of European Ideas*, Vol. 5, No. 4, 1984, pp. 445 – 448, DOI: 10.1016/0191 – 6599（84）90047 – 0；约瑟夫·格里科、约翰·伊肯伯里：《国家权力与世界市场：国际政治经济学》，王展鹏译，北京大学出版社 2008 年版；黄琪轩：《世界技术变迁的国际政治经济学——大国权力竞争如何引发了技术革命?》，《世界政治研究》2018 年第 1 期；黄琪轩：《大国权力转移与自主创新》，《经济社会体制比较》2009 年第 3 期。

② 需要补充说明的是，抑制技术扩散并不必然是国家逻辑的全部表现形态。例如，美国在第二次世界大战后的对日、对欧经济政策。美国战后的对日政策同样是出于国家逻辑，旨在维持全球系统的安全与稳定，但美国并没有抑制技术扩散，相反是以维护国家安全利益为由，允许日本吸收美国技术、进入美国市场，还容忍了日本对美国对日投资设立壁垒。只是在本书案例中，我们重点关注以抑制技术扩散为代表的这类国家逻辑。在这个意义上，技术扩散是具有两面性的。

更多的相对收益将损害霸权国的比较优势。[1] 因此，主导国希望永久性地保持技术垄断，维持不对称依赖下的权力优势。国家逻辑表现为加强知识产权保护、[2] 控制技术扩散和技术转移，[3] 例如《1930 年美国关税法》的"337 条款"、《1974 年贸易法》的"301 条款"、进出口负面清单等文件中对技术类产品的进出口管制。本书在案例分析中用"相关产业中霸权国对崛起国的直接投资"来操作化技术扩散的幅度，用是否"减少该类技术 FDI 或采取 301 调查等行政干预手段"来操作化霸权国对技术扩散的态度，描述国家逻辑对市场逻辑的干预程度。具体而言，本书考虑了霸权国家逻辑（维持权力等级的霸权目标）和企业市场逻辑（由于技术溢出导致相对扁平的权力结构全球化）之间的相互作用。

第四，在斯特兰奇的国际政治经济学分析框架中，金融、安全、生产和知识这四个关键变量的作用被进一步突出。但是，由于变量之间的逻辑关系非常复杂，技术可以与四个关键变量中的每一个都产生链接作用并影响整体结构，使得对变量的全面分析不仅非常困难，也难以详细分析变量的独立影响。例如，仅仅引入金融的变量就会在很多方面影响分析的逻辑和结果，比如对研究和技术开发的融资和投资。因此，本书在现有文献分析的基础上，将分析限制在技术与安全

① 黄琪轩：《大国权力转移与自主创新》，《经济社会体制比较》2009 年第 3 期。

② 斋藤优：《知识产权制度的国际政治经济学——霸权的基础从资本转向科学技术》，《世界研究与发展》1991 年第 2 期；熊洁：《知识产权保护的国际政治经济学：一项研究评估》，《世界经济与政治》2013 年第 2 期；徐元：《美国知识产权强保护政策的国际政治经济学分析——基于霸权稳定论的视角》，《宏观经济研究》2014 年第 4 期；王金强：《知识产权保护与美国的技术霸权》，《国际展望》2019 年第 4 期。

③ D. B. Audretsch, E. E. Lehmann and M. Wright, "Technology Transfer in a Global Economy", *Journal of Technology Transfer*, Vol. 39, No. 3, 2014, pp. 301 – 312.

和生产之间的关系上，以展示国家与市场逻辑的相互作用及其结果。因此，在其他条件不变的情况下，本书着眼于技术对生产或安全的影响将如何使其偏离资产负债表的重心，以及在什么条件下国家的行为逻辑最有可能与市场相互兼容，什么时候更容易出现相互排斥。从时间节点的维度来看，我们假设国家逻辑与市场逻辑出现矛盾需要若干条件，其中包括两个必要条件和一个充分条件。

其一，两种逻辑出现矛盾的必要条件：技术周期更迭已经发生，但主导国并没有完成新一轮的技术研发。企业对技术周期更为敏感，新一轮技术的研发通常在每个周期的尾端就已开始，因而不再高度重视旧技术的知识产权。后发国家因而获得技术溢出效应[①]，得以有机会迅速实现国内生产总值（GDP）和综合实力的飞跃。但与霸权国维持霸权地位的诉求产生冲突的重要体现就在于追求进一步利用旧技术红利的行为。此外，由于新一轮技术研发尚未成功，霸权国家更倾向于限制技术扩散，导致市场逻辑的重要性下降，国家逻辑成为主导。在这种情况下，技术在市场之外的扩散会损害霸权国的不对称优势，不对称优势的减少会影响权力结构，因此霸权国变得警惕，往往会限制技术的对外转移。然而，随着新一轮技术研发的推进，霸权国家将再次恢复技术垄断，企业也将因垄断新技术而收回高额技术租金，此时市场的逻辑交替成为主导。

其二，两种逻辑出现矛盾的充分条件：霸权国相对权力优势下降，安全威胁感知上升。我们将"霸权国对技术扩散的容忍极限"设

---

① 所谓的技术溢出效应体现为对东道国企业劳动生产率的提升，进而间接作用于该国的经济增长和国家实力增强。参见 Beata S. Javorcik, "Does Foreign Direct Investment Increase the Productivity of Domestic Firms? In Search of Spillovers Through Backward Linkages", *The American Economic Review*, Vol. 94, No. 3, 2004, pp. 605 – 627。

定为"霸权国能够维持相对权力优势"，并进一步将其操作化为"崛起国与霸权国 GDP 的比值低于 2/3"。依照国家逻辑，当两国经济体量的比值超过了 2/3 的"极值（阈值）"时，[①] 霸权国就会"校正"技术扩散，包括采取技术保护、阻止技术扩散以及其他抑制市场逻辑的行为。考虑到技术扩散在一定程度上也有助于技术创新，霸权国家的外部限制是选择性的，不会完全阻碍国际层面的技术交流。因此，限制的对象主要是那些 GDP 达到或接近霸权 2/3 的国家。在本书中，这些国家被称为新兴大国，此类国家更有可能使霸权国家感到实力受到挑战，成为霸权国家重点防范的对象。必须强调的是，仅依靠 GDP 仍不能准确衡量国家的综合实力。一个国家占用的资源总量（以 GDP 衡量）也不能直接对应该国可以直接使用的资源量。影响资源调动的其他制约因素包括军费开支、地理环境、人口结构和其他重要因素。但是，本书仍然以操作化 GDP 作为衡量国力的标准，主要是因为国际政治经济学研究一直强调财富支持权力，一个国家拥有的资产绝对数量仍然是实力积累的主要方面。虽然这个衡量标准并不完美，但它至少为清楚地比较国家之间的权力差异提供了一个客观维度。

## ◇ 三　分析框架

现实中，重叠和互补的利益也往往存在于公司与霸权国之间。尽管有相互冲突、彼此矛盾难以调和的情况出现，在多数情况下市场逻

---

① 该观点系张宇燕在与李向阳、罗伯特·基欧汉、约瑟夫·奈等解读世界格局之变时谈及。参见《世界，不确定中孕育着希望》，《人民日报》2017 年 12 月 22 日第 22—23 版。

辑与国家逻辑在大体上也具有一致性。总体而言，"公司利益和被美国历届行政当局界定的国家利益之间相一致，公司和政治精英分享了一个自由的世界经济秩序的美国远景"①。本书的研究问题是，在何种条件下国家与市场逻辑会出现互斥从而打破彼此均衡，进而出现两种逻辑相矛盾的情景呢？在肯定两者存在相互支撑的基础上，本书试图从理论层面探讨稳定是如何被打破的。

## （一）国家与市场逻辑相一致的作用路径

国家与企业均希望从不对称相互依赖中获得收益。从这个角度而言，两者的根本目标是高度趋同的，甚至说是一致的。国家不愿意看到技术和知识外溢到其他国家是为了服务于安全；在大多数情况下，企业也不会对外输出最核心的技术，除非更为先进的技术创新已经取代了旧有的技术。因此，市场与国家逻辑整体上并不相悖。哪怕出现相悖的情况，也无法断言自由主义就此终结，毕竟市场价值才是技术创新所追求的目标，为了在国际市场上追求利润效应，扩散技术和溢出知识是一种必然的结果。追求经济利益是市场竞争的目标，但在追求目标的过程中也间接地塑造了等级化的世界："在制造业领域，美国跨国公司对经济活动的区位、工业生产以及技术发展施加影响力，它们创造了一种国际分工，公司留在母国的，包括决策，财富和研发，而一些分支公司则安置在全球的边缘地带，当子公司之间的销售构成了世界贸易的一大部分时，跨国公司就对制造业的区位、国际收支以及总体上的国际劳动力分工产生了重大影响，很大程度上它们决

---

①　罗伯特·吉尔平：《跨国公司与美国霸权》，钟飞腾译，东方出版社2011年版，第114页。

定了世界经济的收益分配。"①

因为企业服务于国家，跨国公司则可以被看作美国实现其霸权目标的工具，是重要的经济手段和物质依赖。换言之，"技术是仆人，政治是主人"②，财富终究也会服务于权力。例如，美国执行"欧洲复兴计划"的"先锋"，就是带着技术和资金进入欧洲市场的美国公司，其帮助美国降低了对欧外交的战略成本。除了提供物质层面的帮助以巩固权力之外，跨国公司的国际运营也在事实上维护了霸权国的影响力，即"帮助建立了在美国自由主义名誉下的民主和多元的世界，它们是实现美国创造一个和平与相互依赖的世界，这种意识形态共识的工具，在这样的世界中，经济合作和增长将取代民族国家竞争引发的冲突"③。由于这些好处的作用，哪怕跨国企业的直接投资带来了技术扩散也可以得到霸权国美国的容忍，从而通过这种方式积累了大量财富，成为霸权的重要支撑。

国家也需要回应市场扩张的需求，体现出权力对财富的服务。在研发阶段，国家积极资助技术研发，与市场逻辑相契合并推动技术创新，以加强自身安全，争取在国际政治经济竞争中占有不对称的权力优势。回看"二战"后的美国，正是由于政府在研发方面的大量投入，尤其是在早期阶段，计算机、电子等新兴产业得以享受了长期的、较低程度的投资风险。新兴产业可以通过技术进步建立技术基础，并基于此不断发展壮大，其中半导体和晶体管产业就是最为典

---

① 罗伯特·吉尔平：《跨国公司与美国霸权》，钟飞腾译，东方出版社 2011 年版，第 118 页。

② 黄琪轩：《大国政治与技术进步》，《国际论坛》2009 年第 3 期。

③ 罗伯特·吉尔平：《跨国公司与美国霸权》，钟飞腾译，东方出版社 2011 年版，第 119 页。

型的案例。① 此外，随着技术的推广，当市场逻辑成为显性逻辑时，国家为鼓励创新与产权，还会为企业保护技术专利和知识产权提供制度支撑。可见国家逻辑与市场逻辑之间并不存在必然矛盾，因为"高科技产业需要大规模的投资，需要一个市场规模效应来抵消利润的下降，需要相应的知识产权制度来保障和获取其技术租金。而国家在这一方面的作用是至关重要的。国家是调动社会资源支持企业研发、保障企业获得市场和技术租金的政治保障"②。此外，在对外利益扩张方面，企业往往不得不依靠霸权国家的外交政策来扩大市场范围，保护自己的利益，尤其是通过施压其他国家来保护自己的对外利益。在新技术的研发还没有取得显著成果，现有技术的红利还要不断巩固之时，企业也需要国家成为第一代产品的主要融资者、赞助者和购买者。

## （二）不一致的国家逻辑与市场逻辑

本部分以国家与市场逻辑的冲突为焦点，解释霸权国对崛起国施加的技术限制通常会在什么条件下产生，进而尝试发现背后的作用机制，以更为透彻地解释两种逻辑之间何时会出现张力，在何种情况下某一类逻辑会占据优势，以及国家是否出台技术抑制政策。

---

① Ernest Braun, *Revolution in Miniature：the History and Impart of Semiconductor Electronics re-Explored in an Updated and Revised*, New York：Cambridge University Press, 1982, p. 8, p. 71；Kenneth Flamm, *Creating the Computer：Government, Industry and High Technology*, Washington D. C.：Brookings Institute Press, pp. 14 − 16；黄琪轩：《技术进步的政府规模与美国技术变迁》，《上海行政学院学报》2009 年第 3 期。

② 李滨、陈怡：《高科技产业竞争的国际政治经济学分析》，《世界经济与政治》2019 年第 3 期。

### 1. 技术扩散的市场逻辑

从时间维度上看，国家与市场两种逻辑相互博弈时，市场逻辑占据上风往往发生在技术在国内推广的时期以及技术进入衰退阶段从而在国际上进行推广的时期。目前，国家逻辑与市场逻辑的矛盾主要集中在对技术扩散的态度。在技术的创新和衰落中，技术进入生产领域，逐渐从国内市场流向国际市场。由于技术衰退，向国际市场进行技术扩散是不可避免的，也符合市场的基本逻辑。从表现形式上看，市场逻辑的路径是通过技术扩散获得技术回报，包括产品出口、国际技术转让、外商直接投资（跨国公司）等，更多地吸收先前技术和新技术的红利。客观而言，技术扩散也是市场逻辑驱动下的一种自然行为。企业为"找回"前期投入、最大化技术租金、保证利润和维持运行，技术扩散就是市场动机行为，是为新技术研发积累财富基础、保障企业未来发展的重要手段。在现代经济中，市场逻辑的作用愈发明显，这是因为"技术变革速度的加快，加上用具有新技术的新工厂取代旧工厂的成本逐步上升，意味着公司没有充足时间去补偿其所投资的越来越多的成本。在本国市场销售产品所获得的利润不足以维持公司营业，因此公司不得不采取全球销售战略，同时也采取全球生产政策，因为国家政策总是偏爱以当地生产的商品取代进口产品"[1]。此外，虽然国家技术的提升也能为霸权国家带来经济优势，但由于普遍较高的内部薪酬结构，企业在国内市场获得的边际回报下降，这促使霸权国家的公司寻求国际市场利润，特别是根据高技术水平来获取红利，向相对落后的国家转让技术、直接投资或在国外设厂则是符合经

---

[1] 苏珊·斯特兰奇：《国际政治经济学导论——国家与市场》，杨宇光等译，经济科学出版社 1990 年版，第 89 页。

济利益的行为。受市场逻辑驱动，企业更愿意走出去，从而抵消技术研发投入、寻求技术租赁、在投资国赚取更多利润，实施技术发展机遇。只有这样，霸权国家的企业才能在国际竞争中充分发挥技术比较优势，从不对称依赖中获得高技术回报。市场逻辑与国家逻辑的不同，并不意味着两者不相容。但有时"重心"落在市场逻辑上，就会出现国家逻辑服务于市场追求利润的情况。市场逻辑认为，新技术的研发可以保持不对称的相互依存，这在一定程度上符合主导国的长期经济利益，因为经济利益的获得也可以对综合国力的提升产生影响。霸权国的中短期安全考量可能与市场的长期经济利益相冲突。为了消除中短期安全风险，防止其他国家获得比较优势，国家逻辑将会占据主导。国家主导的安全逻辑超越了经济利益逻辑。因此，市场逻辑可能不得不留在幕后，因为它在中短期内违背了国家的安全追求。但是，这不能否认市场的逻辑可以作为明确的逻辑来为公司和国家的利益服务。在全球化时代，市场逻辑与国家逻辑存在客观上的利益差异乃至产生矛盾的原因是：随着时代的发展，企业的利益往往需要跨越国界线才能得以实现，国家则受主权原则限制，其国家利益几乎都局限在国家主权范围内。① 随着通信、交通、商贸的发展，全球经济相互依存度不断加强，两者之间的"主权困境"愈发明显。当企业由于对外直接投资而国际属性愈发明显时，国家政府仍倾向于利用国内法律来限制跨国公司的行为，希望国内企业能够维护其工具属性继续服务于国家外交政策。因此，企业在追求商业利益的驱动下，客观上实现了技术的功能性扩散，这使得他们不太关心传统技术扩散溢出效应对国家实力的影响。相反，霸权国对溢出效应是否刺激了东道国的经

① 王逸舟：《试论科技进步对当代国际关系的影响》，《欧洲》1994 年第 1 期。

济发展特别敏感，尤其是经济规模几乎占霸权国家 2/3 的新兴国家。因此，在某些情况下，我们看到了很多跨国公司母国与东道国断绝外交关系的案例（例如，在某些历史时期，美国公司不得不停止向古巴或苏联出售产品），哪怕使跨国公司的业务受到损害。当这两种逻辑相互矛盾时，企业会试图违抗政府命令，通过游说或抗议来表达不满，但在大多数情况下，它们会继续服从于国家。

### 2. 技术扩散的国家逻辑

国家逻辑往往更多基于安全考虑，力求权力最大化。由此可见，相对实力优势越小，霸权感知的安全威胁越大，越有可能强化国家逻辑。从某种意义上说，国家逻辑与市场逻辑存在一定的矛盾，因为国家将安全置于经济利益之上，甚至可以为国家安全牺牲经济利益。在两者面临冲突的大多数情况下，国家的逻辑战胜了市场的逻辑。事实上，国家逻辑的主导地位并不一定违背市场的逻辑，有时甚至是服务于市场的逻辑。只是当两者意见出现不匹配时，国家逻辑往往会采取更加严厉的措施扼杀技术的传播，强调其主导地位。因此，国家逻辑是否成为主导，也会表现于两种逻辑的博弈结果之中。国家的逻辑和市场的逻辑是矛盾的、相互作用的，有时相互矛盾，有时又相互促进。从时间周期上看，国家逻辑占主导地位的场景主要发生在研发阶段和后期衰退阶段，同时也发生在推广阶段，防止新技术的复制。即使在技术的推广和衰退阶段，只要霸权国的比较优势不被系统内其他国家或经济体危及，霸权国的国家逻辑就不会与市场逻辑相矛盾。作为霸权国的美国使用行政手段来干预市场交易，其目的是"校正"市场交易造成的技术溢出与霸权护持之间的不一致。在国家层面，霸权国诉诸行政条款干预市场是霸权国"校正"国家与市场逻辑不一致时的一种方式。"校正"具体表现为采取限制技术类出口清单和超级"301 条款"等手段，干预企业贸易投资活动。① 如在下文案例分析的第一部分所揭示，美国曾对日本采取过干预市场的行政手段，最终实现了对日本权力积累、在技术领域取得对美国的非对称依赖优势的打压，防止其挑战美国霸权和维护等级化秩序的目标。因此，如果能够在 20 世纪 80 年代日本实力不断上升的时刻找到一些历史细节，② 特别是美国干预对日贸易投资的行政手段，就能解释为什么美国最终会通过"校正"实现国家与市场逻辑的一致性。这是因为日本基于市场驱动，在上一轮技术的转移中获得来自美国的技术与资金，进而实现了经济实力的不断上升，并以此为资本积累投资于半导体、光纤和智能机械技术等新兴技术领域，挑战美国霸权。这不仅威胁到了美国的霸权地位，也威胁到了美国企业的非对称技术优势。

随着技术周期的结束，企业在市场逻辑的驱动下，开始放宽对老技术的知识产权，让技术得以传播。各国可能出于安全考虑，制定较为保守的计划，试图遏制技术对自身的间接影响，防止霸权的实力基础受到侵蚀，确保实力和技术实力的不对称优势。当然，霸权国家的政治取向也取决于新技术的研发能否成功，特别是新一轮的不对称相互依存优势能否继续维持。在汽车产业和信息技术相互互动的案例

① 文中特指"超级 301 条款"（广义的"301 条款"的一种）中涉及不公平措施和知识产权保护问题的内容，尤其指对技术类产品的进出口管制，特别是高技术含量产品的进出口与投资行为对东道主国和母国带来的影响。

② 到 20 世纪 80 年代中后期，美国逼迫日本签署广场协议，批评日本是汇率操纵国，为"校正"日元被低估的现象，要求日本必须升值日元，导致日元大幅升值、日本 GDP 一路上扬，一度达到了美国 GDP 的 2/3。此时，日本 GDP 中水分较大。为了校正市场逻辑和国家逻辑之间目标不一致性，进而护持霸权，作为霸权国的美国采取了非市场手段来干预。

中，溢出效应通常发生在技术衰退期，溢出效应的作用路径是外国直接投资在霸权国家自身领域引起的技术溢出。这些投资导致知识溢出到其他主要经济体（如中国、日本、欧盟和其他相对明显的世界权力中心），对霸权在技术和经济规模方面的比较优势产生负面影响。由于东道国，尤其是潜在的规模化国家，在吸收技术后迅速发展，这反过来又会刺激霸权国根据国家逻辑干预市场。

## ◇四　案例分析与理论检验

### （一）时间维度：技术扩散的周期性

周期性是现代技术扩散的明显特征，而维持在技术领域的优势则是霸权维持的重要行为逻辑。本章案例试图证明，从 20 世纪 70 年代至今，从汽车技术到电脑与电子元器件技术，市场与国家相互博弈的特点都在不断被反复印证。分析先聚焦汽车技术，展示了其在生命周期走向衰退阶段时出现了大规模的对外投资，其中日本承接了大部分资金，并以此造就了经济腾飞和对半导体技术的研发投入。然而，日本在经济总量达到美国的 2/3 时引起了霸权国的警惕，从而遭受了一系列打压与限制措施，以减缓日本的科技研发速度。电脑产业诞生于 20 世纪 70 年代，并于 90 年代末期逐步由成熟期过渡到衰退期。同样，电脑产业进入衰退期后也出现了大规模的产业对外转移，而中国在这一波趋势中承接了大量产能，并由此实现了经济高速增长和对 5G、人工智能等新兴技术的研发投入。中国在经济总量达到美国的 2/3 时依旧面临美国的打压，同样体现在美国采用贸易手段与科技

"脱钩"相结合的方式。案例研究试图揭示在不同技术、不同时间段下，霸权国所反映出的相同行为逻辑。

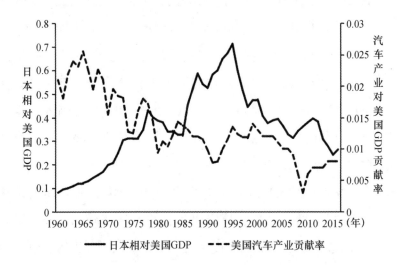

**图 2 - 1　美国汽车产业贡献率与日本相对美国 GDP 比例**

资料来源：U. S. Bureau of Economic Analysis（BEA），The World Bank Database.

　　美国汽车产业最早可以追溯至 19 世纪 90 年代，得益于巨大的国内经济体量与高效车间生产方式，美国一跃成为世界最大的汽车市场。20 世纪初，美国汽车产业出现了福特、通用、克莱斯勒三大汽车巨头，并以底特律、密西根为中心打造了完整精密的上下游产业链。"二战"后，在汽车技术研发与生产方式的创新基础上，美国汽车产业的发展还得益于宏观经济层面的有益条件。[①] 其一，美国地广

---

　　① Hayagreeva Rao, "Institutional Activism in the Early American Automobile Industry", *Journal of Business Venturing*, Vol. 19, No. 3, 2004, pp. 359 - 384；M. Jeal, "Mass confusion: The Beginnings of the Volume-production of Motorcars", *Automotive History Review*, Vol. 54, No. 3, 2012, pp. 34 - 47.

人稀的地理环境，加上"二战"后大规模的基础设施建设，使得公路里程数大幅提升。1916 年的《联邦道路援助法案》（*The Federal Aid Road Act of* 1916）批复 7000 万美元修建乡村基层道路，1956 年的《联邦高速公路援助法案》（*Federal Aid Highway Act of* 1956）批复 330 亿美元修建区域与跨州间的高速公路网络。其二，战后美国的婴儿潮产生了大量的消费需求。道路修建的地理位置选择刚好与婴儿诞生的集中地域相吻合。20 世纪六七十年代，超过 70% 的美国人口诞生于非城市区域，而非城市区域刚好承接了大量的修建公路道路的投资。

美国汽车产业于 20 世纪 80 年代进入衰退期。图 2-1 反映了汽车产业对于美国 GDP 的贡献率从 80 年代开始就呈现匀速下滑的趋势，揭示了该行业增长见顶、投资边际收益不断递减的状态。造成汽车产业在美国进入衰退期的原因包括了人口与道路修建的红利接近饱和，70 年代后期的中东石油危机抑制了汽车需求，以及在德国、日本诞生的新的汽车品牌以更加廉价的产品与美国汽车制造商争夺国际市场份额。[1] 按照市场的逻辑，当行业在国内处于衰退期时应该加大对世界其他国家的投资，以进一步吸收技术的剩余红利。图 2-1 同样展示了日本相对美国 GDP 的比例，有趣的是该比例几乎与汽车产业贡献率呈现明显的负相关关系。除了 20 世纪 90 年代到 21 世纪初期日本经济泡沫崩溃后的艰难复苏时期，在大多数时间里汽车产业的贡献率下降都与日本经济的相对上升在时间维度上相吻合。

图 2-2 进一步揭示了为何两个指数间存在明显的相关性。从美国经济分析局公布的始于 1982 年的投资数据可知，在汽车产业进入

---

① Brad M. Barber, Reid W. Click, and Masako N. Darrough, "The Impact of Shocks to Exchange Rates and Oil Prices on US Sales of American and Japanese Automakers", *Japan and the World Economy*, Vol. 11, No. 1, 1999, pp. 57 – 93.

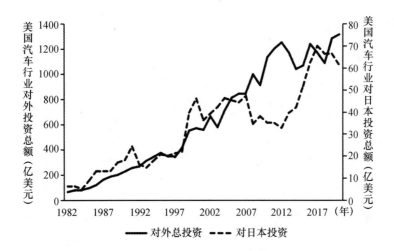

**图2-2 美国汽车产业对外总投资与对日本投资额（现价美元）**

资料来源：U. S. Bureau of Economic Analysis（BEA）.

衰退期时，美国汽车行业的对外投资总额也逐步上升。这一对外扩散的过程中，日本是美国对外投资的重要目的地，其承接的投资金额几乎与美国投资总量同步上升。日本能够承接大量订单，也是源于其高质量、相对低价格的劳动力竞争优势对于汽车产业类的资本密集型产业有着较强吸引力。① 在转移的前期过程中，美国市场与政府的目标趋于吻合，美国政府在新自由主义理念的影响下也力推经济全球化，说服其盟友降低关税消除贸易壁垒，促进了其工业资本的全球布局。

然而，当日本相对美国 GDP 超过 2/3 时，国家竞争的逻辑超过了经济利益的逻辑，美国政府开始对日本高技术产业制定、实施了一

---

① James. Levinsohn, "International Trade and the US Automobile Industry: Current Research, Issues, and Questions", *Japan and the World Economy*, Vol. 6, No. 4, 1994, pp. 335 - 357.

系列限制措施。一是对日本强劲出口进行干预，阻碍其经济高速增长势头。通过与日本政府签署贸易协定的方式，不仅要求日元相对美元升值以降低日本汽车等产品的国际竞争力，同时用行政手段来规定要达成的特定贸易额度目标。二是对当时的新兴高科技产业进行限制，以防范日本企业从美国获得关键技术。[①] 对日本重点研发的半导体行业进行打压，防止日本企业通过技术转让等方式快速提升科技研发水平。美国于 1985 年依据《1974 年综合贸易法》中的第"301 条款"对日本进行调查，并随后于 1986 年、1991 年先后两次签订了《日美半导体协定》（SCTA），规定了一系列的市场准入条款。从长期效果看，美国通过结合使用汇率操纵、贸易手段、高技术限制等措施，不仅使日本出口受到冲击，还阻止了日本在半导体行业对其实现高技术超越。日本在 20 世纪 90 年代后步入"失去的十年"，而美国则随着个人计算机的普及与对微处理器市场的需求增大，再次垄断了新技术的红利，使日本从此再难成为其竞争对手。

这一逻辑同时也适用于在汽车技术之后，随着半导体技术的突破所勃兴的计算机与电子元器件产业。从 1951 年第一台自动计算机出货到 1964 年英特尔制造的基于微处理器的第四代计算机，计算机的研发阶段结束，计算机进入推广阶段。如图 2-3 所示，纵轴是计算机行业对美国 GDP 的贡献率，在 20 世纪 90 年代后期达到顶峰，此后呈明显下降趋势。这反映了美国计算机产业在 2000 年后逐渐衰退。同时，美国计算机产业的海外投资呈现明显上升趋势，技术在国外市场的渗透正在加速，呈现技术不断向外扩散的特点。从历史数据可得

---

① Laura D'Andrea Tyson, *Who's Bashing Whom? Trade Conflict in High-Technology Industries*, Washington, D. C. : Institute for International Economics, 1992, pp. 113 - 131；冯昭奎：《日本半导体产业发展与日美半导体贸易摩擦》，《日本研究》2018 年第 3 期。

知，在 2005 年前后，美国对日本、中国、欧盟和俄罗斯的计算机产业的直接投资均有所增加，尽管其程度存在不同。这反映了当霸权国家的计算机产业在进入衰退时，为了在衰退中最大限度地利用技术、产生技术租金、获得商业收益，跨国公司往往会向其他国家转移技术和生产线。从美国对华投资等双边数据的分析中可发现，大多数可观察到的对外直接投资发生在计算机技术走向衰退的时期。[①]

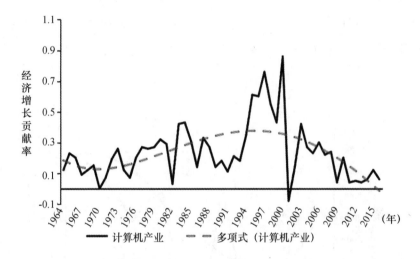

**图 2-3　美国计算机产业生命周期**

资料来源：U. S. Bureau of Economic Analysis（BEA）.

在这一周期中，国家与市场的互动方式也沿着时间维度发生改变。在新技术的研发阶段，国家逻辑和市场逻辑是一致的，并没有利

---

① 考虑到技术发展有其时间周期，只有追踪技术在研发、推广、衰退这一完整时间轴上与霸权的互动，才能探知国家与市场的作用机制。因此，遵照计算机技术研发的时间脉络，我们在图 2-3 中涵盖了研发、推广、衰退三个阶段。由于数据的可得性受限，我们无法涵盖萌芽、发展和成熟这三个阶段，但选定数据的时间范围都处于霸权国的电脑产业发展的最后两个阶段。

益冲突，美国及其计算机公司处于"稳定平衡"状态。但 2000 年后美国电脑产业处于衰退期，而且迄今为止新的技术尚未研发成功，此时国际与市场的逻辑开始出现不一致。市场逻辑倾向于向外转移投资，以进一步利用技术红利。同样如 20 世纪 70 年代的汽车产业一样，电脑与电子元器件对外投资加强的溢出效应也使其他地区的 GDP 相继上升，在表面上导致了霸权国相对优势的下降。如图 2-4 所示，美国在此轮对外投资中，中国承接了大量的产业转移，并由此助力 GDP 的快速上升。同样如同当年的日本，中国通过承接电脑产业制造业务也逐步积累了资本与技术经验，并以此为支点开始向更前沿的技术投入研发。

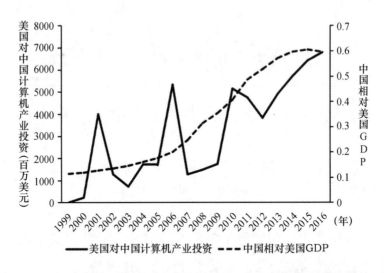

**图 2-4　美国对中国计算机产业投资（现价美元）与中国相对美国 GDP 比例**

资料来源：U. S. Bureau of Economic Analysis（BEA），The World Bank Database.

　　如同 20 世纪 80 年代对待日本一样，美国同样对崛起的中国采取打压措施，国家逻辑再次成为主导。由于霸权相对减弱（其他国家和地区相对霸权国 GDP 比例上升），新一轮技术研发尚未成功，当以中国为代表的其他国家和地区开始在 5G 等领域具备相对优势时，安全威胁成为霸权国家的重要感知，因此国家逻辑的重要性突然提升，于是他们开始诉诸干预手段。一方面，同样是发动贸易战，试图减少中国出口，拖缓中国经济增长步伐。另一方面，减少对崛起国的技术转移（高技术附加值的 FDI），采取技术保护主义，抑制技术扩散。①2016 年中国 GDP 达到美国 GDP 的 60%，接近 2/3 时，美国开始警觉，国家逻辑成为主导逻辑，随后在 2017 年发起了对中国的"301调查"。2017 年，美国贸易代表办公室（USTR）发布了 2017 年特别301 报告，其中将中国列入重点监测国家名单。2018 年 4 月，美国制裁中兴通讯，禁止销售元器件和软件。2018 年 8 月，美国商务部根据原《出口管理条例》进一步制定了针对中国企业的出口管制清单。美方此举意在纠正高技术产业对美出口和技术转让造成的溢出效应，减少中国从贸易、投资等市场行为中获得的收益。

依据国家逻辑，霸权国美国不满的对象是因旧技术扩散而实力增长和科技进步的崛起国，抑制的对象则不仅是旧技术扩散，还包括崛起国的新技术研发。因此，美国这一轮遏制技术扩散的目标主要针对高科技产业，包括人工智能、5G 等新一轮科技产业技术的核心增长点。2020 年 1 月 6 日，美国商务部工业与安全局（BIS）正式采取行动，限制人工智能软件的出口，包括军用智能传感器和民用、无人机、卫星等自动化设备。如同在 20 世纪 80 年代美国提出"加强掌握

---

① 不可否认，导致 GDP 增加的作用机制纷繁复杂，需要结合一个国家的人口结构、地理条件、发展阶段、产业转型等因素综合考虑。尽管如此，技术传播对综合国力、国家实力或曰权力资源的提升作用是不可忽视的。本书重点探讨在后面两个阶段特别是当技术开始国际扩散时，国家逻辑与市场逻辑的博弈尤为激烈。

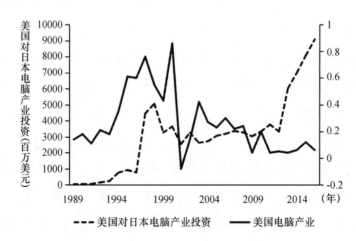

**图 2 - 5　美国对日本计算机产业投资（现价美元）与电脑产业生命周期**

资料来源：U. S. Bureau of Economic Analysis（BEA）.

并监视日本尖端科技的发展动向"一样，此轮针对中国的技术打压也是力图维护美国在相关敏感技术领域的领导地位，从而以防止敏感技术被对手国家掌握、保障国家安全、协助达成相关外交和经济政策目标为名进行制裁。[①] 值得注意的是，美国此轮技术打压的主要目标是中国，而对日本并没有明显的政策以限制经贸、科技交流。如图 2 - 5所示，美国在电脑与电子元器件领域对日投资自 2010 年之后就稳步提升。这再次印证了我们的理论假设，即霸权国在新技术未研发成功时期对外技术限制是有选择性的，仅聚焦于经济总量达到其 2/3，即最有潜力挑战其霸权实力的国家，而并不针对其他国家，哪怕这些国家曾经也是其重点打压防范的对象。

---

① "U. S. Government Limits Exports of Artificial Intelligence Software"，https：//www. reuters. com/article/us-usa-artificial-intelligence/u-s-government-limits-exports-of-artificial-intelligence-software-idUSKBN1Z21PT，访问时间：2020 年 2 月 3 日。

（二）理论检验：国家与市场逻辑的张力

我们在案例分析中发现，国家逻辑和市场逻辑存在相互融合与相互冲突两种可能性，因此平衡两种逻辑是要基于一定的条件之下的。具体来说，本书的两个基础假设得到证实，即均衡的打破源于客观条件的变化。

第一，两种逻辑相互冲突的必要条件是旧技术步入衰落期且新技术还处于研发阶段。技术现代化的周期、企业获得市场利润的周期和在国内谋求比较优势的周期并不同步，从而产生了国家逻辑与市场逻辑的矛盾。旧技术对新兴国家的间接影响会持续一段时间，而在这一过程中新技术的研发却存在滞后。追寻不对称相互依赖的国家和企业的周期性不一致，客观上导致两者在某一个时间段内存在目标不同。当老技术的红利处于衰退期，新技术的研发处于后期阶段时，企业的倾向是最大化老技术的红利，获得尽可能高的技术盈利能力，而这种市场行为有利于新兴国家提升实力，因为增长创造了接受生产订单和获得经验和技术的条件。与此同时，如果霸权国家及其企业未能在新一轮的技术研发中发挥带头作用，霸权国家感受到的威胁感和霸权保护压力将成倍增加，即在技术兴衰的后期，企业的市场目标与霸权国家的目标会发生冲突。第二，两种逻辑相互冲突的充分条件是当技术溢出效应足够大时，霸权国不再容忍市场逻辑驱动下的技术扩散，进而加以干预。考虑到技术溢出会为崛起国的经济增长带来正向反馈，届时霸权国就会诉诸国家手段、抵制市场驱动下流向崛起国的技术扩散。正如打压中兴和华为一样，历史上美国也打压过日本的汽车企业。[①] 因此，探究霸权国超越忍耐限度的"时间节点"具有重大意义。当市场逻辑给崛起国带来的溢出效应超出主导国霸权护持的忍耐限度时，两者的矛盾就会凸显。有学者认为，这一节点出现于崛起国与霸权国之间发生权力更替之际，在历史上往往与战争或者备战有关。但是在 21 世纪，战争并非大国博弈的主要形式，因此其与主导国家对自身相对优势下降的感知密切相关。[②] 历史上，苏联和日本的 GDP 都曾逼近美国的 2/3，它们相继遭到美国霸权的打压。[③] 因此，这一忍耐限度的"时间节点"近似于美国相对其他国家的比较优势开始下降的时间节点，此时美国会感到霸权主导地位受到威胁，而经济体量上的接近是最直接的感知。

---

① 值得一提的是，可以在既有研究的基础上再追加一个问题，即技术扩散的起点和终点是否会因崛起对象国（盟国或非盟国）的差异而不同。研究者可以选定美日和美中两个案例作为一组对照组。例如假定其他条件一样，探讨相比对其盟国的技术扩散起点和忍耐限度，美国对非盟国的崛起国的技术扩散和忍耐限度是否具有一致性。

② 黄琪轩：《世界技术变迁的国际政治经济学——大国权力竞争如何引发了技术革命?》，《世界政治研究》2018 年第 1 期；黄琪轩：《霸权竞争与欧洲技术革新》，《科学学研究》2010 年第 11 期；黄琪轩：《大国政治与技术进步》，《国际论坛》2009 年第 3 期；黄琪轩：《大国权力转移与技术变迁》，上海交通大学出版社 2013 年版，第 25—35 页；黄琪轩：《国家权力变化与技术进步动力的变迁》，《中共浙江省委党校学报》2009 年第 4 期；黄琪轩：《技术进步的来源与国际视角》，《现代管理科学》2009 年第 5 期；V. W. Ruttan, *Is War Necessary for Economic Growth*, New York：Oxford University Press，2006。

③ 张宇燕：《跨越大国赶超陷阱》，《世界经济与政治》2018 年第 1 期，卷首语；姚昱：《美国的经济冷战政策及其效果》，引自沈志华等《冷战启示录（1945—1991）：美苏冷战历史系列专题报告》，世界知识出版社 2019 年版，第 134 页；唐新华：《西方"技术联盟"：构建新科技霸权的战略路径》，《现代国际关系》2021 年第 1 期。

表2-1 第二代技术各产业周期中国家逻辑与市场逻辑的关系①

| | 产业周期 | | |
|---|---|---|---|
| | 研发阶段 | 推广阶段 | 衰退阶段 |
| 技术扩散范围 | 国内市场 | 从国内市场逐步流入世界市场 | 世界市场 |
| 霸权国的威胁感知 | 中 | 中 | 中→强<br>若崛起国实力超过忍耐限度则转强 |
| 跨国公司的威胁感知 | 强 | 强→弱<br>已掌握第二代技术的非对称优势 | 弱<br>当第三代技术创新可以瞬时接续技术衰退周期威胁感知弱 |
| 市场逻辑作用机制 | 技术创新<br>追求领先的技术优势 | 技术扩散<br>开始利用现有技术优势 | 技术扩散<br>最大限度利用技术优势<br>技术创新<br>开始追求下轮技术优势 |
| 国家逻辑作用机制 | 政府成为技术研发的资助者和初期采购者 | 技术扩散<br>技术类FDI上升 | 政府干预<br>抑制向崛起国技术扩散<br>技术产品出口和FDI下降 |
| 国家逻辑与市场逻辑之间的关系 | 彼此一致<br>前者甚至会服务于后者 | 处于相对均衡状态<br>后者服务前者 | 前者不再容忍后者<br>开始予以"校正" |

资料来源：笔者自制。②

需要注意的是，虽然我们认为市场逻辑比国家逻辑更支持技术扩

---

① 我们将以5G技术、人工智能等为代表的技术创新划定为第三代技术的开端，但严格来说这不等同于第三代技术革命的最终实现。

② 任琳、黄宇韬：《技术与霸权兴衰的关系——国家与市场逻辑的博弈》，《世界经济与政治》2020年第5期。

散，但跨国公司对技术扩散的支持也是基于"新一轮技术创新可以紧跟技术周期下降"的前提。与简单地最大化旧技术的红利不同，公司还将根据研发周期及其相对于竞争对手的相对优势，来决定是否支持技术的传播。虽然公司可以通过技术传播产生红利，但他们也会努力保持不对称的技术优势，以保持市场主导地位并防止现有技术的传播造成的不对称优势下降。当新一代技术仍处于研发阶段，而其竞争对手通过逆向研发在新技术上取得突破时，企业将不可避免地感到其不对称的技术优势受到威胁。届时，企业将积极限制技术的传播，会出现市场逻辑与国家逻辑相一致的局面。

因此，在不同的技术周期中，国家与市场逻辑的交互方式是不同的。本书从一个简单的案例分析入手，结合不同的技术生命周期，总结了 20 世纪 80 年代至今技术发展过程中国家逻辑与市场逻辑的相互作用。技术扩散是一种功能溢出效应，可以破坏霸权等级，降低霸权国家对其他国家的支配地位。在研发阶段，国家和市场都倾向于保护技术，财富和权力相结合；在推广阶段，市场倾向于推广技术。国家虽然意识到技术扩散的溢出效应，但尚未感受到新兴国家的威胁，处于实力相对平衡的状态；但在处于衰退阶段时，新兴力量的实力超过了霸权国的容忍水平，因此霸权国在国家逻辑的支配下偏向于技术保护，导致财富和权力的排斥。因此，如果霸权国家的企业认为自己在下一个研发周期中获得了优势，可以容忍技术扩散并因此获得技术红利，而霸权国家却感受到来自新兴国家的威胁时，将无法容忍技术溢出效应，这就是国家逻辑与市场逻辑矛盾最为突出的时间。总体而言，企业与国家、市场逻辑与国家逻辑、主导国家与新兴国家在技术领域的互动机制会随着客观条件的变化而变化。

## ◇◇五　结论

在一个技术周期的不同阶段，国家逻辑与市场逻辑的互动会不断变化，"天平"重心在两者之间摇摆，影响主导国在技术扩散与技术限制中摇摆。在大部分情况下，国家逻辑与市场逻辑各自追求的权力与财富是相融的，因为财富的累积也可以增加国家实力的相对优势；然而，当旧技术在霸权国内处于衰退期，而新技术尚未研发成功之时，技术更新周期中的时间错配明显，两者之间所以存在张力。由于新技术研发滞后，加之在旧技术扩散的过程中的技术外溢效果，主导国更强烈地感受到来自崛起国的竞争威胁，当逼近"GDP 2/3"的节点时，国家逻辑与市场逻辑之间的均衡将被打破。

然而，霸权兴衰既不是由国家逻辑与市场逻辑谁占主导来决定的，也不是由技术扩散能否成功来决定的。决定霸权兴衰的重要因素，在于当旧技术进入衰退期时，霸权国能否实现新一轮的技术创新，以及实现新一轮的技术非对称优势。这具有偶然性，且主要依靠市场主体的自发创造，因为科学发现和技术创新在很大程度上是独立于国家意志的。当霸权国更强烈地感受到权力优势下降时，更倾向于根据国家逻辑抑制技术扩散，[①] 从而对崛起国采取更为严苛的技术管制。尽管这种管制行为是不理性的，且管制行为本身也无法扭转霸权衰落的趋势，但在安全思维的主导下，国家逻辑趋于显性的可能性将骤增，市场逻辑则会趋于隐性，服务于国家逻辑。

---

① 斋藤优：《知识产权制度的国际政治经济学——霸权的基础从资本转向科学技术》，《世界研究与发展》1991 年第 2 期。

　　随着战争不再是大国博弈的唯一或主流方式，科技战和经济战将成为未来大国博弈的重要领域。[①] 越是感受到相对优势降低，霸权国就越是倾向于抑制技术扩散，中止技术创新领域的国际合作，尽可能地阻止崛起国获得科技创新优势。[②] 可以预见在高科技领域，未来竞争会越来越激烈，市场逻辑将服务于国家逻辑，各国会越来越强调加强自主研发的能力，崛起国也将面临由主导国一手推动的科技"脱钩"的严峻外部形势。对此，新兴国家和发展中国家一方面要增强自主创新能力，应对技术扩散减缓和被强制"脱钩"的潜在风险；另一方面还要避免引发高烈度技术冲突，认清技术扩散与美国霸权的关系，从而创造良好条件实现经济发展和技术进步。此外，人工智能等新技术将带来诸多新挑战与新风险，甚至可能重塑世界格局。要想实现共同应对挑战并共享发展与繁荣，各国只有诉诸国际交流与合作。科技竞争既是大国博弈中的必然现象，也是世界市场保持活力的重要体现，各国及其企业要做的不是规避市场竞争，更不是关闭技术合作与交流的大门，而是规避科技摩擦上升为不必要的冲突。

---

① 黄琪轩：《大国权力转移与自主创新》，《经济社会体制比较》2009 年第 3 期。

② J. B. Tucker, "Partners and Rivals: A Model of International Collaboration in Advanced Technology", *International Organization*, Vol. 45, No. 1, 1991, pp. 83 – 120.

# II

## 霸权护持：联盟政治与相互依赖武器化

# 第 三 章

# 联盟政治与联盟异化:权力、利益与制度

近年来,美国联盟体系并非全天候的铁板一块,盟友国家也会在具体议题上与美国利益相悖,与他国开展功能性合作,这种联盟异化的现象已经在诸多问题领域都有体现,需要加以关注。基于此,本章将研究问题设定为联盟异化的起源,重点关注联盟异化是如何产生、演化和产生影响的。联盟异化在某种程度上意味着霸权国改变世界秩序特别是全球治理体系的能力与意愿之间并不完全匹配,从而影响其霸权护持战略目标的达成。[1] 在国际环境持续恶化的当下,秉持求同存异的精神、打破"小圈子外交"、共谋全球治理体系的包容性改革,才是寻求持久安全与稳定、共享发展与繁荣世界秩序的正确道路。联盟异化现象的存在也意味着跨越国家类型的国际合作空间依然存在,国际社会上一切热爱和平的积极力量亟须认清现实,拓展这一战略空间,将大国关系拉回良性互动的轨道上来。

---

[1] 任琳、郑海琦:《联盟异化的起源》,《国际政治科学》2021年第2期。

## ◇一 问题提出与研究回顾

近年来，霸权国美国主导的联盟体系出现了新动态，其盟友和伙伴时而追随时而背离，并未完全按照美国的战略构想亦步亦趋。例如，美国主要盟友英国在 2015 年申请加入中国牵头成立的亚投行，主要合作伙伴印度是亚投行的创始成员国，意大利于 2019 年签署协议加入中国的"一带一路"倡议，成为七国集团（G7）中首个加入的国家，德国并未完全接受美国的立场，仍然将华为作为该国 5G 网络建设的潜在运营商。2022 年俄罗斯与乌克兰爆发冲突后，美国要求盟友和伙伴禁止俄罗斯石油和天然气进口，但德国等欧洲国家在一段时间内仍然保持与俄罗斯的能源联系。此外，印度并未按照美国要求对俄罗斯的军事行动进行谴责，在联合国安理会和联合国大会关于谴责俄罗斯、要求俄军撤离的决议中均投出弃权票，成为美国战略伙伴中的"异类"现象。我们将以上现象统称为联盟异化，亦即霸权同盟国时而追随时而"背叛"霸权联盟的行为。

当前学术界重点研究联盟政治，但针对近年来发生的联盟异化现象的研究相对缺乏。也有学者关注到传统的背离现象，例如从信任、自主性和成本收益等维度对背离现象予以回答。有的研究表明霸权国在联盟管理过程中存在困境，即联盟成员与霸权国之间的分歧与信任缺失。詹姆斯·莫罗（James Morrow）提出，联盟主导国与其成员国之间存在"安全—自主性"的交易关系，国家通过比较联盟带来的收益与成本来判断联盟的吸引力，当前者超过后者时，国家将希望结成联盟。一旦自主性受到损害，盟友对联盟的兴趣降低。[1] 一般来说，弱国可能会让大国首当其冲承担联盟成本，弱国对集体利益的贡献微不足道，但在联盟中的个体牺牲可能十分庞大。[2] 联盟是否可靠取决于国家对联盟所能够带来的安全收益以及对维持联盟的成本判断。如果维持联盟的收益大于成本，国家会选择继续保持联盟关系。[3] 和平时期的联盟约束可能大于联盟收益，改变了联盟的"成本—收益"结构。联盟是共同利益的表现，但在和平时期也会给成员国带来成本，限制其灵活性。在和平时期的联盟中，如果联盟内部威胁程度高，外部威胁程度低，联盟的凝聚力也会低，联盟内部成员的政策和利益差异将阻碍它们协调实现联盟目标。[4]

随着时代背景的变化，联盟的内涵、功能等也发生了变化。既有研究对联盟的形成、发展及困境进行了相对完备的梳理，但也存在需要改进的地方。既有研究需要不断地紧跟国际形势的发展变动，及时关注包括联盟异化在内的新现象，才能提升理论研究的解释力和现实意义。

第一，既有研究缺乏对国际环境变化的及时捕捉，未能充分认识到联盟成员国对成本—收益的认知具有动态性。随着经济全球化的发展和国际环境总体趋向稳定，成员国对联盟的安全需求在降低，基于

---

① James D. Morrow, "Alliances and Asymmetry: An Alternative to the Capability Aggregation Model of Alliances", *American Journal of Political Science*, Vol. 35, No. 4, 1991, p. 905.

② Eric J. Labs, "Do Weak States Bandwagon?", *Security Studies*, Vol. 1, No. 3, 1992, p. 390.

③ 董衍壮：《联盟类型、机制设置与联盟可靠性》，《当代亚太》2014 年第 1 期。

④ James D. Morrow, "Alliances, Credibility, and Peacetime Costs", *The Journal of Conflict Resolution*, Vol. 38, No. 2, 1994, p. 272; Patricia A. Weitsman, "Intimate Enemies: The Politics of Peacetime Alliances", *Security Studies*, Vol. 7, No. 1, 1997, p. 167.

自身利益考量重点发展国内民生，认识到美国对其互惠程度呈下降趋势，因此联盟凝聚力和集体行动更加有限。① 当一个联盟对成员来说并非生死攸关或者成员拥有替代性选择获取安全安排时，原有的联盟安排对其来说可能成为次优选择，成员承担更大的成本会导致同盟效用降低到接近零甚至负效用，联盟成员容忍这种成本的可能性低，联盟弱化的程度高。②

第二，既有研究主要聚焦传统军事联盟，对其他领域出现的联盟形式关注有限。随着经济全球化的发展和各国联系的增强，大国战争的可能性正在逐渐降低，联盟成员国对霸权国提供安全保障的诉求相对减少。传统的军事安全联盟不能适应当今世界多元化的安全关切，在面对非传统安全议题和全球治理议题时，联盟的效用并不明显，覆盖范围更广、包容性更强的多边协调机制比同盟更具优势。③ 和平时期联盟的主要表现形式是在联盟内建立一套规则和制度，与其他国际制度形成竞争或嵌入关系。

第三，既有研究没有充分认识到联盟对象国地位的变动直接决定了它们对联盟的需求程度。在既成的全球体系中，联盟对象的地位发生了变化，对联盟的诉求也发生了变化。刘丰提出，联盟成员与霸权国对于自身在国际秩序中的地位可能产生分歧，对维持秩序的目标和手段存在不同偏好，对待新兴国家或处于秩序之外国家的政策立场不

---

① 袁伟华：《联盟战略有效吗？——权力转移、联盟战略与主导地位》，《太平洋学报》2018 年第 3 期；凌胜利：《联盟管理：概念、机制与议题》，《社会科学》2018 年第 10 期；阎德学：《美国亚太联盟管理困境评估》，《亚太安全与海洋研究》2021 年第 5 期。

② 周建仁：《战略信誉、同盟结构与同盟弱化》，《国际政治科学》2020 年第 2 期。

③ 戴正、郑先武：《同盟理论的演进过程——兼论其对中国国际关系理念的镜鉴作用》，《广西社会科学》2019 年第 12 期。

一致，联盟中的主导国家可能将本国的政治经济模式强加给其他成员，这些会引发霸权国与联盟成员国的矛盾。[①] 在美国主导的联盟体系中，较小的盟国起初拥护美国的领导地位，但随着地位和实力的壮大，它们也开始寻求在联盟组织机构中更大的发言权。联盟的整体性与独立性之间在机制上存在不可避免的矛盾，联盟本身的存在与部分盟国的切身利益的不一致也会导致盟国对联盟的支持力度降低。[②] 多极世界中每个国家的政策选择都是显性的，依附性下降的同时自主性在增加。联盟可靠性依靠盟友的相互支持，即使是在联盟条约正式文本之外的较小问题上，也需要就这些利益达成共同行动和政策。[③] 多极化世界的联盟不是由系统结构决定的，而是由多个国家通过政策选择形成，因此它们是不稳定的，容易受到政策分歧的影响。因此，政策团结程度与联盟稳定性密切相关。[④]

第四，既有研究仅限于联盟本身，并没有关注联盟关系对外部全球治理秩序的外溢性。联盟是一种国际制度，能够对联盟成员之间进行冲突管理，减少国家之间的信息不对称状态。[⑤] 既有研究往往忽视了联盟与全球治理之间的互动关系，面对全球性问题，国家开始构建多元化的联盟关系，各式各样的超越传统联盟关系的"议题联盟"不断涌现。分析联盟关系也需要纳入全球治理秩序作为考量，而成员国

---

① 刘丰：《秩序主导、内部纷争与美国联盟体系转型》，《外交评论》2021 年第 6 期。

② 王帆：《联盟管理理论与联盟管理困境》，《欧洲研究》2006 年第 4 期。

③ Glenn H. Snyder, *Alliance Politics*, Ithaca: Cornell University Press, 1997, pp. 356 – 357.

④ Glenn H. Snyder, "The Security Dilemma in Alliance Politics", *World Politics*, Vol. 36, No. 4, 1984, p. 485.

⑤ 王石山、王英：《同病相怜与联盟形成——非洲联盟政治（1955—2003）》，《国际政治科学》2011 年第 3 期。

的各类功能性需求都需要在全球治理秩序的各类安排中得以满足。联盟主导国无法将功能性需求纳入考量，向成员国提供公共产品巩固联盟关系，相反霸权护持的目的意味着它们追求的联盟关系是排他性的和权力导向的，并非包容的和功能导向的。而后者才是后战争时代全球治理秩序应有的本质属性。本书基于国际制度视角分析当前美国主导的联盟体系，基于该联盟体系的变动与多边制度框架的互动关系之视角来研究联盟异化，希冀丰富和拓展当代联盟现象的内涵、表现形式、本质属性和溢出性影响机制。

在分析联盟异化之前，需要厘清联盟异化涉及的理论元素。从概念上看，联盟是两个或多个国家在共同利益的基础上订立联盟条约进而协同行动的国家集团。共同利益是联盟的基础，条约文本是联盟的形式，协同行动是联盟的结果。联盟异化的主要原因是在外部安全威胁降低的情况下，霸权同盟国继续坚持联盟的预期收益和成本产生了动态调整，反映了霸权同盟国对联盟的预期和利益关系的调整，在形式上表现为选择性追随、选择性背离等行为。

## ◇二　联盟异化的发生

（一）联盟异化发生的时代背景

霸权同盟国的联盟异化行为是在具体时代背景下出现的，是对国际形势变化的反应。正是在多个因素的作用下，霸权同盟国采取了一系列不同于此前联盟规定的行为。

第一，冷战结束后外部安全威胁减少，国家对联盟的成本—收益预期出现动态调整。随着冷战结束以及 21 世纪初经济全球化的发展，和平与发展逐渐成为时代主题，联盟的安全功能大打折扣，霸权国也对联盟的价值有了新的认知，不愿投入过多的成本维持联盟，倾向于减少联盟承诺或保持战略模糊。此外，如果无力承担高昂的治理成本，处于优势地位的国家倾向于让盟友承担更多责任，从而减轻自身压力。当前美国在亚太地区促使盟友承担更多责任，客观上有利于美国降低维持联盟的成本。① 近年来，美国不断要求盟友承担更多责任。美国政府担心联盟会导致长期"搭便车"行为，盟友能够从美国的安全保障和军事合作中获益，但对联盟的贡献相对较小，因此美国希望盟友在国防上投入更多。② 然而，对霸权同盟国而言，霸权国减少投入会降低联盟的吸引力，不符合其现实战略需求。

第二，全球性问题不断浮现，各国越来越关注全球治理，霸权同盟国在许多功能性领域内需要更多公共产品供给。近年来，气候变化、公共卫生和恐怖主义等全球性问题存在愈演愈烈的态势。全球性问题具有跨境性和外溢性，单个国家无法凭借自身能力加以解决，即使是具有优势地位的霸权国也无法独自应对此类问题，需要与他国合作提供公共产品。然而，公共产品具有非竞争性和非排他性，各国的"搭便车"行为会加剧公共产品供需不平衡，少数国家的有限供给和各自为战难以满足治理对公共产品的海量需求。面对全球性问题，美国开始与更多盟友和伙伴合作，试图分摊治理成本，减轻自身压力。然而，霸权同盟国长期以来都是依靠美国提供公共产品，存在"搭便车"的动机。一旦美国减少供给，霸权同盟国为了满足公共产品需

---

① 左希迎：《承诺难题与美国亚太联盟转型》，《当代亚太》2015 年第 3 期。

② Mira Rapp-Hooper, "Saving America's Alliance," *Foreign Affairs*, Vol. 99, No. 2, 2020, p. 134.

求，会寻求多元化的供给来源，防止过于依赖美国而使自身"被牵连"，保持自身成本—收益的平衡。

第三，国际权力结构出现变化趋势，尤其是霸权国和崛起国的实力对比正在发生改变。冷战结束后，美国作为国际体系中唯一的超级大国，其主导的自由国际秩序也成为国际体系的主要形态。然而，这种"一超多强"的局面正在改变。中国等新兴大国的崛起，提供了大量的全球公共产品，随即在国际舞台上发声要求改革全球治理体系，增强自身话语权。在此背景之下，作为崛起国的中国享有的制度性权力相比此前有了极大提升，已经成为国际舞台和地区事务上新兴的规则制定者。美国一度认为其主要潜在对手得自秩序的相对收益超出了自身的预期，在一定程度上瓦解了霸权国作为既成大国和国际制度创设者所享有的非中性权力优势。随着自身实力的相对下降，加之维持秩序所需的权力资源消耗，霸权国美国维持自身构建的全球治理秩序的意愿和能力都下降了，这在某种程度上导致系统内的权力离散现象。① 中国贡献意愿和能力的增加，以及美国贡献意愿与能力的下降，又进一步促使全球治理体系中公共产品供给发生微妙变化。为了维护自身利益，确保满足相关议题领域得以有效治理的功能性需求，传统的霸权同盟国根据形势调整联盟关系，减少约束与绑定，寻求政策自主性和务实性。

第四，经济全球化导致国家间联系日益密切，相互依赖程度提升。冷战期间，美苏主导下的联盟对立将世界秩序人为割裂，由于霸权国和霸权同盟国之间能力差距过大，霸权同盟国需要追随霸权国并受其约束，从而联盟关系保持一定程度的稳定。经济全球化的

---

① 任琳：《"退出外交"与全球治理秩序——一种制度现实主义的分析》，《国际政治科学》2019 年第 1 期。

发展加深了国家间的复合相互依赖，在某种程度上也导致霸权国对其盟国的约束越来越弱。有学者还指出，霸权国会采取约束战略和奖励战略应对崛起国，但霸权国提供的奖励越多，就越难升级约束战略，因为自身资源是有限的，盟友会诉诸利益最大化或成本最小化的政策选项。① 随着安全威胁的减少，霸权同盟国的主要目标是自身利益的发展乃至最大化，经济交互使联盟内部产生竞争，同盟国也会考虑接受崛起国提供的奖励，此前团结一致的联盟关系将会随之发生变化。

## （二）联盟异化的逻辑与分析框架

本部分主要围绕权力、利益与制度（治理）三个核心变量展开。② 治理的本质在于提供制度性安排，确保公共产品供应，维护各成员国利益，因此具有治理功能的中性特征；同时，在制度创设之初，部分成员国将自身权力优势和利益嵌入制度设计之中，又使治理具有一定的非中性特征，反映特定成员的利益。霸权国基于权力动机通过联盟塑造、修复或强化全球治理秩序，从中获得非中性收益，目的在于维持自身权力优势。莫罗提出，大国在非对称联盟的收益不取决于较小盟友的能力，在增加联盟承诺之前，大国会要求对小国行为进行一定程度的控制，限制其损害本

---

① Yasuhiro Izumikawa, "Binding Strategies in Alliance Politics: The Soviet-Japanese-US Diplomatic Tug of War in the Mid-1950s", *International Studies Quarterly*, Vol. 62, No. 1, 2018, pp. 108 – 120.

② David Baldwin, *Power and International Relations: A Conceptual Approach*, Princeton: Princeton University Press, 2016, p. 18; Michael Barnett and Raymond Duvall, "Power in International Politics", *International Organization*, Vol. 59, No. 1, 2005, p. 59.

国利益。① 长期以来，联盟都是美国维护霸权的核心工具，当今的权力竞争和国内动荡使得联盟对于美国外交政策而言尤为必要。有学者认为，联盟是强大而充满活力的工具，可以继续作为"共和国之盾"支持和平与繁荣。② 相比之下，霸权同盟国基于利益动机追求联盟和制度带来的功能性收益，对维持与霸权国的联盟关系持相对灵活和务实的态度。联盟的建立是基于相似的或共通的利益，而不仅仅基于权力分配考虑，联盟可以作为获利手段，在国家生存不受威胁的情况下，从国际体系中获利是更具吸引力的选择。③ 一旦从联盟中获益的预期降低，联盟对同盟国的吸引力就将下降，从而催生联盟异化行为。霸权国追求权力，而霸权同盟国追求利益，二者的成本—收益考量所占比重为联盟异化提供了内部激励。

表 3 – 1　　　　　　　　　霸权国与霸权同盟国的权力与利益

| | 霸权国 vs. 霸权同盟国 | |
| --- | --- | --- |
| | 霸权国 | 霸权同盟国 |
| 联盟手段 | 提供治理秩序<br>无法避免溢出性 | 享受治理秩序<br>对溢出性持中性态度 |
| 联盟目标 | 维持权力优势 | 安全利益、经济利益<br>其他功能领域内利益 |
| 多边表现 | 更重视制度非中性 | 更重视制度功能性 |

资料来源：任琳、郑海琦：《联盟异化的起源》，《国际政治科学》2021 年第 2 期。

---

① James D. Morrow, "Alliances: Why Write Them Down?", *Annual Review of Political Science*, Vol. 3, No. 1, 2000, p. 79.

② Mira Rapp-Hooper, *Shields of the Republic: The Triumph and Peril of America's Alliances*, Cambridge, Massachusetts: Harvard University Press, 2020, p. 16.

③ Kevin Sweeney and Paul Fritz, "Jumping on the Bandwagon: An Interest-Based Explanation for Great Power Alliances", *The Journal of Politics*, Vol. 66, No. 2, 2004, p. 434.

霸权同盟国的联盟异化行为与系统内其他国家的互动密切相关。整体而言，在一个完整的体系内，存在霸权国、霸权同盟国、崛起国以及联盟之外的其他国家，这些国家行为体的有机联系和互动导致联盟关系呈现出动态演化的局面。

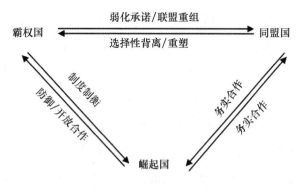

**图 3 - 1　联盟异化的逻辑**

资料来源：任琳、郑海琦：《联盟异化的起源》，《国际政治科学》2021 年第 2 期。

霸权同盟国首先能够获得来自霸权国的激励。如果霸权国存在平衡崛起国权力的需求，那么它会选择向霸权同盟国提供公共产品换取更多战略支持，进而达到弱化崛起国影响力的目的。霸权国在联盟中最主要的功能是向联盟成员提供安全承诺，以此交换同盟国出让的自主权，吸引它们选择追随战略。此外，霸权国还能提供其他经济和治理类俱乐部或全球公共产品，最突出的就是美国在"二战"后建立的布雷顿森林体系，直接促进了美国和盟友间的资本、人员和市场的流动。冷战结束后，霸权国提供安全保障的动力下降，海外军事部署出现了一定程度的收缩，陆续从叙利亚和阿富汗撤军。同时，全球性问题的突出和霸权国实力的相对衰落也导致维持联盟承诺更为困难。霸权国提供公共产品的能力受制于自身实力的相对衰落，因此往往会出现"心有余而力不足"的情况。特朗普政府高举"美国优先"的大旗，以"交易主义"方式看待联盟关系，在某种程度上一度导致盟友的离心倾向。美国在诸多议题领域采取保护主义倾向，更为关心国内事务而非国际事务，不愿承担治理成本，导致跨大西洋关系在某些问题上存在"裂痕"，欧洲不再全盘对美国亦步亦趋，而是有斟酌地选择并参与。① 当然，在霸权国的强压政策或是强力绑定下，这种"裂痕"也有缓解可能。因此，霸权国美国对联盟的成本—收益考量随之出现调整，认为其投入的成本正日渐超过收益，这一思想在特朗普政府时期表现得最为突出，所以退出多边或对盟国惩以小戒的做法时有发生。当下而言，美国的联盟政治也出现了一定的矛盾之处：美国既希望通过拉拢盟友和伙伴对抗中国，又不想给予盟友过多的奖励和承诺。更有甚者，美国在减少安全供给的同时，却又迫使盟友国家加入对华制衡性联盟。例如，特朗普政府从德国撤出近 1.2 万名美军士兵，并要求与欧盟重新谈判"不合理"的贸易协定，极大损害了盟友国家追随美国的积极性。在霸权国的负面激励下，同盟国的背离倾向越发明显。拜登政府在 2021 年 11 月组织召开的"全球民主峰会"企图重新修复联盟关系，强调共同价值观对联盟的凝聚力，但也未能取得实质成效，盟友仍然未能完全重拾对美国的信心，象征意义大于实际意义。用价值感召替代安全保障等联盟承诺，在某种意义上也显示出霸权国为联盟国家提供俱乐部公共产品的能力和意愿都下降了。

霸权同盟国还能够获得来自崛起国的激励。崛起国倾向于和霸权同盟国或其他国家建立功能性合作，提供不同于霸权国的非排他性的外部收益。对崛起国而言，很多时候建立新机制的成本较高，且可能

---

① 任琳、郑海琦：《国际政治经济学视野下的欧洲与世界》，《国际经济评论》2018 年第 3 期。

面临霸权国的制衡乃至干涉，因此最佳方式是根据具体议题与他国开展功能性合作，建立临时的议题联盟。相比传统联盟，议题联盟更能够反映当前的国际现实，有助于议题提出国实现最大程度的利益动员。① 同时，崛起国需要获得更多外部支持，不排除与霸权同盟国合作的可能，开放性和包容性合作有助于崛起国保持政策灵活。这种做法既提升了自身的国际权威，也不会出现霸权国联盟所遇到的承诺问题，降低了被动地陷入战争或是盟友背离的风险。更重要的是，崛起国能够赢得更多外部支持，在一定程度上为同盟国背离霸权国联盟提供了外部激励。作为崛起国，中国围绕全球性问题建立了多项制度框架，与世界各国保持多元化合作。中国与美国盟国和第三方国家的功能性合作均围绕特定的治理议题产生，即便是美国盟友倡导建立的相关机制，中国也积极参与其中。《全面与进步跨太平洋伙伴关系协定》（CPTPP）是日本等国建立的区域经济合作机制，本是美国"亚太再平衡"战略的重要内容。然而，特朗普政府明确提出退出该机制，防止美国制造业受损。拜登政府上台后，仍然迟迟没有重新加入。相比之下，中国在2021年9月希望申请加入CPTPP，积极参与全球经济治理。中国此举还表明，中国的经济治理具有更大开放性，不针对特定国家，是化解美国贸易制衡的有效手段。

此外，崛起国构建的制度安排一般不以特定国家为目标，具有开放和包容的特征。与霸权国的排他性机制不同，崛起国构建的机制通常不会指涉具体对象。一方面，崛起国实力仍未达到足以挑战

---

① 韦宗友：《国际议程设置：一个初步的分析框架》，《世界经济与政治》2011年第10期；Thomas S. Wilkins, "'Alignment', Not 'alliance'-the Shifting Paradigm of International Security Cooperation: Toward A Conceptual Taxonomy of Alignment", *Review of International Studies*, Vol. 38, No. 1, 2012, p. 75.

霸权国的水平，如果建立排他性机制会引发霸权国更大的担忧乃至过度反应，不利于崛起国的后续发展。另一方面，包容性能够减少崛起国的外部压力，强化本国机制的合法性和有效性。当崛起国在某个议题领域具有相对优势时，倾向于邀请包括霸权国在内的所有国家加入，壮大机制影响力并获取更多支持。中国有选择地在更具能力的领域和区域层面构建灵活多样的多边制度，从而控制成本和追求实效。① 为了更好地推动基础设施投资，中国创建了亚投行等机制，这些制度安排具有包容性，不少美国的盟友和伙伴都是亚投行的成员国。即便是与中国存在竞争关系的美国也没有被排除在外，中国多次表露意愿欢迎美国加入，并强调美国的加入有助于机构发展和各国获益。同时，中国积极推动的《区域全面经济伙伴关系协定》（RCEP）也包括了日本、澳大利亚等美国盟友，甚至还多次邀请印度等在某些问题上与中国存在分歧的周边国家加入其中，这反映了中国在选择合作伙伴方面相比美国更具包容心态，求同存异，务实合作。

除霸权国和崛起国之外，霸权同盟国还将得到联盟体系外其他国家的激励。这些国家通常根据具体议题领域的需求，在霸权国和崛起国之间进行选择性追随或背离，从而保持利益来源的多元化和灵活性。对于霸权同盟国而言，其他国家的影响程度难以企及霸权国和崛起国，但也为同盟国提供了功能性合作以及多元获益的可能。根据主流联盟理论，其他国家会加入实力较弱的一方制衡更加强势的霸权国，或者是通过追随强者获取收益。联盟是正和博弈，因此同强国联

---

① 陈拯：《改制与建制之间：国际制度竞争的策略选择》，《世界经济与政治》2020 年第 4 期。

盟比制衡强国的联盟更容易出现;① 然而，现实情况往往与此相悖。比起一味追随传统霸权国，与在某个功能性领域愿意且能够提供公共产品的国家达成议题联盟更能实现它们的利益。因此，系统内其他国家往往在霸权国和崛起国之间进行利益权衡，同时保持双向合作关系。此举有助于其他国家保持政策自主性和灵活性，防止联盟承诺带来的"被牵连"。尤其是对于小国来说，同时与多个大国保持合作并获得收益更符合其利益。因此，小国不会轻易"选边站"，而是采取战略对冲的方式在大国间保持平衡。其他国家选择松散的议题联盟不需要付出较多成本，在霸权国和崛起国之间"骑墙"能获得更多收益。不加入霸权国联盟能够保持独立性和政策自主，不加入崛起国联盟能够减少来自霸权国的压力。如果面临外部压力，这些国家可以随时退出制度安排而不必担心受到约束。

作为美国当前最主要的战略伙伴，印度保持了一定程度的战略自主，在与美国保持战略合作的同时注重维持与中国的关系。长期以来，印度一直在中美之间进行对冲，同时从与两国合作中获益。一方面，近年来，印美战略关系得到长足发展，双方已经完成了美国通常与盟友才会签署的防务协定，印度俨然成为美国的"准盟友"。然而，印度仍然宣称保持战略自主，不完全加入美国"阵营"对抗中国。另一方面，印度也和中国以及俄罗斯保持了一定程度的合作。2021 年11 月，中俄印三边外长会议举行，三国围绕气候变化、公共卫生等全球治理议题达成诸多共识。2022 年 3 月，印度宣布批准来自邻国的

---

① Randall L. Schweller, "Bandwagoning for Profit: Bringing the Revisionist State Back In", *International Security*, Vol. 19, No. 1, 1994, p. 93; Randall L. Schweller, "New Realist Research on Alliances: Refining, Not Refuting, Waltz's Balancing Proposition", *American Political Science Review*, Vol. 91, No. 4, 1997, p. 928.

价值 17.9 亿美元的外国投资，其中大部分投资来自中国，是 2020 年
边界冲突以来印度首次对中国投资放松管制。印度的一系列举措表
明，尽管与中国存在诸多分歧，印度仍然不放弃在部分议题领域与中
国合作的功能性收益。2023 年 3 月，中国外交部部长秦刚与印度外长
苏杰生会面，围绕通航等议题展开对话，印度希望在经贸合作、人文
交流等诸多领域继续取得积极成果。随即，印度国防部向中国发出邀
请希望开展防务交流。

印度尼西亚同样选择在中美之间保持平衡，从而获取更多收
益。作为东盟内体量最大的成员国，印尼拥有较大话语权和地位，
其战略反应在很大程度上能够代表东盟的整体行为。一方面，印尼
与美国开展合作，试图减少中国的地区影响力。2015 年开始，印尼
就和美国建立了"战略伙伴关系"，成为美国在东盟中的主要合作
对象。由于印尼与中国存在海洋领土和捕捞权的争端，因此出于干
涉地区事务和给中国施压的目的，美国积极向印尼提供援助和支
持，帮助其加强海上能力建设，并在舆论上站在印尼一边反对中
国。2021 年 12 月，国务卿布林肯（Antony Blinken）在访问印尼期
间签署了扩大海上合作的谅解备忘录，确认加强海上安全合作、海
洋资源养护和渔业管理，推动联合演习维护自由航行。此外，2018
年，美国千年挑战公司（MCC）与印尼签订了价值 4.74 亿美元的
协议，旨在发展可再生能源和数字经济等。然而，印尼也认识到需
要与美国保持一定的距离。面对美国在印太地区构建的对华制衡性
联盟，印尼不断强调"东盟中心地位"，避免在中美之间选边站，
维持地区秩序的开放包容，寻求地区间合作而非竞争。在印尼的推
动下，这些理念最终呈现在《东盟印太展望》这一官方文件中，与
美国"印太战略"有所区别。另一方面，印尼也积极寻求与中国在

基础设施、公共卫生等领域开展合作。2013 年 10 月，习近平主席在访问印尼期间提出"21 世纪海上丝绸之路"倡议，随后双方开展了基础设施合作，雅万高铁是其中的突出代表，这是中国首次在海外全线采用中国技术和中国标准的高铁项目。在公共卫生领域，印尼不顾美国反对和"污名化"，率先接收中国的疫苗援助，也是最早批准使用科兴疫苗的国家之一。2021 年 6 月，中国在"一带一路"亚太区域国际合作高级别会议期间发起疫苗合作伙伴关系倡议，印尼是其中的主要成员国。截至 2022 年 3 月，中国向印尼提供疫苗 2.9 亿剂，是对该国提供疫苗最多的国家。中国还与印尼深化疫苗产业链合作，建立区域疫苗生产中心。

## ◇三 联盟异化的计算

面对霸权国、崛起国和其他国家带来的联盟内外激励，霸权同盟国对追随霸权国联盟的成本—收益进行核算。从自身利益考量和治理需求出发，霸权同盟国逐渐调整政策，与霸权国的关系随之出现异化。整体来看，霸权同盟国的联盟异化包括选择性背离和选择性追随两方面。如果同盟国能够获得霸权国提供的奖励，或需要更多安全承诺，那么同盟国会倾向于选择性追随。如果同盟国的功能性诉求较高，在某一议题领域依赖拥有相关公共产品供应能力和意愿的崛起国，那么同盟国会倾向于选择性背离。

表 3-2                                           霸权同盟国的成本—收益核算

| | 成本—收益 | |
|---|---|---|
| | 成本来源 | 收益来源 |
| 遵守联盟，权力制衡 | 分摊联盟成本<br>提供制衡资源<br>丧失功能性合作收益 | 霸权国给予追随行为的奖励 |
| 选择务实，功能合作 | 来自霸权国压力或惩罚 | 功能性合作收益<br>（取决于对特定议题的<br>敏感性和脆弱性） |

资料来源：任琳、郑海琦：《联盟异化的起源》，《国际政治科学》2021 年第 2 期。

计算一：如果霸权同盟国能够从追随霸权国的行为中获得激励，即维持联盟使其获得更多收益，那么它们将采取选择性追随；反之，则有可能采取选择性背离。

$$S_1 \cap S_2 = \phi$$
$$v(S_1 \cup S_2) \geqslant v(S_1) + v(S_2) \quad （函数 1：选择性追随）$$
$$v(S_1 \cup S_2) < v(S_1) + v(S_2) \quad （函数 2：选择性背离）$$

假定 $S_1$ 是霸权国，$S_2$ 是霸权同盟国。如果 $S_2$ 与 $S_1$ 的合作收益大于等于单独行动的收益，那么霸权同盟国会采取选择性追随，继续保持联盟关系。同时，完全背离、瓦解或退出联盟的成本过高，选择性维持联盟的成本很低，因此霸权同盟国可能会同时采取选择性追随或背离，即联盟异化的策略。[①]

霸权同盟国选择追随的收益是霸权国追加的联盟奖励，具体表现为更多的经济和军事援助。例如，2021 年以来，美国在北约的盟友

---

[①] 任琳、郑海琦：《联盟异化的起源》，《国际政治科学》2021 年第 2 期。

立陶宛在多个议题领域针对中国。立陶宛在中国香港和新疆问题上不断指责中国，甚至公然挑战一个中国原则，允许中国台湾地区设立所谓"代表处"。2022 年 2 月，立陶宛继续追随美国抵制北京冬奥会，不派出代表出席。作为回报，美国向立陶宛提供了大量支持和援助，鼓励其继续对华采取强硬立场。2021 年 11 月，立陶宛与美国进出口银行签署一项 6 亿美元的出口信贷协议，获得美国的贸易支持。2022 年 1 月，美国主管经济增长、能源和环境的副国务卿费尔南德斯（Jose Fernandez）访问立陶宛，与该国讨论双边经济合作，加大对立陶宛的经济支持。美国国务卿布林肯也于 3 月访问立陶宛，承诺将和立陶宛一起应对中国。在安全领域，美国总统国家安全事务助理沙利文等高层官员也加大了对立陶宛的承诺。2022 年 2 月，立陶宛议员小组抵达美国并提出一系列请求，包括美军在立陶宛长期部署军队，以及扩大对波罗的海国家的军事援助资金，立陶宛每年在该援助框架下获得 1.5 亿美元。当前，立陶宛正在寻求美国永久驻军，以确保自身安全，立陶宛总理希莫尼特表示美国在立陶宛的军事存在是整个地区的安全保障。

然而，立陶宛追随美国的举动也导致其与中国的功能性收益大幅减少。在此之前，立陶宛是中国在波罗的海三国中最大的贸易伙伴，而中国是立陶宛在亚洲最大的贸易伙伴，经贸合作尤其是农业领域的合作是两国的重要联系。从 2015 年开始，两国贸易额迅速增长，五年增幅超过 82%。立陶宛官员表示，2021 年年初，立陶宛与中国围绕饲料、非动物产品和食用内脏的出口许可谈判就已经陷入僵局并最终停止。立陶宛允许中国台湾设立所谓"代表处"后，中国立即进行外交抗议和降级，并对立陶宛进行经济反制。2022 年 2 月，中国海关停止从立陶宛购买牛肉、乳制品和啤酒。中国海关当局报告称，2021

年12月立陶宛对中国的出口减少了91.4%，只有价值380万美元的立陶宛商品进入中国港口，而2020年同期为4310万美元。2022年第一季度中国从立陶宛进口的商品同比下降了76.6%。① 对立陶宛经济至关重要的一些行业面临着被中国市场淘汰的风险，包括此前出口最多的铜锌合金和木制品。其他行业同样也遭受重创。高科技激光器的销售额下降了95%，仅有308418美元，诊断试剂的销售额下降了98%，泥炭出货量下降了92%。②

计算二：如果绕开既有联盟的束缚开展功能性合作的收益大于霸权国提供的奖励或施加的压力，那么霸权同盟国可能会出现离心倾向，采取选择性背离策略。

计算一更侧重既有联盟体系内各方的"成本—收益"考量，计算二则侧重霸权同盟国在联盟之外的合作选项。这个函数说明的是一个具备特征函数的合作博弈，商家群体 $N = \{1, 2, \cdots, n\}$ 可以被划分为多个子集，彼此可以形成特征函数形式的合作博弈 $<N, v>$。子集中包括 $S$ 和 $S'$，其中 $S$ 包括次子集 $R$ 和 $L$，$S'$ 包括次子集 $L$ 和 $H$。③

在国际关系中，$L$ 可被视为霸权同盟国，$R$ 为霸权国，$H$ 为崛起国。$S$ 是霸权国与其盟国组成的传统联盟，$S'$ 则是霸权同盟国与崛起国或系统内其他国家组成的议题联盟。如果在既有联盟体系内寻求获益，那么霸权国与其盟国合作，该联盟的收益就可以最大化为100，

---

① "Lithuanian Exporters Still Frozen out by Taiwan Office Row with Beijing", https://www.scmp.com/news/china/diplomacy/article/3174939/lithuanian-exporters-still-frozen-out-taiwan-office-row，访问时间：2022年4月20日。

② "Lithuanian Exports Nearly Obliterated from China Market Amid Taiwan Row", https://www.scmp.com/news/china/diplomacy/article/3164170/lithuanian-exports-nearly-obliterated-china-market-amid-taiwan，访问时间：2022年1月21日。

③ 任琳、郑海琦：《联盟异化的起源》，《国际政治科学》2021年第2期。

如函数 3 所示。但是如果在联盟之外，那么只有霸权同盟国和崛起国匹配在一起才能将联盟的收益最大化为 100，霸权同盟国和霸权国匹配在一起就不可能最大化收益为 100，如函数 4 所示。在某一议题领域内，如果存在更好的配对，那么霸权同盟国更有可能采取联盟异化策略，在特定议题或时段减少对霸权国的追随。霸权同盟国选择联盟异化的策略能够获得来自崛起国和系统内其他国家的功能性收益，但也会面临来自霸权国的压力或惩罚。如果霸权国减少安全承诺或威胁发起制裁，霸权同盟国可能迫于压力或因背离联盟的成本过高而再次采取选择性追随。"成本—收益"考量是决定霸权同盟国的联盟策略选择的关键因素。

$$v\ (S)\ = 100 \times min, \quad \forall\, S \in 2^n\ （函数 3），$$

$$这种情况下\ v\ (S)\ > v\ (S')$$

$$v\ (S')\ = 100 \times min\ \{\ |\ S' \cap L\ |, \ |\ S' \cap H\ |\ \}, \ \forall\, S' \in 2^n\ （函数 4），$$

$$这种情况下\ v\ (S)\ < v\ (S')$$

因此，即便是美国的传统盟友也会继续与中国开展功能性合作。例如，美国在印太地区的关键盟友韩国没有全面追随美国制衡中国的战略，而是在诸多关键议题上与中国保持合作。在是否禁用华为问题上，韩国展现出与另一个关键盟友澳大利亚截然不同的态度。2019年 5 月，美国对华为实施禁令后，韩国政府多次在此问题上与美国唱反调。韩国总统府认为，该国目前使用华为移动网络产品对美韩军事同盟没有影响，国家应该避免在相关问题上采取二元做法，以建设性方式扩大合作空间。[①] 在 2020 年 10 月第五次韩美战略经济对话上，

---

① "Seoul Dismisses Claim 5G Huawei Components Compromise Security of S. Korea-US Alliance", http: //world. kbs. co. kr/service/news_view. htm? lang = e&Seq_Code = 145732, 访问时间：2020 年 6 月 9 日。

美国要求韩国将华为排除出该国的 5G 网络建设，运营商尽快停止使用华为设备，但遭到韩国拒绝，政府表示不会干预公司决定。华为在韩国企业中占据重要地位，因此企业并不希望完全切断联系。华为在 2019 年购买了价值 107 亿美元的韩国产品，约占该国电子零件出口的 17%。目前，韩国三大电信运营商之一的 LG U Plus 仍在使用华为设备。华为也是韩国三星集团和 SK 集团芯片的最大客户之一。[①] 美国的"脱钩"和制衡战略本质上说是出于霸权护持的目的，并未考虑其盟友国家的现实利益。更何况，其提供联盟内部俱乐部产品和全球公共产品的意愿和能力都在下降，无益于世界各国的共同福利改善，相反还会损害世界各国的共同福利改善。

此外，在供应链问题上，韩国也没有完全赞同美国提出的对华供应链脱钩，仍然与中国保持供应链合作。当前，美国在与韩国的多次经济对话中将供应链作为重要主题，要求韩国在供应链弹性方面发挥更大作用。美国要求韩国的半导体制造商提供其出口中国市场的信息，甚至还施压部分韩国企业停止向位于中国的半导体工厂运送先进设备，此举使得韩国面临的处境愈发艰难。[②] 尽管韩国政府多次表示将与美国扩大供应链合作，也对拜登政府提出的"印太经济框架"表达了浓厚的兴趣，但韩国在对华供应链脱钩上仍然有所保留。韩国与中国存在密切的经贸往来，务实合作符合两国的共同利益。中国是韩国最大贸易伙伴、最大出口市场和最大进口来源国，而美国位居第

---

① Ju-min Park and Heekyong Yang, "Huawei Ban Puts South Korea in A Familiar Place: Caught between the U. S. and China", https://www.reuters.com/article/us-huawei-tech-usa-samsung-analysis-idUSKCN1SZ0AG, 访问时间：2020 年 6 月 9 日。

② Jin Kai, "Will S. Korea Join the US Effort to Insulate Supply Chains From China?", https://thediplomat.com/2022/01/will-south-korea-join-the-us-effort-to-insulate-supply-chains-from-china/, 访问时间：2022 年 1 月 20 日。

二。2021 年，韩国对华出口额为 2136 亿美元，同比增幅超过 20%，达到历史最高。中国和韩国还是 RCEP 的成员国，在此经济合作机制下，中韩贸易将继续增长，两国最终零关税产品将达到 86%。与日本和美国相比，韩国在半成品和材料零件方面对中国的依赖程度更高。韩国工业联合会表示，2020 年韩国约有 29.3% 的材料零部件进口来自中国，而来自日本和美国的比例分别为 28.9% 和 12.9%。根据韩国国际贸易协会（KITA）的数据，截至 2021 年 10 月，中国市场占韩国半导体出口的 40% 以上，对中国市场的依赖迫使韩国政府谨慎考虑供应链"脱钩"。[①] 韩国贸易部长吕翰九（Yeo Han-koo）指出，亚太地区的大多数国家在安全方面依赖美国，同时别无选择地靠近中国。韩国正在摸索一种在超级大国之间实现共存和可持续发展的模式。与日本和澳大利亚相比，韩国和美国在华为与全球供应链"脱钩"方面的分歧更大。大多数韩国人在中美竞争的背景下看待美国对华为的禁令，华为更多地被视为"美国优先"议程，而不是韩国需要解决的安全风险。再加上美国的不可靠，韩国认为特朗普政府对中国的经济和外交政策使自身处于贸易战中被迫选边的境地。[②]

当然，韩国也保存了对美国选择性追随的一面，维系与美国的联盟关系，确保安全和发展利益。尽管韩国对加入"印太战略"犹豫不定，但在高科技供应链方面展现出对美合作的意愿。半导体是韩国的支柱性产业，在全球半导体制造业市场份额中占比约 20%。尽管韩国

① "South Korea's Supply Chain Reliance on China Leaves It More Exposed than the US, Japan：Report ", https：//www. scmp. com/economy/china-economy/article/3163101/south-koreas-supply-chain-reliance-china-leaves-it-more，访问时间：2022 年 1 月 14 日。

② Ji-Young Lee, Eugeniu Han and Keren Zhu, "Decoupling from China：How U. S. Asian Allies Responded to the Huawei Ban", *Australian Journal of International Affairs*, Published online：January 4, 2022, DOI：10. 1080/10357718. 2021. 2016611.

不愿放弃与中国的贸易联系，但也希望在中美竞争加剧的情况下保持进口来源多元化。同时，尹锡悦政府上台后韩国靠向美国的趋势加强，双方在联合声明中提出联盟的未来将取决于应对21世纪挑战的共同努力，承诺深化和扩大在关键技术和新兴技术以及网络安全方面的合作，根据"共同的民主原则和普遍价值观"开发和使用技术。①2022年8月，拜登政府通过《芯片与科学法案》，韩国成为美国"芯片四边联盟"的一员，与美日和中国台湾地区共同加强半导体供应链合作。但与美国的排他性联盟定位不同，韩国表示"芯片联盟"并不试图排除特定国家，将继续在各个层面寻求与中国在芯片制造领域的合作。

选择性追随和选择性背离往往存在相互转化的可能。霸权同盟国往往会将选择性背离作为施压霸权国增加联盟承诺、提供更多公共产品的手段，一旦霸权国提供更多奖励，那么同盟国也会转向选择性追随。一个重要案例就是欧洲国家在2022年俄罗斯与乌克兰的冲突中加入美国对俄能源制裁。俄乌冲突爆发后，美国为了制裁俄罗斯，决定禁止进口俄罗斯石油和天然气等能源，并要求欧洲盟友采取相同做法。最初，部分欧洲国家因对俄罗斯能源较为依赖，不愿意追随美国的举措，在制裁俄罗斯能源进口方面存在分歧，这也导致欧盟始终未能就此达成一致，其中德国表现得尤为明显。德国与俄罗斯的能源合作密切，尽管"北溪2号"天然气管道项目遭到美国的持续反对，但德国并未取消，反而继续推进，与俄罗斯于2021年9月将该项目完工。此次俄乌冲突前期，德国在制裁俄罗斯能源方面表现消极。面对

---

① "United States-Republic of Korea Leaders' Joint Statement", https://www.white-house.gov/briefing-room/statements-releases/2022/05/21/united-states-republic-of-korea-lead-ers-joint-statement/，访问时间：2022年5月22日。

美国等的压力，德国总理舒尔茨表示决定继续与俄罗斯进行能源供应领域的商业活动，拒绝美国关于禁止进口俄罗斯天然气和石油的呼吁。为了增强欧洲盟友的追随倾向，美国开始提供替代能源供应，奖励盟友的追随行为。德国和其他欧盟国家试图减少对俄罗斯的依赖，美国则迅速增加对欧洲的液化天然气出口。2022年3月，美国总统拜登在访问欧洲期间宣布美国液化天然气行业向欧洲额外供应150亿立方米液化天然气，相当于目前从俄罗斯获得天然气的10%，并将对欧洲的供应量在2030年增加到500亿立方米。美国和欧盟在联合声明中提出，减少欧洲对俄罗斯能源的依赖，重申对欧洲能源安全和可持续性的承诺，并立即成立能源安全联合特别工作组。① 2022年4月，欧洲议会最终通过决议，要求欧盟全面禁止所有俄罗斯能源进口。德国副总理兼经济部长罗伯特·哈贝克也在美欧能源协议达成后宣布，未来将大幅减少对俄罗斯能源的依赖，预计在秋季前实现对俄罗斯煤炭的独立，在年底前实现对俄罗斯石油的独立。

作为美国的主要战略伙伴，印度同样在选择性背离和选择性追随之间摇摆。俄乌冲突后，印度拒绝公开谴责俄罗斯，在联合国安理会和联合国大会针对俄罗斯的投票中均投出弃权票。面对美欧对俄罗斯能源出口的制裁，印度不仅没有减少进口，反而成为俄罗斯石油的最大买家。这些举措反映了印度的选择性背离，引发美国的不满。此举既是为了维持与俄罗斯的深厚关系，也是向美国增加要价筹码，获取更多联盟收益。印度前政要明确指出，印美实际存在利益分歧，印度

---

① "Joint Statement between the United States and the European Commission on European Energy Security", https://www.whitehouse.gov/briefing-room/statements-releases/2022/03/25/joint-statement-between-the-united-states-and-the-european-commission-on-european-energy-security/，访问时间：2022年3月26日。

坚持不在是非混杂的问题上选边站队，而是按照其国家利益行事，印度外交政策不能受制于美国优先事项和偏好。尽管美国已成为新德里最重要的合作伙伴之一，但这是基于共同利益，印度战略界仍保持了一定战略自主的清醒认识。[①] 为了拉拢印度，拜登政府没有公开指责印度立场，表现出极大的宽容性。同时美国还加大武器出口，减少印度对俄罗斯的防务依赖。相应的，印度积极配合美国"印太战略"实施，加入美国构建的针对中国的经济联盟。

## ◇四 结语

拜登政府上台后，美国开始重新重视联盟的价值和调整联盟关系，增加对盟友的承诺，试图扭转此前特朗普政府带来的裂痕。在此背景下，霸权国与霸权同盟国之间的联盟重置在持续发生，而联盟异化现象也在不断出现。在这一过程中，霸权国仍然关注权力，霸权同盟国则继续强调利益。权力与利益之间的博弈最终折射在制度层面，借由联盟异化等现象塑造出不同的全球治理秩序。例如，美国传统盟国英国加入亚洲基础设施投资银行，该银行作为多边投融资机构发挥作用，是全球发展和投资领域内的制度增量。然而，尽管美国再次强调联盟的价值，寻求联合盟友共同制衡中国的影响力，但联盟异化的发展仍然难以完全地向选择性追随一端发生偏移，选择性背离的概率

---

① Amb Kanwal Sibal, "Responding to American Criticism of India's Stance on Russia-U-kraine Conflict", VIF, June 6, 2022, https：//www. vifindia. org/2022/june/06/responding-to-american-criticism-of-india-s-stance-on-russia-ukraine-conflict，访问时间：2022 年 9 月 6日。

仍然存在。实际上，由于提供公共产品意愿和能力的相对下降，拜登政府在对待盟友的态度上部分延续了特朗普政府的做法，继续要求盟友承担责任，减少美国提供公共产品的压力。2021 年 6 月，美国总统拜登在北约峰会期间表示，美国需要确保北约成员国有效分摊防务负担，以此巩固联盟凝聚力。① 美国国务卿布林肯指出，真正的伙伴关系意味着共同承担责任，而不是单纯依靠美国。② 如果难以从霸权国那里获得更多收益或者需要投入比此前更高的成本，那么霸权同盟国仍然会采取联盟异化的方式处理与霸权国的关系。同时，美国推动联盟重置也将受到自身实力基础的限制，因此未来联盟关系的不稳定性依然很高，潜在的联盟异化倾向也将持续存在。重置联盟需要投入大量的成本，但美国正在经受实力相对衰落和经济发展动力不足的困境，其提供公共产品、奖励追随行为和应对制度消耗的能力也在下降。当前，拜登政府将主要精力和资源用于应对国内事务，秉持"为中产阶级服务的外交政策"，发展国内基础设施和经济恢复，减少新冠疫情对国内的冲击。因此，美国难以为盟友持续、充分地提供公共产品，盟友在联盟中的收益预期仍然较低。特朗普政府时期，美国退出多个国际组织和多边机制，对盟友和伙伴采取贸易制裁等单边行动，都极大影响了美国在盟友乃至国际社会中的信誉，减少了盟友完全追随美国的可能性，霸权国构建针对崛起国的制衡性联盟举措也会面临阻碍。与之相对，面对日益增多的全球性问题和全球治理赤字，

---

① NATO, "Brussels Summit Communiqué Issued by the Heads of State and Government Participating in the Meeting of the North Atlantic Council in Brussels 14 June 2021", https://www.nato.int/cps/en/natohq/news_185000.htm/，访问时间：2021 年 6 月 15 日。

② Anthony Blinken, "A Foreign Policy for the American People," https://www.state.gov/a-foreign-policy-for-the-american-people//，访问时间：2021 年 3 月 4 日。

霸权同盟国对公共产品的需求也在逐渐增加，因此它们不会轻易放弃与崛起国的功能性合作收益，这一点反映在美国盟友在气候变化、贫困治理等多个治理议题上保持与中国的频繁交流、对话与合作。

与冷战时期的美苏对立体系不同，当前的全球治理体系相对网络化，各国之间存在复杂的联系，一时间很难被完全人为割裂。即便美国能够成功构建针对中国的排他性治理体系或"平行体系"，两个体系内部成员之间仍然会出现身份和功能的重叠，需要维持与中国的功能性合作，而不是完全追随美国。

基于此，霸权国推动的联盟重置和霸权同盟国推动的联盟异化将成为未来全球治理体系中的重要驱动力量，从而影响全球治理的发展。从正面影响来看，联盟异化能够在一定程度上避免联盟瓦解和"平行体系"的出现，防止霸权国人为割裂联盟体系。联盟异化能够削弱霸权国联盟体系的凝聚力，客观上降低了系统内爆发直接冲突的风险，增加了同盟国多元化获益的可能。然而，在意外事件中，霸权国也有可能基于非理性采取行动，强制要求同盟国对抗崛起国，改变全球治理体系内的权力与利益格局，使国际秩序的发展存在较大不确定性。面对不断增加的系统性风险，霸权同盟国还可能选择内部抱团，联合其他国家加强区域一体化。例如，在印太地区和欧洲，美国盟友正在强化域内抱团，包括东盟和中国在内的 15 个国家已经达成 RCEP，欧洲国家也在强化战略自主，在北约之外推动欧洲防务自主。为了分化这些积极的区域自主一体化，美国在 2022 年亦诉诸构建所谓的"印太经济框架"（IPEF）。同样，这些区域自主策略也是在同盟国的"成本—收益"考量驱动下产生的，在一定程度上改变了联盟形态，影响了全球治理秩序的发展方向。加之霸权分裂区域自主化的行为存在，意在反向对冲联盟异化行为，全球治理秩序的复杂形态愈发明显。

第 四 章

# 联盟政治与联盟扩容:成本、收益与机制

联盟政治一直是国际关系理论研究的核心命题,在主要理论流派中均占据关键地位。联盟是霸权国用以追求利益的工具,其调整和发展与国际秩序的演进息息相关。近年来,联盟政治呈现新的发展趋势,主要表现为联盟弱化、议题去政治化、联盟异化、联盟扩容等,其原因是世情发生了急剧变化,大国博弈呈现新的表现。随着拜登政府回归联盟政治,期许诉诸联盟手段达到霸权护持的目标。一个突出表现就是联盟扩容:作为霸权国的美国在传统联盟体系的基础上,将联盟的议题从军事领域扩展到全球治理领域,并且在盟友之外纳入更多合作伙伴,围绕多元化的治理议程建立议题联盟,从而对传统的联盟体系和形式进行一定的调整,进而对既成的全球治理秩序形成冲击。

## ◇◇ 一　问题提出

近年来,美国在诸多地区诸多领域内诉诸联盟政治,意在护持霸权,其中联盟扩容策略表现得最为突出。有的扩容是霸权国自行推动

的，有的则是伙同或攒动其他盟国予以推行的。联盟扩容不仅表现在成员国数量和组织形式上，还表现在议题范围上。美国国家安全委员会印太事务协调员坎贝尔（Kurt Campbell）认为，美国需要在联盟关系上创新，针对问题性质成立特殊联盟，并且需要扩大现有的联盟关系。[①] 美国总统国家安全事务助理沙利文（Jake Sullivan）提出，美国需要在全球范围内建立适合 21 世纪的联盟和伙伴关系网络，这不仅包括更新既有的双边联盟，也包括根据新兴议题增加新成员，围绕 21 世纪安全、经济和技术环境，设计一套综合的、互操作性高的联盟和伙伴关系。[②]

其中，以构建针对中国的排他性同盟体系为目标，G7 扩容主要表现在经济协调和政治协调等领域。G7 扩容的对象是韩国、印度和澳大利亚。但是，扩容 G7 可能受制于许多因素，例如成员国内部已有的对俄分歧，机制设计本身对于接纳新成员的门槛相对较高，美国没有绝对一票主导权，成员国包括寻求经济增长动能在内的功能性诉求无法得以满足等。当然，俄乌冲突在某些程度上改变了成员国的对俄态度，但其他因素的影响依然很多。特别是新冠疫情大流行导致全球产业链供应链断裂，霸权国美国为全球提供公共产品的意愿和能力下降等因素的存在，意味着霸权国想把扩容后的 G7 作为维护一己之私的战略工具，并不容易。

再如，拜登政府在 2022 年 2 月发布的《印太战略报告》中指出，美国与合作伙伴建立的联盟、组织和规则必须加以调整和更

---

① Kurt M. Campbell and Rush Doshi, "How America Can Shore Up Asian Order", *Foreign Affairs*, January 12, 2021.

② "2021 Lowy Lecture by Jake Sullivan", https://www.lowyinstitute.org/publications/2021-lowy-lecture-jake-sullivan, 访问时间：2021 年 11 月 12 日。

新，美国需要强大且相辅相成的议题联盟，使联盟现代化，加强新兴伙伴关系。① 在印太地区，美国极力推动"四边安全对话"的扩容②，希望打造"四边+"机制。2020 年以来，美国多次表示希望扩大四边机制。时任美国国务卿蓬佩奥表示，希望四边机制正式化和扩大化，其他国家可以在适当时候成为架构的一部分。③ 美国副国务卿比根（Stephen Biegun）强调，四边机制可以扩展到更广泛的共同利益领域，并与其他志同道合的伙伴联合，重点深化与东盟的接触，寻求自由开放的印太愿景并愿意合作的国家都将受到美国欢迎。④ 副助理国务卿克纳珀（Marc Knapper）表示，四边机制是一个由志同道合国家组成的自愿团体，一旦确定政策方向，该机制将寻求扩大成员。⑤2020 年 3 月，四国举行应对新冠疫情的会议，首次加入韩国、越南和新西兰三个新的伙伴国。同年 5 月，四国与以色列、韩国再次举行会议，讨论国际合作、透明度、问责制在抗击疫情方面的重要性。同时，美国将欧洲国家作为印太地区合作机制的潜在成员选项。在欧洲地区，俄乌冲突的持续影响促成了北约扩容进程，导致了联盟的进一步强化。此前相对中立的芬兰和瑞典正式申请加入北约，波黑、格鲁

---

① The White House, *Indo-Pacific Strategy of the United States*, February 2022, p. 9.

② "四边安全对话"最初是由美日澳印四国发起的地区安全合作机制，自 2017 年年底重启后，四国相继举行多次部长级和首脑会晤，已经成为正式化的合作机制。

③ "Pompeo Aims to 'Institutionalize' Quad Ties to Counter China", https://asia.nikkei.com/Editor-s-Picks/Interview/Pompeo-aims-to-institutionalize-Quad-ties-to-counter-China, 访问时间：2020 年 10 月 7 日。

④ US Department of State, "Remarks by Deputy Secretary Stephen E. Biegun", https://2017 - 2021.state.gov/remarks-by-deputy-secretary-stephen-e-biegun/index.html, 访问时间：2020 年 10 月 13 日。

⑤ "Indo-Pacific 'Quad' Has Potential to Expand: Senior US Diplomat", https://asia.nikkei.com/Politics/International-relations/Indo-Pacific-Quad-has-potential-to-expand-senior-US-diplomat, 访问时间：2020 年 10 月 25 日。

吉亚和乌克兰也表达了加入北约的意愿，使冷战时期遗留下的安全联盟再次焕发生机，形成与印太联盟扩容的联动效应。

最后，技术领域内的联盟扩容是近年来出现的新现象。霸权国美国一再倡议所谓"志同道合"的国家在技术领域内突出"安全威胁"和"民主意识"，进而在不同程度上实现对华"规锁"和"脱钩"。其目标是护持霸权优势，制衡中国的高科技进步，把中国"锁定"在全球价值链的中低端，避免威胁美国在技术领域里的绝对优势。就器物层面看，美国与传统联盟国家之间已经具有技术合作基础，在产业链上具有一定的共通性，加之部分盟友国家也对中国技术构成的竞争有所感知，因此它们有在技术这一非传统安全领域诉诸"安全化"的理由，表示是出于对安全风险感到担忧，而将联盟政治扩容至技术领域的。它们施压部分盟国取消与中国的技术合作，或是在多边国际规范领域一再谈及技术转移问题，意在压制中国技术实力的增长。然而，霸权国美国无法提供替代中国的技术和市场选择，从长远看，在高科技、网络安全、5G技术领域与中国加强功能性合作，对日本、欧洲国家等美国盟友自身都是有益的。就观念层面看，美国与盟友和伙伴之间也存在共通性，借助所谓"民主观念"加强与"志同道合"国家的联系，推动价值观联盟和技术联盟的合流。美西方通过将高科技议题政治化、意识形态化，游说并联合所谓"志同道合"的国家在高科技领域实行对华技术"脱钩"。①

这些事实都清晰地表明联盟扩容已经成为当前美国护持霸权、塑造全球秩序的重要手段，且表现出一系列新的特征。需要补充说明的是，本书尝试兼顾理论简洁性和现实适用性，为了在存在多议题领域

---

① 任琳：《推动落实全球安全倡议需处理好五对关系》，《国家安全研究》2022年第4期。

的情况下分析出"传统联盟＋"的新现象，我们将模型和分析聚焦分析同一议题领域内的联盟扩容，亦即只做案例内比较，不做各案例的横向比较。

基于此，本部分主要研究的问题是：随着联盟成员国数量的扩容，霸权国能否为新加入的成员国提供足够的公共产品，从而给予扩容成员国足够的动力加入联盟？并且随着扩容成员国数量的增加，既有的联盟能否保持稳定性，使所有成员国都能从中获益？

## ◇二　联盟扩容研究述评

### （一）联盟扩容的既有研究

针对联盟扩容问题，国际关系学界已经进行了一定的探索，主要基于以下三个视角。第一，联盟扩容的原因在于增强联盟的整体能力，吸纳更多成员实现能力聚合，从而提升联盟目标实现的可能性。从逻辑起点看，联盟成立的目标在于应对外部安全威胁，增加成员数量有助于强化联盟应对威胁的能力，实现成员国个体能力的聚合，从而更好地团结伙伴甚至分化对手力量。联盟是为了增加团体的实力，与他人联合是实现国家目标的重要方式。[①] 现实主义者大多强调，能力聚合是驱动联盟行为最主要的力量。联盟的目标是成员以外的国家，指向他国是联盟与其他国际机构或制度之间的根本区别。联盟的

---

[①] Thomas S. Wilkins, "Towards a 'Trilateral Alliance'? Understanding the Role of Expediency and Values in American-Japanese-Australian Relations", *Asian Security*, Vol. 3, No. 3, 2007, p. 256.

核心价值是塑造对外部攻击的更大威慑力和更强的自卫能力，能力聚合是联盟的基础。这种联盟观点是均势和威胁平衡理论的基础，并且仍然是研究联盟的主要观点。① 例如，联盟的一个重要优势在于阻止伙伴国加入其他联盟，而这也与能力聚合带来的安全性有关。② 孙德刚提出，与正式的联盟相比，弱链式联盟通过降低入盟门槛，扩大了成员的行动自由权，通过扩大合作者的数量提升国际军事干预行为的合法性。③

第二，霸权国诉诸联盟扩容的原因在于实现联盟内部成本分摊，减少霸权国的负担。俱乐部理论提出，随着成员数量的增加，俱乐部整体成员的分摊成本逐渐减小。然而，成员增多也会带来个体收益的减少。成员数量的增加会产生拥堵效应，导致某一成员的边际收益不断减少。如果成员希望在成本和收益之间取得平衡，只有当"新成员加入后的边际收益等于边际拥堵成本"，才是最适合俱乐部的扩容成员数量。威廉·赖克（William Riker）认为，行为体会创建可以确保获益的最小联盟，使联盟的成员国数量达到最适合实现目标的规模。④ 桑德勒（Todd Sandler）等人认为，大型团体难以形成，群体规模越大，集体和个体的收益减少，团

---

① Yasuhiro Izumikawa, "Binding Strategies in Alliance Politics：The Soviet-Japanese-US Diplomatic Tug of War in the Mid – 1950s", *International Studies Quarterly*, Vol. 62, No. 1, 2018, p. 109.

② Glenn H. Snyder, *Alliance Politics*, Ithaca：Cornell University Press, 1997, p. 44; James D. Morrow, "Alliances and Asymmetry：An Alternative to the Capability Aggregation Model of Alliances", pp. 906 – 907.

③ 孙德刚、凌胜利：《多元一体：中东地区的弱链式联盟探析》，《世界经济与政治》2022 年第 1 期。

④ William Riker, *The Theory of Political Coalitions*, New Haven and London：Yale U-niversity Press, 1962, p. 32.

体的供给越小。① 奥尔森（Mancur Olson）提出，随着成员数量的增加，团体内成员提供公共产品的动力将减少。② 成本分担是联盟扩员的症结所在，新成员的加入将极大稀释联盟的资源，导致联盟成本分担的不平衡和效率低下，联盟内的大国将承担更多成本。③

第三，联盟扩容的原因在于霸权国希望加强对盟友和伙伴的控制，维持自身主导地位，强化等级秩序。美国推动联盟转型的重要举措是推动地区安全架构朝着网络化方向发展，吸收更多国家打造"联盟＋安全伙伴"的框架，从而建立"志同道合的联盟"。美国将维持自身主导地位作为核心利益，为联盟体系扩员提供了动力。④ 美国主导的联盟体系通过扩展成员的方式维持单极霸权，在国际体系从两极争霸到单极霸权转变的过程中，维持一个成员众多的联盟体系成为超级大国确立以自己为中心的霸权等级秩序的重要手段。⑤ 施罗德和莫罗都认为，大国结成联盟来控制其较小的盟

---

① Paul Pecorino, "The Effect of Group Size on Public Good Provision in A Repeated Game Setting", *Journal of Public Economics*, Vol. 72, 1999, pp. 121 – 134; Todd Sandler and Keith Hartley, "Economics of Alliances: The Lessons for Collective Action", *Journal of Economic Literature*, 2001, pp. 869 – 896.

② 曼瑟尔·奥尔森：《集体行动的逻辑》，陈郁等译，生活·读书·新知三联书店1995年版，第24—25页。

③ Keith Hartley and Todd Sandler, "NATO Burden-Sharing: Past and Future", *Journal of Peace Research*, Vol. 36, No. 6, 1999, pp. 665 – 680; Todd Sandler and James C. Murdoch, "On Sharing NATO Defence Burdens in the 1990s and Beyond", *Fiscal Studies*, Vol. 21, No. 3, 2000, pp. 297 – 327; Todd Sandler and Hirofumi Shimizu, "NATO Burden Sharing 1999 – 2010: An Altered Alliance", *Foreign Policy Analysis*, Vol. 10, No. 1, 2014, pp. 43 – 60.

④ 刘丰：《秩序主导、内部纷争与美国联盟体系转型》，《外交评论》2021年第6期。

⑤ 刘丰：《联盟与国际秩序》，《当代美国评论》2019年第3期。

友。大国经常与较小的国家结成联盟，限制后者采取损害大国利益的行动。① 有学者提出，美国建立的四边机制正试图纳入更多亚洲国家，从而形成地区稳定的联盟，使这些亚洲国家疏远中国，以达到美国在该区域提升战略影响力的目标。为此，美国需要增加对自由国际秩序的承诺，建立明确的领导地位，团结其他区域国家。②

　　既有研究对联盟扩容尤其是传统军事联盟的扩容进行了多元维度的阐释，具有一定的借鉴和延续性，也存在一定的不足之处。第一，既有研究关注的联盟扩容仍然属于传统军事安全领域，主要关注大国战略竞争中的正式条约联盟。然而，当前美国主导的联盟扩容在形式和范围上均有了明显不同，不仅关注军事安全领域，也关注经济、科技乃至气候变化等"低级政治"，议题范围更加广泛，美国也没有在这些领域构建明确的条约联盟。第二，既有研究主要关注美国的正式盟友，但近期联盟扩容不仅包括盟友，还包括与美国所谓"志同道合"的伙伴国。第三，既有联盟关注双边军事安全合作，但此次联盟扩容的主要表现是将联盟政治放置到国际规则和国际制度上进行博弈，以制度和议题联盟竞争的方式展开，扩容的方式从双边发展到小多边，甚至包括了此前与美国并未存在条约关系的发展中国家。

---

① Paul W. Schroeder, "Alliances, 1815 – 1945: Weapons of Power and Tools of Management", in Klaus Knorr, ed., *Historical Dimensions of National Security Problems*, Lawrence: University of Kansas Press, 1976, pp. 227 – 262; James D. Morrow, "Alliances: Why Write Them Down?", *Annual Review of Political Science*, Vol. 3, No. 1, 2000, p. 79.

② Sung Chul Jung, Jaehyon Lee and Ji-Yong Lee, "The Indo-Pacific Strategy and US Alliance Network Expandability: Asian Middle Powers' Positions on Sino-US Geostrategic Competition in Indo-Pacific Region", *Journal of Contemporary China*, Vol. 30, No. 127, 2021, pp. 53 – 68; Wooyeal Paik and Jae Jeok Park, "The Quad's Search for Non-Military Roles and China's Strategic Response: Minilateralism, Infrastructure Investment, and Regional Balancing", *Journal of Contemporary China*, Vol. 30, No. 127, 2021, pp. 36 – 52.

## （二）联盟扩容新表现与时代背景

作为当前国际政治领域的新兴现象，国际关系学界尚未对联盟扩容做出较为明确的定义。在方式、对象和目标上，联盟扩容皆具有区别于传统联盟政治的新内涵和新外延。

从方式上看，联盟扩容表现为霸权国把联盟从双边发展到小多边，进而扩散到多边。特朗普政府时期，美国更倾向于通过单边或双边的方式处理与盟国的关系。与之相对，作为建制派代表的拜登则更加注重使用多边主义平台。拜登政府注重通过利益协调的方式来强化联盟的共同战略目标，通过扩展合作领域来扩大联盟的共同利益。[①]

从对象上看，联盟扩容的成员超出了原有联盟政治的范围，原有的联盟成员、其他发达国家和发展中国家均是霸权国联盟扩容的潜在对象。盟国和主要伙伴与美国战略利益最为攸关，因此是扩容的首要选择，与美国具有共同利益的其他国家也同样是潜在的联盟扩容对象。从美国的角度来看，与他国合作应对共同挑战意味着更高的合法性和更低的成本。此前缺乏协调国际行动的有效机制使拜登政府感到压力，由此美国在全球事务中回归联盟政治并适时对之做出一定的调试，由此产生了一系列围绕特定议题的新的扩容的联盟。[②]

从目标上看，霸权国诉诸联盟扩容策略旨在"规锁"崛起国，缩减其影响力，从而在国际事务中压制崛起国的话语权和影响力。"规

---

① 凌胜利、李航：《拜登政府的亚太联盟政策探析》，《现代国际关系》2021 年第 4 期。

② Jared Cohen and Richard Fontaine, "The Case for Microlateralism", *Foreign Affairs*, April 29, 2021.

锁政策"的核心是从霸权护持出发思考如何"规范"中国行为，使中国的发展无力威胁或挑战美国主导权，实现这一目标则需要加强与盟友和其他国家的政策协调。① 综上，联盟扩容是指霸权国通过联合盟友和伙伴，围绕特定议题建立议题联盟关系，从而达到"规锁"崛起国未来实力增长目标的一种战略行为。

当前由美国主导的联盟扩容是在多重背景下催生的，是美国基于对国际局势发展和本国能力现状认知基础上做出的回应。在主客观背景的影响下，联盟扩容具有一定的时代必然性。

从客观背景来看，第一，既有的以美国为主导的全球体系存在消耗和溢出效应，面临后续发展动力不足的困境。"二战"结束后，美国凭借优势力量建立起自由国际秩序，美国提供安全、自由开放市场等换取他国的追随。主要竞争对手从美国主导秩序中的收益超出了美国预期，在一定程度上弱化了霸权国的非中性权力优势。同时，全球治理体系中公共产品供需失衡，"搭便车"现象不断出现，美国维持自身构建的秩序必然会面临权力资源的消耗，导致权力离散现象。② 近年来，随着经济的放缓和实力的相对衰落，美国提供公共产品的能力和意愿不断降低。美国构建的自由国际秩序代价高昂、消耗巨大，给美国带来直接损失，同时引发了他国的反抗，刺激了盟友的"搭便车"或冒险行为。③ 尤其是特朗普政府上台后，美国相继退出多个国际组织，国际承诺的可信度受到质疑。美国开始重新考量提供公共产

---

① 张宇燕、冯维江：《从"接触"到"规锁"：美国对华战略意图及中美博弈的四种前景》，《清华金融评论》2018 年第 7 期。

② 任琳：《"退出外交"与全球治理秩序——一种制度现实主义的分析》，《国际政治科学》2019 年第 1 期。

③ 巴里·波森：《克制：美国大战略的新基础》，曲丹译，社会科学文献出版社 2016 年版，第 105—107 页。

品的供给—需求程度，希望调整现行秩序安排，根据国家间存在的"需求差异"重新分配治理成本。[①] 因此，当前拜登政府需要更多盟友和伙伴分摊成本，减少自身的消耗，依托各类联盟增加对国际秩序的承诺。然而，霸权国所依托的联盟体系既存在霸权护持的利好效应，又具有消耗和溢出效应，毕竟像维持全球治理体系一样，维持联盟体系也是需要花费成本的。

第二，全球性问题的出现使美国越来越难以单独应对，需要纳入更多伙伴国，增强协同行动能力。近年来，全球性问题的暴发导致全球治理赤字不断上升，单个国家越来越难以应对。我们面临的许多全球性威胁是不分国界或"围墙"的，必须采取集体行动来应对。拜登政府发布的《临时国家安全战略》指出，流行病、不断升级的气候危机、国际经济动荡、暴力极端主义和恐怖主义，以及核武器和其他大规模杀伤性武器的扩散，都造成了深远的影响。在某些情况下，一个国家单独行动无法有效解决危机。[②] 尤其是新冠疫情大流行以来，美国难以持续向盟友和伙伴提供卫生公共产品。作为霸权国，美国本应积极帮助世界各国克服危机，发挥其自身设定的体系领导角色。然而，美国在疫情期间既没有积极提供充足的全球公共产品，也没有作为主角组织协调应对系统性危机。美国的全球领导者地位不仅建立在财富和权力之上，而且也来自提供全球公共产品的合法性，以及召集和协调应对全球危机的能力和意愿。[③] 拜登政府上台后，气候变化和

---

① 任琳、彭博：《全球治理变局与中国应对——一种全球公共产品供给的视角》，《国际经济评论》2020 年第 1 期。

② The White House, *Interim National Security Strategic Guidance*, March 2021, p. 7.

③ Kurt M. Campbell and Rush Doshi, "The Coronavirus Could Reshape Global Order", *Foreign Affairs*, March 18, 2020, https：//www.foreignaffairs.com/articles/china/2020 – 03 – 18/coronavirus-could-reshape-global-order.

疫情等全球性问题成为美国关注的重点议程，而这些问题的解决需要作为世界主要大国的美国提供大量全球公共产品，然而却掣肘于自身实力的相对下降和国内经济社会问题的丛生。因此，美国认识到仅凭自身越来越难以解决此类问题，必须纳入更多所谓"志同道合"的盟友国家实现能力聚合，至少提高对"俱乐部产品"的供应，进而应对全球挑战。

从主观背景来看，第一，美国希望通过扩容修复被特朗普破坏的联盟体系，进而重塑以美国为主导的全球秩序。特朗普政府时期的美国联盟体系面临一定的张力。在"美国优先"和交易理念的影响下，特朗普政府开始要求盟友分摊更多防务费用，同时减少美国的安全承诺，导致联盟关系出现裂痕。米拉·拉普·霍珀（Mira Rapp-Hooper）提出，特朗普在公开场合以武断的方式威胁盟友，提出巨额开支的要求。联盟改革的议程非常庞大，但是改革的成本负担远比美国在外交政策上单独行动更少。在当前世界中，美国不可能在脱离盟友的情况下独立实现外交目标。① 基于此，拜登政府将修复联盟关系作为重点议程，拉拢志同道合的伙伴，通过扩容新成员塑造议题范围更广的联盟合作。

第二，美国不希望完全重建既有的联盟体系，避免付出过高的成本，而是在此基础上加以修复调整。基欧汉认为，交易成本和不确定性使得国际机制的维持比建立更容易，新机制建设的成本过高，国家倾向于延续既有的机制。② 尽管美国的联盟体系面临一定的张力和破

---

① Mira Rapp-Hooper, "Saving America's Alliance", *Foreign Affairs*, Vol. 99, No. 2, 2020, p. 133.

② 罗伯特·基欧汉：《霸权之后：世界政治经济中的合作与纷争》，苏长和等译，上海人民出版社 2001 年版，第 125 页。

坏，但仍然是国际政治中一支强大的力量，具有顽强的生命力。因此，美国力图在原有基础上调整联盟体系。拜登指出，新政府的外交政策议程将要求美国与盟国和伙伴合作，针对全球威胁开展集体行动，美国正面临着外部和内部的对手，应对这一威胁的方式是更多的友谊、合作以及联盟。[①]

## ◇三　联盟扩容保持稳定的条件

### （一）联盟稳定的条件

从理论假设出发，联盟扩容保持稳定需要满足三个条件。本部分借鉴了经济学和博弈论模型中的三个均衡或趋均衡的相关概念，预先设定了联盟扩容的前提假设，希冀有助于加深对联盟扩容前景的理解。需要补充说明的是，本部分的研究假定沿用的是合作的正和博弈的思维，如果联盟扩容对象迫于威胁或是整个世界秩序的基本思考逻辑发生变化，这里的正和推论将可能不再适用。

前提一：最低条件是联盟收益改善。本书借鉴帕累托改进（Pareto Improvement）来理解这种情境：只有确保联盟内无人受损，霸权国才有可能借助扩容盟友关系，修复其在体系中的绝对优势。在无人受损的情况下，达成合作阻力相对小，这是成员国具备合作意愿的最低门槛。

前提二：基本条件是围绕联盟成本分摊达成共识。本书借鉴林达

---

① Joseph R. Biden, Jr., "Why America Must Lead Again", *Foreign Affairs*, Vol. 99, No. 2, 2020, p. 76.

尔均衡（Lindahl Equilibrium）来理解这种情境：行为体围绕系统内的公共产品的供给水平问题取得了一致，各自分摊的成本与边际收益成比例。每个行为体围绕公共产品的供给水平以及它们之间的成本分配进行讨价还价，并最终实现贡献与成本之间的某种均衡状态。

前提三：霸权国能够提供足够的联盟补偿。我们运用"卡尔多—希克斯改进"（Kaldor-Hicks Improvement）来理解此种情境：即受益者所得足以补偿受损者所失。卡尔多—希克斯改进认为，一项决策如果能够使所有人获利而不损害任何人的利益，就可以视之为增进了社会福利，在这种状况下，此项决策应得以执行，因为它实现了受益者补贴受损者后仍有剩余的状态。[①] 这也意味着没有补偿可能成为不合作的动因。

然而，在现实情况下，作为霸权国的美国却非常有可能难以实现上述三个前提条件。第一，即便美国与扩容对象之间存在共同利益，但美国难以确保无人受损的局面出现。美国推动联盟扩容的首要目标仍然是维持自身领导地位，盟友的获益或受损不是其主要考量。联盟内并非一定无人受损，因为联盟的逻辑起点不是维持系统稳定，而是增加美国自身收益。尽管不少美国盟友和伙伴都对中国的快速发展和影响力增强保持警惕，但追随美国意味着减少与中国的功能性合作。美国的印太伙伴大多与中国保持深厚的经贸联系，难以完全站在美国一边切断与中国的合作。对东盟国家而言，在中美之间保持平衡比选边站更符合自身利益。新加坡总理李显龙表示，亚洲国家促进与中国的关系，这并不一定意味着他们在反对美国。所有亚洲国家都希望与中国发展良好关系，得到中国的好感和支持，并参与其发展。全球供

---

① 张宇燕、任琳：《全球治理：一个理论分析框架》，《国际政治科学》2015年第3期。

应链将中国和其他亚洲国家紧密联系在一起，中国的庞大规模使其成为大多数亚洲国家的最大贸易伙伴。①

第二，霸权国美国和所谓"志同道合"的伙伴在成本分摊上难以取得共识。在特朗普政府时期，美国与印太和北约盟友在防务费用分摊问题上存在明显分歧。特朗普指责德国等北约盟国未能兑现将国内生产总值2%用于防务开支的承诺，甚至还宣布撤出部分美军减少安全承诺，以此胁迫盟国分摊成本。此举导致联盟关系出现裂痕，美国多次与盟国出现矛盾。尽管拜登政府多次强调联盟的重要性，但仍然要求盟友承担美国的防务成本。在俄罗斯与乌克兰发生军事冲突后，拜登宣布美国不会派出军队前往乌克兰，《国防战略》也强调美国最优先的任务是在印太地区应对中国，导致俄乌冲突成本主要由欧洲国家承担。美国已于2022年3月初禁止进口俄罗斯石油和天然气，由于美国是石油和天然气生产国，因此并未出现明显损失。但欧洲国家依赖俄罗斯能源，面临的压力比美国更大。为了防止国内经济严重衰退，德国并未完全追随美国禁止俄罗斯石油和天然气进口，继续保持两国在能源供应方面的商务活动。

第三，美国难以提供足够的联盟补偿。美国需要做出相应的联盟补偿，从而增加盟友的收益预期，以弥补盟友为配合美国所遭受的损失，获得较多补偿的国家也会更加积极主动地配合美国。与特朗普政府相比，拜登政府在联盟补偿上的立场软化，更倾向于照顾盟友的诉求。② 然而，美国仍然受到多方面的限制，无法提供持续的联盟补偿。

---

① Lee Hsien Loong, "The Endangered Asian Century", *Foreign Affairs*, Vol. 99, No. 4, 2020, p. 60.

② 刘丰：《秩序主导、内部纷争与美国联盟体系转型》，《外交评论》2021年第6期。

国内经济社会问题积重难返，国内事务掣肘外交能力。尤其是拜登政府上台后，美国秉持"中产阶级的外交政策"，将国内经济和疫情作为优先事项。拜登在其首次外交政策讲话中提及，"外交政策和国内政策之间没有明显的界线。我们在国外采取的每一项行动都必须考虑到美国的工薪家庭、推进为中产阶级服务的外交政策"①。拜登宣布结束阿富汗战争，将资源大部分用于国内基础设施建设、教育和气候变化，减少海外资金投入。基于此，美国难以向盟友和伙伴提供联盟补偿。而新成员加入联盟的驱动条件是，霸权国为其提供的联盟收益大于零，显然这一情况在现实中很难实现。

第四，尽管美国难以完全达到扩容的前提条件，但能够借助意识形态拉拢盟友和伙伴，以此划分阵营构筑各类联盟。作为非物质因素，意识形态使霸权国能够以较低成本实现战略目标，借此区分自我与他者。即便该层面的联系与物质因素相比不那么牢固，但霸权国往往更容易获取道义与合法性的制高点。霸权国诉诸问题意识形态化方式，借助意识形态共识拉拢盟友国家，通过"美国—西方盟友—其他盟国"的方式层层传导并逐步设立其主导的新"霸权规则"，将符合自身战略目标和经济利益的规则借由"联盟扩容"机制推广至大多边，重塑全球治理体系的制度非中性。② 特朗普政府时期，美国对所谓"民主"的重视相对较少，强调国家安全、联盟关系和军事力量效用等现实主义内容，淡化在海外推广的使命。拜登政府上台后，将所

---

① "Remarks by President Biden on America's Place in the World"，https：//www.whitehouse. gov/briefing-room/speeches-remarks/2021/02/04/remarks-by-president-biden-on-a-mericas-place-in-the-world/，访问时间：2021 年 2 月 5 日。

② 任琳、孟思宇：《霸权护持、复边主义与全球治理秩序的危机》，《外交评论》2022 年第 5 期。

谓"民主"作为内外政策的大旗，试图以此划分国家阵营。拜登政府邀请全球 100 多个国家召开"全球民主峰会"，作为构建小圈子的初步尝试。俄乌冲突期间，美国将俄罗斯针对乌克兰的特别军事行动扩大为"专制国家"对"民主国家"的攻击，鼓吹"民主与专制的天然竞争"，[①] 从而强化跨大西洋伙伴关系。

## （二）供应链领域的扩容

供应链领域的扩容是近年来美国经济方面的重点举措。特朗普政府上台后高举本土制造业大旗，力图促使产业回流。新冠疫情暴发后，美国进一步寻求对华脱钩断链，遏制中国高科技产业的生存空间，寻找替代的供应链来源成为刻不容缓的目标。尽管如此，特朗普政府在联盟扩容方面成果有限，直到拜登政府才开始采取具体举措。美国针对中国构建"全球供应链联盟"，企图削弱中国的"世界工厂"地位，减少自身和盟友伙伴对华产业依赖。

特朗普政府时期，美国已经提出减少对华供应链依赖。拜登政府上台后，美国积极推动供应链联盟的建设，力图联合盟友和伙伴打造供应链联盟。2021 年 2 月，拜登签署行政令要求建立弹性供应链，让盟国和合作伙伴共同或协调参与供应链。6 月，拜登政府发布《供应链百日评估报告》，提出与四边机制和 G7 成员国强化合作，减少全球供应链的脆弱性。[②] 2021 年 10 月底，在参加二十国集团（G20）领导

---

① The White House, *National Security Strategy*, October 2022, p. 8.

② "Building Resilient Supply Chains, Revitalizing American Manufacturing, and Fostering Broad-based Growth", https://www.whitehouse.gov/wp-content/uploads/2021/06/100-day-supply-chain-review-report.pdf, 访问时间：2021 年 7 月 1 日。

人峰会期间，拜登组织召开了首次全球供应链弹性峰会，与欧盟和14个"志同道合"的伙伴国共同促进供应链多元化。拜登政府表示，美国不能自己制造、开采或制造所有东西，必须与盟友和伙伴合作，以培养和促进供应链弹性，将开展多边和双边合作作为美国未来主要的行动方案。① 拜登政府还将供应链扩容作为"印太战略"的重点事项。2021年3月和9月，美日澳印四国举行两次领导人会晤，在会后的联合声明中，四国共同表达出围绕供应链开展合作的愿望，并在高科技领域确定了工作组。而在此前，日澳印三国已经宣布成立"供应链弹性联盟"，是美国供应链联盟扩容的重点国家。此外，美国还不断加强与日韩的供应链联盟建设。2021年4月，美日韩三国举行会议，呼吁加强半导体供应链的安全。随后，美日首脑会晤在半导体供应链合作方面达成共识，两国将成立联合工作小组，推进半导体产业的研发，美国还要求日本限制对华半导体出口。5月，美韩首脑会晤宣布，两国将增加芯片的全球供应，并通过促进相互投资和研发合作，支持两国的先进半导体制造业。美国还与新加坡、马来西亚等国发表声明，在半导体供应链的透明度、安全性和弹性方面进行合作，东盟国家也成为美国供应链联盟扩容的选项。通过这些举措，美国正在印太地区构建一个以自身为中心的供应链联盟，并不断纳入印太地区国家。美国在供应链领域的联盟扩容已经成为既成事实，然而也面临诸多困境。

从成本分摊的角度看，美国将保持供应链弹性的成本转嫁到他国，但供应链盟友和伙伴出于理性考虑并不会完全对美国亦步亦趋。

---

① "Executive Order on America's Supply Chains: A Year of Action and Progress", https://www.whitehouse.gov/wp-content/uploads/2022/02/Capstone-Report-Biden.pdf，访问时间：2022年2月25日。

尽管美国力图劝说盟友和伙伴减少对华供应链依赖，但大多数美国盟友和伙伴均和中国保持密切的经贸联系，毕竟本国经济增长和人民福祉的提高才是各国的首要国家利益，而不是协助霸权国护持霸权。例如，即便在 2020 年中国仍然是印度的第一大贸易伙伴，2021 年双方贸易额甚至突破千亿美元。尽管澳大利亚在配合美国方面最为积极，但该国与中国供应链产业链高度互补，在五眼联盟国家进口的 5914 种商品中，澳大利亚有 595 种商品依赖中国，是对华依赖程度最高的成员国，澳大利亚在 3 个产业、37 个部门和 167 个种类供应中有一半以上依赖中国。① 2022 年 11 月，中澳两国元首在印尼巴厘岛 G20 峰会上会晤，双方仍致力于改善和发展两国关系，就经贸等重要问题开展更多合作。在某些领域，中国的产业规模相当大，其他国家短期内难以实现替代。例如，中国在机电设备领域的出口份额超过 20%，在服装领域的份额超过 40%，超过孟加拉国、越南、印度、德国和意大利的总出口份额。因此，美国很难在短期内使这些成员国切断与中国的供应链关系，更难为切断这些联系而向这些联盟扩容对象国提供充足的经济或其他形式的补偿，进而确保这些国家的经济社会发展需求得以满足。

　　从联盟补偿的角度看，美国很难为新加入的成员提供足够的补偿。市场准入是新成员的重要诉求。然而，美国在此问题上始终没有放宽政策。美国贸易代表戴琦表示美国不是在签订传统的贸易协定，与《全面与进步跨太平洋伙伴关系协定》不同，美国不会降低关税或

---

　　① David Uren, "No Easy Fix for Australia's Supply-chain Dependence on China", https://www.aspistrategist.org.au/no-easy-fix-for-australias-supply-chain-dependence-on-china/，访问时间：2021 年 3 月 3 日。

以其他方式扩大市场准入。① 对日韩等国而言，维持与中国的供应链关系仍然至关重要。日本专家提出，与中国保持良好的贸易关系对日本很重要，日本并不认为向中国出口半导体制造设备会损害其国家安全，两国仍然是重要的经济伙伴。中国是日本最大的贸易伙伴，也是该国半导体设备和计算机芯片以及汽车的第一大出口地。日本不情愿地追随美国对中国的强硬立场，将华为和中兴等科技供应链排除在外。② 同时，美国的胁迫行为将给三星电子等韩国半导体公司带来负担，损害其在中国的业务。由于无法将供应链和各种贸易和关税问题分开，如果美国强迫韩国选边站，韩国可能会陷入困境。韩国的担忧表明，美国建立科技供应链联盟的计划可能会遇到重大阻力。此类举措非但不会巩固美国半导体的主导地位，反而可能会进一步加剧芯片短缺，最终将反噬美国公司。此外，在保证供应链弹性和安全的过程中，美国推动大量产业回流。例如，美国众议院通过的一项法案要求英特尔和其他半导体生产商在美国而不是亚洲设立芯片代工厂，③ 其他领域如太阳能电池板、电池和其他清洁能源

---

① The Office of the U. S. Trade Representative, "Testimony of Ambassador Katherine Tai Before the Senate Finance Committee Hearing on the President's 2022 Trade Policy Agenda", March 31, 2022, https: //ustr. gov/about-us/policy-offices/press-office/speeches-and-re-marks/2022/march/testimony-ambassador-katherine-tai-senate-finance-committee-hearing-presi-dents-2022-trade-policy，访问时间：2022 年 9 月 6 日。

② "US-Japan Alliance Restricting Vital Tech Exports to China Risks 'Major Impact' on Trade, Supply Chains", https: //www. scmp. com/economy/china-economy/article/3164537/us-japan-alliance-restricting-vital-tech-exports-china-risks，访问时间：2022 年 1 月 25 日。

③ The White House, "FACT SHEET: CHIPS and Science Act Will Lower Costs, Create Jobs, Strengthen Supply Chains, and Counter China", August 9, 2022, https: //www. whitehouse. gov/briefing-room/statements-releases/2022/08/09/fact-sheet-chips-and-science-act-will-lower-costs-create-jobs-strengthen-supply-chains-and-counter-china/，访问时间：2022 年 9 月 6 日。

的制造也呈现类似的情况，这将导致与美国"志同道合"的国家难以从中分享收益。

值得注意的是，美国通过所谓"民主价值观"，与"志同道合"的国家开展了供应链合作，在形式上呈现扩容迹象。拜登政府的《临时国家安全战略指引》提出，美国要与"志同道合的民主国家"共同保卫关键的供应链安全，将供应链与价值观相挂钩。2022 年 5 月，拜登政府联合 13 个国家发起"印太经济框架"，其中包括东盟和南太平洋岛国，以加强印太地区供应链合作从而推动"去中国化"，是将供应链联盟从美日印澳四国扩容到其他地区的重大尝试。拜登政府此举是借助利益捆绑的方式，推动价值观同盟与利益同盟的合流，巩固、强化美国同盟体系的基础。[①] 因此，意识形态有助于美国在短期内扩容各类联盟，但长期来看，如果美国无法提供足够的联盟补偿，那么扩容仍将难以稳定维系。

## （三）公共卫生领域的扩容

美国在公共卫生领域的扩容同样面临困境。在新冠疫情暴发的初始阶段，美国在提供卫生公共产品方面表现消极。此后，美国采取了相对孤立的举措，如缺席世界各国领导人共同参加的疫苗峰会，对疫情反应迟缓，限制其主动设置外交政策议程。拜登政府时期，美国开始推动全球卫生联盟的建设。2021 年 3 月，美日印澳四国举行首脑会晤，在疫苗生产方面建立协作，美国和日本负责提供资金，印度负责批量生产，澳大利亚负责运输。2021 年 9 月，四国领导人再次发表联

---

① 陈积敏、熊洁：《拜登政府"印太经济框架"评析》，《现代国际关系》2022 年第 8 期。

合声明，强调四国通过分工建立疫苗伙伴关系，发起成立四方安全对话疫苗专家组，并宣布 2022 年年底将生产至少 10 亿剂新冠疫苗，向印太地区国家交付。2021 年 9 月，美国还与欧盟建立疫苗伙伴关系，成立制造和供应链联合工作组，扩大在疫苗和药品领域的合作。为了更好地削弱中国在全球卫生领域的影响力，美国力图使更多地区和国家接收自身疫苗，并对中国疫苗进行无端指责，从而实现为全球提供公共产品进而合作抗疫的目标。

从成本分摊的角度看，美国将提供卫生公共产品的成本分摊给盟友和伙伴，减少自身的压力。尽管美国拥有制造疫苗的技术和资金，但缺乏大规模生产的能力。美国众议院官员认为，美国疫苗生产的主要瓶颈不是资金，而是制造能力，国内私营部门已经成倍提高产量，但仍不足以满足全球需求。[①] 因此，拥有大规模生产能力的欧盟和印度是美国建立卫生联盟的首选。然而，作为美国的主要扩容对象，印度和欧盟并不愿意完全按照美国要求行事，分别开展了以自身为主导的疫苗外交，"例如欧盟在疫苗外交中更关注与自身利益息息相关的非洲而不是亚洲，欧盟成员国在地缘战略考量下可能会偏向对欧洲利益友好或重要的国家"，[②] 在实践中与美国存在一定程度的竞争。这一事实表明，美国构建的卫生联盟成员更倾向于按照自身利益行事，而联盟扩容对象国也有自身独立的利益需求。

从联盟补偿的角度看，美国不仅在提供补偿方面缺乏进展，甚至

---

① Jake Auchincloss, "Opinion: The US Needs a Marshall Plan for Global Vaccinations", https://edition.cnn.com/2021/03/29/opinions/marshall-plan-for-global-vaccinations-auchincloss/index.html, 访问时间：2021 年 3 月 30 日。

② EU left behind as US pushes "vaccine diplomacy" in Southeast Asia, Indian Express, July 16, 2021, https://indianexpress.com/article/world/eu-left-behind-us-vaccine-diplomacy-southeast-asia-7407658/, 访问时间：2022 年 9 月 6 日。

还限制卫生公共产品的出口。疫情暴发初期，美国迅速采取措施限制医疗用品和药品的出口。例如，美国对卫生联盟中的关键盟友印度没有提供足够的补偿，导致印度利益受损。作为"世界药房"，印度是美国战略设想中的关键一环，是替代中国卫生公共产品的最主要伙伴。明尼苏达大学传染病研究与政策中心确定了美国经常使用的 156 种急性关键药物，其中大多数在中国或印度生产。美国 80% 的活性药物成分来自中印，同时两国提供的仿制药占美国服用药物的 90%。①印度药品原材料主要来自美国，需要依赖美国持续的出口才能推进制造。自特朗普政府开始，美国通过《国防生产法》限制药品原材料的出口，影响了印度的药品生产进程。拜登政府上台后继续沿袭特朗普政府的做法，限制美国的原材料出口。2021 年 4月，印度遭受第二波疫情冲击，在缺乏原材料的情况下难以应对国内卫生危机，也严重干扰了疫苗生产，因此印度请求美国解除出口禁令。美国最初对此反应消极，美国国务院高级官员表示，拜登政府的首要义务是满足美国人民的需求，对本国负有特殊责任，美国受到的打击比任何其他国家都严重。随后，美国才逐渐放宽条件，向印度出口原材料。尽管有美国补贴，但这些关键投入在美国和全球都处于稀缺供应状态。尽管美国和欧盟自 2021 年3 月上旬以来一直在进行非正式合作以解决疫苗供应链瓶颈，但联合工作组直到当年 9 月才正式成立。

对东盟国家而言，来自美国的疫苗补偿不足以促使其加入针对中国的卫生联盟。东盟国家是最早一批接收中国疫苗的对象国，相比美国具有先发优势，因此中国疫苗在东南亚地区获得了良好声誉。同

---

① Michael T. Osterholm and Mark Olshaker, "Coronavirus: Chronicle of a Pandemic Foretold", *Foreign Affairs*, Vol. 99, No. 4, 2020, p. 13.

时，成本效益一直是东盟购买中国疫苗的原因之一。虽然国家之间的采购细节是保密的，但与美国的疫苗相比，中国疫苗的购买和处理流程更方便且成本较低。因此，尽管美国宣称其疫苗更加有效，但东盟国家仍愿意保持疫苗来源多元化。更有甚者，美国施行"疫苗民族主义"，限制本国疫苗的出口，囤积关键公共产品导致其他国家严重缺乏资源。美国援助时疏远了盟友和伙伴，目的仍是遏制中国而非支持"自由开放的印太"愿景，掩盖了援助的积极姿态，并未得到东盟国家更好的认可和接受。[1]

## ◇◇四 博弈模型中的联盟扩容

联盟扩容过程中，每个成员的成本分摊是理性的，是基于个体需求做出的决策。在联盟群体中，假设有四个国家参与其中，其中 0 号国家为霸权国，1、2、3 号国家为联盟对象国。假设它们的成本结构是对称的，随着联盟对象国增加，霸权国和扩容对象共同承担成本，但收益却有所不同。本书采用独立需求模型及相关赋值予以说明。

霸权国独立承担霸权护持的成本 40；

霸权国和 1 号联盟国家共同承担霸权护持的成本 60；

霸权国和 1—2 号联盟国家共同承担霸权护持的成本 70；

霸权国和 1—3 号联盟国家共同承担霸权护持的成本 80；

联盟收益：$b_0 = 41$；$b_1 = 24$；$b_2 = 22$；$b_3 = 12$。

---

① Lynn Kuok, "Will COVID – 19 Change the Geopolitics of the Indo-Pacific?", https：//www. iiss. org/blogs/analysis/2020/06/geopolitics-covid-19-indo-pacific，访问时间：2020 年 6 月 4 日。

为了简化模型，集中从成员数维度予以论证，本书设定各个联盟国之间的需求是彼此独立的，不存在联盟的外部性，联盟国 $i$ 与联盟国 $j$ 是否加入并利用联盟的决策彼此不相干。此外，与霸权国建立联盟并不意味着与其他国家不能建立相似的联盟。联盟成员国的效用函数是拟线性的，所以，当且仅当联盟成本小于等于联盟收益 $b_i$，联盟对象国才有足够的激励和意愿加入联盟。用博弈论的话语解释，组织间的选择也是最终决定组织是否成立的重要条件；用国际关系的话语说则是，选择的动因和激励是不是足够强，决定了扩容对象国是不是选择做"骑墙派"、会不会最终选择加入某个集团、某个集团建立后是否稳定等结果。

假定各国彼此独立，彼此是否加入联盟的决策是独立做出的，我们尝试计算加入联盟 $S$ 带来的剩余：

$$v(S) = maxT \subseteq S\left\{ \sum_{i \in T} bi - C(T), 0 \right\}$$

在这个赋值条件下，联盟对象国 2 和 3 无论是否加入霸权国主导的联盟，都不能产生剩余，它们从联盟中所获的得益太小。0 号霸权国与联盟对象国 3 合作的结果是产生 1 个单位的剩余，结果与只为霸权国提供收益一样，而联盟对象国 3 的边际贡献实际上也是 0。如果 0 号霸权国和 1 号联盟国家合作，它们产生的剩余最多，为 5 个单位。经扩容后加入的国家剩余很少，乃至为 0。

$$v(2,3) = max\{0, 22 - 40, 12 - 40, 22 + 12 - 60\} = 0$$
$$v(0,3) = max\{0, 41 - 40, 12 - 40, 41 + 12 - 60\} = 1$$
$$v(0,1) = max\{0, 41 - 40, 24 - 40, 41 + 24 - 60\} = 5$$

任何一个联盟内，霸权国 0 都是推论起点，在核的位置，剩余的配置方式是（19，0，0，0）。霸权国获得全部收益，其他联盟国所获剩余为零。霸权国获得全部收益，其他成员国所获剩余为零。但在实践中，这一情况很难出现，联盟成员往往会基于自身利益考量拒绝配合霸权国。为了改变这一局面，霸权国可能会通过胁迫或惩罚的方式改变成员国的取向。

$$\sum_{i=0}^{3} x_i = 19, x_0 \geq 1, x_1, x_2, x_3 \geq 0$$

$$v(0) = 1, v(1) = v(2) = v(3) = 0$$

$$v(0,1) = 5, v(0,2) = 3, v(0,3) = 1$$

$$v(1,2) = 0, v(1,3) = 0, v(2,3) = 0$$

$$v(0,1,2) = 17, v(0,1,3) = 7, v(0,2,3) = 5$$

$$v(1,2,3) = 0, v(0,1,2,3) = v(N) = 0$$

$$\sum_{i=0}^{3} x_i = 19, x_0 \geq 1, x_2, x_3, x_4 \geq 0$$

首先，对于后续加入的国家而言，联盟扩容预期收益有所下降。随着盟友数量的增加，收益也会随之发生变化，外部国家的加入需要依靠既有成员节约成本从而使新成员获得相对收益。[①] 在传统军事联盟中，当前世界各国对安全的需求较少，因此难以为其加入提供动机。与之相对，在功能性诉求多的全球治理问题中，如若没有联盟补偿，后续加入联盟的国家所占收益份额势必将有所减少。

其次，联盟扩容对于发起国而言意味着维系联盟的成本上升。随着时代背景的转变、议题多样化以及多边规则重要性的上升，规模较小的联盟无法让霸权国达到"规锁"崛起国的目标，因此需要纳入更多成员。然而，扩容也导致霸权国预期承担的成本上升，迫使霸权国投入更多资源。

---

① Todd Sandler, "Alliance Formation, Alliance Expansion, and the Core", *The Journal of Conflict Resolution*, Vol. 43, No. 6, 1999, pp. 727 – 747.

最后，新加入的成员国存在提高收益的可能。随着联盟扩容，联盟补偿所需要付出的成本将不断增加。每一轮的联盟扩容都需要霸权国对最后一个加入的国家提供联盟补偿。而加入联盟的新成员会在某种程度上损失得自与崛起国开展功能性合作的收益，因此对联盟补偿的期待会更高。[①] 如若霸权国家无法提供足够的联盟扩容的收益剩余，这些国家往往会选择性背离霸权国，减少对霸权国的配合，因此也出现了联盟异化现象。[②]

在美国经济合作机制扩容过程中，这种不足表现得尤为明显。特朗普政府时期，美国已经开始推动经济合作领域的扩容，不再局限于在 G7 成员内部进行协调。2018 年 7 月，蓬佩奥提出印太经济计划，重点关注印太地区的基础设施、能源和数字经济。随后美国向日澳印等国表达出在经济领域合作的要求，澳大利亚和日本作出回应，表示美日澳已经形成三边伙伴关系，可以加强项目投资从而推动经济增长，三方于 2018 年 11 月正式签署谅解备忘录。2019 年年底，美国提出"蓝点网络"，旨在联合他国共同推进基础设施建设。拜登政府上台后，在经济机制扩容方面延续了特朗普政府的做法。2021 年 6 月，美国提出"重建美好世界"倡议，帮助中低收入国家发展基础设施，旨在替代中国的"一带一路"倡议。拜登政府 2021 年 10 月提出 IPEF，重点关注贸易、数字经济、弹性供应链、基础设施等领域。拜登政府发布的《印太战略》将印太经济框架作为十大行动计划之一，旨在向印太国家提供不同于中国的经济合作机制，改变以中国为中心的经济秩序。这些措施都表明美国正在推动经济合作机制的扩容。

---

① 任琳、郑海琦：《虚弱的联盟扩容与全球治理秩序》，《国际政治科学》2022 年第 1 期。

② 任琳、郑海琦：《联盟异化的起源》，《国际政治科学》2021 年第 2 期。

然而，美国的经济合作机制扩容并未取得明显成效，一些印太地区国家对美国的经济框架仍然表示担忧。一些地区合作伙伴认为美国"印太经济框架"主要是旨在对抗中国的政治举措，而不是深思熟虑后的经济政策，这一政策的反华倾向将对某些南亚和东南亚国家产生负面影响。一些国家认为此举会迫使地区合作伙伴在中美之间做出选择，担心中国被排除在 IPEF 之外。在不涉及重大安全利益的情况下，对华合作能否带来重要的经济和政治利益是美国盟友做出选择的主要考虑因素。① 越是后续加入的成员，对美国经济合作机制的信心和追随美国的坚定程度越低，更愿意关注与中国的功能性合作收益。2021年 9 月，中国明确表达出加入 CPTPP 的意愿，展现出与美国不同的包容性。目前由 11 个成员组成的 CPTPP 将使全球收入每年增加约 1470亿美元。如果中国加入，CPTPP 带来的收入增长将翻两番，达到 6320亿美元，每年将产生约 12250 亿美元的全球收入增长，是目前 CPTPP的七倍，东盟国家将从中受益更多。调查发现，大多数东南亚人对中国加入 CPTPP 持积极态度，约 53.2% 的东盟受访者认为中国加入CPTPP 将为其他 CPTPP 伙伴带来经济利益。② 对区域内相关国家而言，保持对华合作而非追随霸权国的排他性安排，是符合其经济理性的。美国并没有能力和意愿为其追随行为提供联盟补偿，且这也不在美国考虑范围之内，毕竟打压崛起国护持霸权才是它诉诸扩容的首要和唯一目标。

---

① 吴心伯：《美国压力与盟国的对华经贸政策》，《世界经济与政治》2022 年第1 期。

② "Chinese Membership in the CPTPP: Greater Benefits Than Downside Risks", https://fulcrum.sg/chinese-membership-in-the-cptpp-greater-benefits-than-downside-risks/，访问时间：2022 年 2 月 25 日。

　　基于此，美国开始采取强制的态度迫使盟友和伙伴加入经济合作机制。在 2018 年的亚太经合组织峰会上，时任副总统彭斯（Mike Pence）表示中国投资将带来"债务陷阱"，并明确表示美国提供了更好的选择。时任副助理国务卿迪恩·汤普森（Dean Thompson）表示，美国鼓励地区国家审查"歧视性和不透明"的投资，敦促其作出艰难但必要的决定，考虑美国提供的透明和可持续的经济发展选择。拜登政府同样提出美国将支持中国的邻国和商业伙伴捍卫权利，做出不受外国胁迫的独立选择，防止他国对地区事项的操纵。[①] 美国的这些表态反映出其强制态度，力图将中美经济合作机制人为割裂，赋予自身扩容更多"合法性"，选择中国经济合作机制的国家则会面临美国压力。同时，拜登政府在《印太战略报告》中提出，美国寻求提高印太地区的财政透明度，以揭露腐败、推动改革。通过外交接触、对外援助以及与区域组织加强合作，美国努力强化各国民主体制，提升治理水平。未来，美国可能进一步将经济合作与政治体制、意识形态甚至安全承诺挂钩，迫使地区国家选择美国的经济合作机制。

## ◇◇五　结论

　　面对国际局势的变化，美国近年来诉诸联盟扩容策略，纳入更多所谓"志同道合"国家共同参与某些议题领域内的全球治理，预期借此维持自身领导地位。联盟扩容的成功需要满足联盟成员收益改善、联盟成本分摊和霸权国持续提供联盟补偿三个条件，但在当下的现实

---

[①]　The White House, *Interim National Security Strategic Guidance*, March 2021, p. 20.

情况下很难满足，以美国为代表的霸权国无法确保联盟新成员的收益超出成本。根据理论模型，新成员预期收益将有所下降，同时霸权国还将面临联盟成本上升和新成员要求更多联盟补偿的难题，最终的计算表明：随着联盟成员数量增加，加入联盟的收益可能会低于成本，导致新成员缺乏动力追随美国。因此，在正和博弈思维下思考扩容的成效，我们认为美国的联盟扩容实践难以取得成功。在供应链联盟和公共卫生联盟的扩容过程中，美国始终将自身的利益得失作为最主要考虑，很大程度上忽视了其盟友和伙伴的功能性诉求，无法达成相应的成本分摊安排。并且美国因自身能力下降无法持续提供联盟补偿，弥补其减少与中国合作而损失的功能性收益。

美国主导的联盟扩容将对全球治理秩序产生一定的消极影响。美国倾向于降低承诺和减少公共产品供应，对霸权护持的关注超出全球治理，这不利于全球性问题的解决。美国在联盟扩容过程中强调排他性和对抗性，拉拢更多国家针对中国建立制衡性联盟。此举难以与其他国家实现治理成本分摊和获取公共产品，不利于减少当前全球治理赤字和缓解碎片化现象。基于权力逻辑的联盟扩容甚至会加剧全球治理体系的分化和对立。

面对美国的扩容举措，中国需采取相关措施予以应对。第一，用好联盟扩容的虚弱面，强化功能性合作，防范平行世界体系的形成。通过保持开放，增强与他国的功能性合作，包括经济联通、技术联通、公共卫生援助等，强化与他国的制度性联系。第二，在更多全球性问题上发挥作用，积极向小国提供公共产品，建立良好的国际形象，化解美国的胁迫行为。第三，求同存异，塑造包容性秩序，即便是美国的盟友和伙伴，中国也可以团结它们共同应对挑战，推动全球治理发展。应当看到，美国推动的联盟扩容在战略上取得了一定成果，但存在制度层面的限制。因此，中国在参与全球治理的过程中可以考虑制度突围，在认识到美国及其盟伴安全联系存在的前提下，寻求与美国盟伴的利益共同点，加强与美国盟伴的功能性合作，提升其选择性背离美国的动机，以此实现对全球治理的中性塑造，弱化美国主导秩序带来的不利影响。

第 五 章

# 霸权的断网行为与相互依赖武器化

经济全球化催生了各类行为体复合相互依赖的全球网络结构。霸权国通过掌控网络维系和行使权力,其肆意断网或将其他国家踢出全球网络结构,一度致使基于相互依赖关系而形成的全球网络被"武器化"地使用。例如,美国政府近年来以国家安全受到威胁为由,频频干预本国的对外经济活动,包括推动高科技产业脱钩、实施金融制裁、推进数字空间碎片化等。本章认为,这实际上是霸权国在全球网络结构中对某些核心要素流动进行切断、阻滞,避免其他国家挑战其优势地位,减少其他国家得自网络的增长受益,以求实现霸权护持的目标。霸权的断网逻辑就是掌控网络中的轴点及其连线,并借此优势切断其他节点同本国节点之间的连线,干扰网络要素的流动,以打击对手国家治下的节点。霸权的断网行为能部分地、短期地掐断要素流动,维护其治下节点的垄断地位,但从整体和长期来看则会侵蚀其权力资源。

## ◇一 问题提出:全球网络结构中的霸权国

随着复合相互依赖深入发展,国际社会中正呈现愈发鲜明的网络形态：在安全领域中，由成员彼此交叠的一系列安全条约组成安全网络；在生产领域中，由跨国产业链、供应链、价值链交织而成生产网络；在金融领域中，由各国政府间的金融合作安排以及商业部门开展的金融交易组成金融网络；在知识领域中，由科研交流与合作关系组成国际知识网络。因此，可以尝试从相互依赖网络结构的视角出发，对霸权国在全球网络结构中施展权力的行为进行分析。将网络分析（network analysis）用于国际问题研究中常用常新。[①] 在新近的相关研究中，亨利·法瑞尔（Henry Farrell）和亚拉伯罕·纽曼（Abraham L. Newman）创新地借助网络分析解释霸权国的国际行为，指出美国的对外政策中存在将相互依赖关系武器化（weaponized interdependence）的现象。[②] 借鉴他们的分析思路，可以梳理出霸权国在全球网络结构中的行为逻辑，并进一步推断影响机制与结果。

## （一）全球网络结构中的权力层次

首先是全球网络结构中的资源性权力。网络由"节点（nodes）"和"连线（edges）"组成。节点代表各类行为体，它们由彼此之间的

① Emilie M. Hafner-Burton, Miles Kahler and Alexander H. Montgomery, "Network Analysis for International Relations", *International Organization*, Vol. 63, No. 3, 2009, pp. 559 – 592；陈冲、刘丰：《国际关系的社会网络分析》，《国际政治科学》2009 年第 4 期；Zeev Maoz, *Networks of Nations：The Evolution, Structure, and Impact of International Networks*, New York：Cambridge University Press, 2010；庞珣：《全球价值链网络与等级化权力结构——基于国家间投入产出表和 KWW 方法》，《世界政治研究》2021 年第 1 辑。

② Henry Farrell and Abraham L. Newman, "Weaponized Interdependence：How Global Economic Networks Shape State Coercion", *International Security*, Vol. 44, No. 1, 2019, pp. 42 – 79.

连线连接起来。连线则代表节点之间的联系，可以在节点之间传递信息、资源和影响力等要素。全球网络结构中的资源性权力主要指节点、连线、要素这些网络资源。网络结构形态往往是不对称的。所谓不对称指的是网络中有小部分节点外接有更多的连线，且连线上承载有更多的要素，换言之，所代表的行为体更紧密地联系着网络中的其他行为体。这些关键节点又被称作"轴点/中心节点（hub nodes）"。①不对称的网络形态还会不断巩固。新加入网络的节点具有"偏好依附（preferential attachment）"，更有可能和已经连接更多连线的轴点产生联系，使得轴点相比其他一般节点往往能同更多新节点搭建连线，从而使网络的不对称性持续加强。在全球网络结构中，节点可以是某个国际机构，可以是某个跨国公司，也可以是某个产业部门，轴点则是其中规模更大、影响力更强的单位。一国如果能对网络中的众多轴点施加政治权力，换言之，能有效地控制众多轴点，它就拥有大量权力资源。因此，在呈现为网络形态的权力结构中，一国的权力资源取决于两方面：一方面是所掌控的节点是否多以及节点外接的连线是否数量多、强度大（节点是否足够关键而作为轴点），另一方面是能否对节点及其连线进行有效的掌控。

然后是全球网络结构中的联系性权力。轴点是网络中大部分要素流动的必经之地，因而有能力"从其他行为体获取关键信息与稀缺资源"②。一国如果能对网络中的某处轴点施加政治权力，它就潜在地能向网络中接入该轴点的其他节点摊派成本。由于其他节点在网络中

---

① Albert-László Barabási and Réka Albert, "Emergence of Scaling in Random Networks", *Science*, Vol. 286, No. 5439, 1999, pp. 509 – 512.

② David Knoke, *Political Networks*：*The Structural Perspective*, *Structural Analysis in the Social Sciences*, Cambridge：Cambridge University Press, 1990, p. 9.

周转要素均需经过该轴点，掌控该轴点的国家就能通过阻止接入该轴点而使其他节点蒙受损失。① 部分国家就是这样利用全球网络结构的不对称、通过掌控网络轴点来对他国治下的节点施以强制，从而行使自身相较他国不均衡的联系性权力。霸权发挥联系性权力的行为可被描述为"断网"，即凭借掌控轴点来阻断对手国家的网络要素流动。

最后是全球网络结构中的结构性权力。一国有效掌控的轴点越多，越能凭借轴点对网络中其他节点进行断网，其结构性权力就越大。轴点的"中心度（centrality）"能够用来初步衡量一国的结构性权力。具体来说，有以下几种中心度可以衡量轴点在网络中重要程度究竟几何，即轴点外接的连线强度多大、承载了多少要素：对于某一节点而言，"紧密中心度（closeness centrality）"高则它与网络中其余节点距离近，"中介中心度（betweenness centrality）"高则它所串联的点际最短路径的数量多（对于维持整个网络联通性的作用大），"点度中心度（degree centrality）"高则它所连接节点的数量多且所拥有连线的强度大，"特征向量中心度（eigenvector centrality）"高则它不仅连接节点的数量多、拥有连线的强度大，而且所连接的节点也多具有高中心度。②

全球网络结构是动态的，所以其中的权力分布也是动态的。虽然全球网络结构具有相对稳定性，一经形成在中短期内难以改变，但当某种技术飞跃在全球网络中催生新的要素和连线，网络结构和权力格局就会随之改变。而且，在大国竞争的背景下，考察霸权国的权力还

---

① Henry Farrell and Abraham L. Newman, "Weaponized Interdependence: How Global Economic Networks Shape State Coercion", *International Security*, Vol. 44, No. 1, 2019, pp. 54 – 58.

② John P. Scott, *Social Network Analysis: A Handbook*, London: Sage, 2000, Chap. 5.

需考察其他国家的权力以及两者之间的互动。霸权国在全球网络结构中行使权力的同时也可能对自身产生负面影响，援引国内法将相互依赖武器化的可能后果是逐步丧失对轴点的管辖。①

（二）霸权的断网逻辑

在初步描述全球网络结构中的权力层次后，还有必要对霸权的断网行为作进一步分析。将网络化的相互依赖关系武器化的断网行为在本质上是国家逻辑压倒市场逻辑：为了护持霸权而强制介入国际市场，干扰全球网络结构中的要素流动。

第一，霸权诉诸断网的原因是权力优势相对下降，或曰霸权相对衰落。一方面表现是，霸权治下轴点的重要程度下降。在新兴国家群体性崛起、全球性问题涌现、技术进步等多重因素的影响下，传统轴点的中心度降低，新兴节点的地位提升、大有成长为新的轴点之势。霸权主导下网络的稳定性动摇，对治下轴点地位不继的威胁感上升。另一方面表现是，霸权对既有轴点的掌控下降。由于霸权面临国内群体分歧加大、政治极化加剧、贫富分化加深等困境，国内对应管理网络轴点的职能部门受到掣肘，支持政府将相互依赖武器化、在全球网络结构中发挥权力的社会基础分化。因此，霸权对网络资源及其分配的掌控总体下降。这会驱使霸权主动出击，在权力优势尚存时遏制对手国家治下节点的上升势头。

第二，霸权断网时主要切断的是知识要素的流动。知识结构在各类权力结构中居于核心地位。斯特兰奇虽然明确指出在安全、生产、

---

① 任琳、孙振民：《经济安全化与霸权的网络性权力》，《世界经济与政治》2021年第 6 期。

金融、知识等结构中没有占据绝对支配地位的结构，但她间接承认了知识是塑造现实世界的关键。知识结构包含两种成分：主观观念和客观信息。主观观念就是意识形态，作为对现实的一种社会建构而充当行为合法化的来源，[①] 能促进某些行为而约束另一些行为，因而指导着其他权力结构中的活动。客观信息则是对世界客观规律的反映，具体包括科学原理、生产技术、事实信息等，本质上是经过汇总和处理的数据，能直接影响国际行为体在其他权力结构中的议价能力。[②] 这两种知识成分从两方面佐证了知识结构在全球网络结构中的核心地位。其中，后一种知识成分——客观信息——就是流动于全球网络结构中的知识要素。知识结构"衍生的力量常常是扩散的"，但又"常常存在于不让其他人获得知识、并非努力传播知识的消极能力之中"。[③] 因此，知识要素的流动是受限的。霸权国干扰知识要素流动的基本驱动正是限制知识扩散。

第三，霸权的断网行为展示出各网络结构间的联动。一方面，霸权推动断网时往往综合多个结构。由于各结构之间本就联系紧密，比如，金融交易产生金融信息，消费数据支撑技术升级，等等，所以当霸权在某一议题领域推动断网，技术、资金、产品等都会被卷入，牵涉生产、金融、知识、运输、贸易等多种结构。而且，霸权推动断网

---

① Blayne Haggart, "Taking Knowledge Seriously: Towards an International Political Economy Theory of Knowledge Governance", in Blayne Haggart, Kathryn Henne and Natasha Tusikov, eds., *Information, Technology and Control in a Changing World: Understanding Power Structure in the 21st Century*, Cham: Palgrave Macmillan, 2019, pp. 25 – 51.

② Susan Strange, "An Eclectic Approach", in Craig N. Murphy and Roger Tooze, eds., *The New International Political Economy*, Boulder: Lynne Rienner, 1991, p. 7.

③ 苏珊·斯特兰奇：《国际政治经济学导论——国家与市场》，杨宇光等译，经济科学出版社 1990 年版，第 137 页。

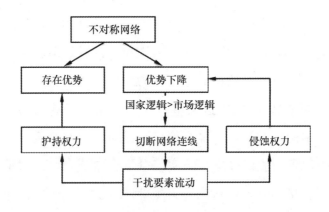

**图 5-1　霸权的断网逻辑**

资料来源：笔者自制。

时总以国家安全、联盟安全为借口，或以所谓的"民主自由"价值理念为动员，将经济合作政治化或将经济安全泛化，[①] 从而进一步捆绑安全结构。另一方面，霸权推行断网后往往干扰多个结构。对一种要素流动的切断往往波及其他结构中要素的正常流动。这主要是因为节点之间的连线承载多种要素且并非单向流动。比如，在一条连接发达国家企业和欠发达国家企业的连线上，如果从发达一侧流向欠发达一侧的网络要素是先进的设备，那么从欠发达一侧流向发达一侧的网络要素就是购买设备的资金。因此，霸权在对他国节点断网的同时自身也会遭受损失，最终既有可能护持霸权，也有可能侵蚀霸权。

---

　　① 杨云霞：《当代霸权国家经济安全泛化及中国的应对》，《马克思主义研究》2021 年第 3 期；岳圣淞：《政治修辞、安全化与美国对华政策的调整》，《世界经济与政治》2021 年第 7 期；管传靖：《安全化操作与美国全球供应链政策的战略性调适》，《世界经济与政治》2022 年第 1 期。

## ◇◇二　案例分析：高科技、国际金融和数字空间

本节对美国政府近年来在高科技产业链、国际金融和国际数字空间三个领域的政策动向进行案例分析。这三个领域各自结合了多重全球网络结构，且都具有网络形态，只是其中节点、轴点、连线和要素各不相同。美国在各领域网络中的权力优势均较为明显，且在打击我国的节点时都是在技术、金融、市场等各方面切断连线，迫使我国节点被动脱钩。

美国政府对我国断网的行为逻辑与预期机制基本一致：权力优势相对下降，受压倒性的国家逻辑驱使，为打压新兴节点而阻碍要素流动。美国政府在切断网络连线之前，一般会先切断连线存续的法理依据，即援引国内法律法规或原则规范将某条网络连线的存续批评为不合法理，从而为其单边行动强赋依据。断网程度在不同议题存在差别：轻则减少连线中流动的要素，重则基本隔断某对节点之间的连线。美国政府此举同时产生霸权护持效应和霸权消耗效应：在短期内给我国相关节点搭建网络连线、获取网络要素制造困难，从而维护美国辖下各领域网络轴点的资源优势。但另一方面，美国政府推动与我国脱钩往往也切断了网络中承载要素最多的连线，严重冲击其企业和市场从网络中获取各类要素的能力。而且，此举也会刺激并非直接当事的其他节点主动降低对美国治下轴点的依附性，使后者的中心度逐步减弱。总之，霸权护持效应是短期的、局部的，霸权消耗效应则是中长期的、整体的。由于存在一定的霸权护持效应，美国未必因霸权消耗效应的存在而放弃诉诸断网，但是，霸权消耗效应对其在网络中

权力资源的破坏是全方位的。最终，美国政府的对外政策将愈发难以在国内外获得足够的认可和支持①（见表 5-1）。

表 5-1　　　　　　　　　　　案例分析概况

| | 经济安全化的议题领域 | | |
|---|---|---|---|
| | 高科技产业链 | 国际金融 | 国际数字空间 |
| 网络节点 | 跨国公司 | 各国金融市场与交易实体；国际金融机构 | 各国网络产业与市场；网络基础设施 |
| 网络轴点 | 上游大型公司 | 美国资本市场；美元国际收付清算体系 | 集中分布的网络基础设施 |
| 网络连线 | 生产联系 | 金融交易 | 数字业务 |
| 网络要素 | 生产技术；用户数据；贸易收益 | 国际资金流动；跨境支付信息 | 通信技术；网络数据 |
| 权力行使 | 关键技术"卡脖子" | 金融制裁与脱钩 | "清洁网络"计划 |
| 用权影响 | 短期护持霸权；中长期侵蚀霸权 | 难以护持霸权；潜在侵蚀霸权 | 局部护持霸权；整体侵蚀霸权 |

资料来源：任琳、孙振民：《经济安全化与霸权的网络性权力》，《世界经济与政治》2021 年第 6 期。

## （一）高科技产业链

### 1. 网络形态

高科技产业链普遍呈现网络形态。跨国公司是高科技产业链网络中的节点；公司之间体现为贸易与投资的生产联系是高科技产业链网络中的连线；连线承载的网络要素相对复杂——在上下游公司之间，

① 任琳、孙振民：《经济安全化与霸权的网络性权力》，《世界经济与政治》2021 年第 6 期。

技术与产品从上游大型公司输入下游公司，贸易收益和用户数据则从下游公司流向上游公司；上游大型公司掌握核心技术、制定行业标准，对于维系跨国产业链中的生产联系发挥关键作用，且在整个产业链创造的价值中占据主要份额，因而充当轴点角色；处于下游的企业中，有部分可能在同上游企业的长期合作过程中积累资源，提升自主研发能力，不断向更高的价值链位势攀升，成为潜在的轴点。①

美国在高科技产业链网络中具有权力优势，但面临来自中国崛起的竞争压力。以半导体产业为例，美国半导体产业 2020 年占据全球市场份额的 47%，研发投入占销售比例达到 18.6%，均位列全球第一。② 这凸显了美国企业在产业链中的轴点地位。而且，半导体产业链高度专业化，由于只有美国等少数发达国家的龙头企业掌握先进芯片生产技术，隔断供应就成为遏制大多数外国企业发展的瓶颈。③ 美国政府通过控制本国轴点企业，可以阻断他国相关企业获得来自上游的关键要素。④ 对于以美国半导体产业为代表的高科技产业而言，中国既是头号顾客又是成长中的竞争者。有分析人士预测，未来 7 年中国电子化设计自动化（EDA）工具市场的年复合增长率将达到 12%，

①　任琳、孙振民：《经济安全化与霸权的网络性权力》，《世界经济与政治》2021 年第 6 期。

②　SIA，2021 *State of the U. S. Semiconductor Industry*，September 2021，pp. 14 - 18.

③　"The Global Semiconductor Value Chain: A Technology Primer for Policy Makers"，https：//www. stiftung-nv. de/de/publikation/global-semiconductor-value-chain-technology-primer-policy-makers，访问时间：2021 年 1 月 20 日。

④　在供应链分析中，占据技术优势的上游企业进行技术封锁被称作技术型权力或来自供应端的卖方权力。与之相对，还有消费型权力即处于下游、来自需求端的买方权力。参见李巍、李玙译《解析美国对华为的"战争"——跨国供应链的政治经济学》，《当代亚太》2021 年第 1 期。

是世界其他地区的两倍。① 不过，麦肯锡全球研究院发现，中国企业仍然对外国进口的关键上游产品存在较高依赖。② 具体到半导体产业，中国企业对上游技术与产品更是需求量大、依赖高。据联合国商品贸易统计数据，2018 年中国对集成电路的进口额远超原油进口。但与此同时，中国也在制造业发展规划中显示出提升本国高科技产业发展水平的决心。近年来，华为海思、中芯国际等中国企业也向先进制程芯片工艺发起冲击。于是，在大国博弈的背景下，美国政府为防止对华技术扩散，不惜限制来自中国市场的财富流量，不断强化对华关键技术"卡脖子"。

### 2. 权力行使

特朗普政府时期美国就已经以国家安全为由层层加码技术出口管制，意图限制高科技产业链网络中的要素流动。首先是增加技术出口管制的具体内容。BIS 自 2018 年以来多次更新《贸易管制清单》（CCL），涵盖多项先进战略技术。其次是扩展技术出口管制的对象范围。BIS 自 2019 年以来持续扩大针对中国的实体清单（Entity List）规模。列入清单的中国企业在从美国供应商进口产品时受到 BIS 管制，它们的经营领域与美技术出口管制清单高度重合。再次是提升技术出口管制的严密程度。BIS 于 2020 年 5 月和 8 月接连修改外国直接产品（FDP）规则，将使用 CCL 内美国软件、技术与设备在国外生产

---

① David P. Goldman, "The Tech War That Isn't: US Tech Curbs on China Bend to Market Reality", https://asiatimes.com/2020/12/the-tech-war-that-isnt/, 访问时间：2020 年 12 月 25 日。

② Jonathan Woetzel, et al. , "China and the World: Inside the Dynamics of A Changing Relationship", McKinsey Global Institute, July 2019, p. 65.

的直接产品纳入出口管制，并将管制范围覆盖到各种交易形式。最后是强化技术出口管制的安全色彩。BIS 于 2020 年 12 月首次发布军事最终用户（MEU）清单，声称要"动员美国本土企业和全球跨国公司的力量，阻止中俄将美国技术用于开展破坏性军事项目"。首批清单中，超过半数实体为中国企业。[①]

拜登政府继续保持对华高科技脱钩的高压态势，并调整具体策略来提升管制效果。[②] 其一，加严打压中国节点。拜登政府上台后对半导体、医药、电动汽车、稀土等产业的供应链展开"百日审查"，[③]并改变特朗普政府时期相对粗放、全面发难的出口管制政策风格，转

---

① 参见 "Review of Controls for Certain Emerging Technologies", https：//www. federal-register. gov/documents/2018/11/19/2018 – 25221/review-of-controls-for-certain-emerging-technologies，访问时间：2021 年 1 月 5 日；"Identification and Review of Controls for Certain Foundational Technologies"，https：//www. federalregister. gov/documents/2020/08/27/2020 – 18910/identification-and-review-of-controls-for-certain-foundational-technologies，访问时间：2021 年 1 月 5 日；"Commerce Addresses Huawei's Efforts to Undermine Entity List，Restricts Products Designed and Produced with US Technologies"，https：//www. commerce. gov/news/press-releases/2020/05/commerce-addresses-huaweis-efforts-undermine-entity-list-restricts，访问时间：2021 年 1 月 5 日；"Commerce Department Further Restricts Huawei Access to US Technology and Adds Another 38 Affiliates to the Entity List"，https：//www. commerce. gov/news/press-releases/2020/08/commerce-department-further-restricts-huawei-access-us-technology-and，访问时间：2021 年 1 月 5 日；"Commerce Department Will Publish the First Military End User List Naming More Than 100 Chinese and Russian Companies"，https：//www. commerce. gov/news/press-releases/2020/12/commerce-department-will-publish-first-military-end-user-list-naming，访问时间：2021 年 1 月 5 日。

② "Biden's China Tech Plan：Stronger Defense，Quieter Offense"，https：//www. wsj. com/articles/bidens-china-tech-plan-stronger-defense-quieter-offense-11605102093，访问时间：2021 年 1 月 6 日。

③ "Executive Order on America's Supply Chains"，https：//www. whitehouse. gov/briefing-room/presidential-actions/2021/02/24/executive-order-on-americas-supply-chains/，访问时间：2021 年 2 月 24 日。

用"小院高墙（small yard，high fence）"的防技术扩散策略，即针对核心技术和特定领域集中实施更大力度封锁。这一策略的提出者萨姆·萨克斯（Samm Sacks）曾向美众议院解释，要通过量身定制的出口管制避免附带的经济成本、不必要的监管负担和资源错配，还要定期会商专家、行业等利益攸关方评估技术发展的国别动态，避免将美国产业从全球市场孤立出来。[①] 未来数年内，美国对华推行技术断网的领域范围将愈发缩窄、愈发可控，但"小院"内的竞争却将愈发激烈。

其二，加强巩固本国轴点。美参议院于 2021 年 6 月通过《创新和竞争法案》，加大对美企科技创新支持力度。该法案将芯片和 5G 紧急拨款方案、《无尽前沿法案》、《2021 年战略竞争法案》、《确保美国未来法案》以及《2021 年应对中国挑战法案》捆绑起来。据该法案，2022—2026 财年美国政府将拨款 2000 亿美元用于提升美国竞争力，涉及科教、能源、国防、外交等部门，涵盖半导体、无人机、5G 网络、人工智能等战略领域。[②] 美财政部还于 2021 年 4 月公布《美国制造税收计划》，目标在于消除对美国公司海外投资的税费激励，促使制造业回流，从而将制造环节再次植入美国的科技创新体系中。[③]

---

① "小院高墙"并非提供一个具体的技术管制清单，而是提供一个框架、一套原则，以帮助动态地确定需严加管制的新兴技术。一般来说，当一项技术（1）对军事技术发展至关重要，（2）只有美国及其盟国的少数专家充分了解，（3）在美国得到开发并取得领先世界的快速发展，则应受到更大的控制。参见 Samm Sacks，"Samm Sacks Testifies Before House Foreign Affairs Committee on 'Smart Competition' With China"，https：//www. newamerica. org/cybersecurity-initiative/digichina/blog/samm-sacks-testifies-house-foreign-affairs-committee-smart-competition-china/，访问时间：2022 年 3 月 23 日。

② "S. 1260 – United States Innovation and Competition Act of 2021"，https：//www. congress. gov/bill/117th-congress/senate-bill/1260，访问时间：2022 年 6 月 8 日。

③ 刘露馨：《美国科技战略的变革及前景》，《现代国际关系》2021 年第 10 期。

其三，加紧控制盟友节点。2021 年 3 月，美民主、共和两党联合提出《民主技术合作法案》，号召所谓"全球民主国家"在技术产品出口管制方面协同制华。[①] 同月，拜登政府主导召开美日印澳"四边机制"首次首脑级会议，同意成立关键与新兴科技工作组，尝试构建以美国为核心的、以技术标准协调和高科技供应链合作为主要内容的国际供应链联盟。[②] 4 月，白宫召集芯片峰会，邀请荷兰、韩国、中国台湾等国家和地区的行业代表出席。[③] 9 月，"四边机制"在华盛顿举行首次线下峰会，四国重申加强在科技创新、疫苗研发等方面的合作，还将"四边机制"峰会确立为常态化安排。[④] 在 G20 罗马峰会期间，邀请除中国外的十余个 G20 成员参加全球供应链弹性峰会。[⑤]

### 3. 用权影响

美国政府纠集多国企业实行出口管制在很大程度上阻断了中国企

---

① "S. 604-Democracy Technology Partnership Act", https://www.congress.gov/bill/117th-congress/senate-bill/604?q=%7B%22search%22:%5B%22Democracy+Technology+Partnership+Act%22%25%5D%7D&s=7&r=1，访问时间：2022 年 3 月 4 日。

② "Quad Leaders' Joint Statement: 'The Spirit of the Quad'", https://www.whitehouse.gov/briefing-room/statements-releases/2021/03/12/quad-leaders-joint-statement-the-spirit-of-the-quad/，访问时间：2021 年 3 月 12 日。

③ "Readout of White House CEO Summit on Semiconductor and Supply Chain Resilience", https://www.whitehouse.gov/briefing-room/statements-releases/2021/04/12/readout-of-white-house-ceo-summit-on-semiconductor-and-supply-chain-resilience/，访问时间：2022 年 4 月 12 日。

④ "Joint Statement from Quad Leaders", https://www.whitehouse.gov/briefing-room/statements-releases/2021/09/24/joint-statement-from-quad-leaders/，访问时间：2021 年 9 月 24 日。

⑤ Jeff Mason & Jan Strupczewski, "World Leaders Seek Ways to Strengthen Global Supply Chains", https://www.reuters.com/business/biden-calls-world-leaders-help-address-global-supply-chain-woes-2021-10-31/，访问时间：2021 年 10 月 31 日。

业获取关键技术的途径，阻碍我国高科技产业运转和升级，短期来看维护了美国高科技产业的技术优势。一方面，我国产业运转受阻。美国政府在高科技供应链中制造知识产权壁垒的做法使我国高端设备面临更严峻的"卡脖子"问题。部分高科技产品由于难以找到替代品而将面临断供风险，我国相关产业链运转受限。如果短期内无法"补链"，"断链"节点的上游企业可能失去订单，下游企业将被迫调整甚至放弃部分产品线。另一方面，我国产业升级受阻。鉴于美国政府将进一步加强与盟国合作来对我国产业链进行针对性打压，在关键领域与我国"精准脱钩"，我国技术引进难度将进一步增加。比如，对华为、中芯国际等中国半导体龙头企业的断网将在未来一段时间堵住中国芯片产业向先进制程进发。

然而，从中长期来看武器化用权对霸权国而言的负面影响更甚。一是减少流入美国高科技产业的其他网络要素，不利于美国权力资源的再生产。销售利润与用户数据对于技术变现周期漫长的高科技产业而言至关重要。只有依靠在全球市场尤其是中国市场大量出货，相关企业才能维持高研发投入。对华断网给这两项生产要素带来冲击，损害美国高科技产业的正循环模式。波士顿咨询公司曾分析称，美国商务部加严制裁后，25 家美国半导体龙头企业的收入平均降低 4%—9%。如果美国政府延续现行管制，美国半导体产业未来 3—5 年内将因此损失 8% 的收入和 16% 的全球市场份额，这会使该产业的研发投入削减 13%—60% 的规模。[1]

二是推动各国产业的去美化进程，实质上降低美国政府对高科技

---

[1] "How Restrictions to Trade with China Could End US Leadership in Semiconductors", https：//www. bcg. com/publications/2020/restricting-trade-with-china-could-end-united-states-semiconductor-leadership，访问时间：2021 年 1 月 8 日。

产业链网络的掌控。作为高科技产业链断网的直接受害者，中国将加大力度支持国内战略性产业的自主发展。2020 年 11 月 3 日，中国共产党的十九届五中全会通过《中共中央关于制定国民经济和社会发展第十四个五年规划和二〇三五年远景目标的建议》，提出要"强化国家战略科技力量……健全社会主义市场经济条件下新型举国体制，打好关键核心技术攻坚战……坚持自主可控、安全高效，分行业做好供应链战略设计和精准施策，推动全产业链优化升级"。① 同时，美国政府拉着各国对华断网也引发后者的担忧。相比特朗普政府时期，拜登政府更注重拉拢盟友限制中国。但美国对华科技"脱钩"也会给欧洲企业带来麻烦。对于那些原本依赖全球规模经济来控制成本的欧洲企业而言，产业链的分裂将使其面临经营困难。未来，美国政府可能继续修改国内规则，包括但不限于进一步调低"最低美国成分规则"② 的门槛，进一步扩大受管制美国原产成分的范围等，在更大程度上冲击欧洲企业对华贸易或在华经营。在此背景下，德法等欧盟 13 国于 2020 年 12 月宣布成立半导体投资联盟，在 3 年内拨款 1450 亿欧元支持各成员国企业推进芯片自主化。③

　　从实际来看，美国政府操控盟国节点企业的程度有限。中国在科技领域并未同发达世界脱钩。一方面，中国同发达国家科技合作发展稳定。近年中欧科技合作的监测显示，双方科技合作发展稳定，在多

---

　　① 《中共中央关于制定国民经济和社会发展第十四个五年规划和二〇三五年远景目标的建议》，《人民日报》2020 年 11 月 4 日第 1 版。

　　② "最低美国成分规则"用来具体判断外国制造的直接产品是否受 EAR 管制。如果受管制的美国原产成分在产品总价值中的比例超过 25%，则该产品受到管制。

　　③ "Germany, France, 11 Other EU Countries Team Up for Semiconductor Push", https://www.reuters.com/article/eu-tech-semiconductor-idUKKBN28H1HV，访问时间：2021 年 1 月 9 日。

领域签署合作协议、设立合作项目，科研人员交流往来密切，建设基地平台种类丰富。① 特别是中法两国近年来不断深化产业技术与供应链合作。2021 年 12 月，第八次中法高级别经济财金对话召开，达成拓展现代农业技术合作、深化民用核能项目合作、推进航空航天领域合作等 54 项具体成果。② 另一方面，中国同发达国家科技合作前景广阔。发达国家在电信、云计算、新能源等领域的市场回馈能力较弱，我国在科技和产业间联动方面则具有后发优势和足够大的市场。两者在上述领域可持续推进科研联动、技术交流和产业合作"三位一体"可持续发展。

三是破坏美国霸权在国内外的法理基础。在内部，相关法规的出台与调整难以获得国内企业的足够支持。由于网络联系的断裂在一定程度上伤害了部分公司的利益，这些利益集团将对美国政府在网络中施展霸权形成掣肘。美国半导体产业协会就曾对出口管制政策表达不满，呼吁充分照顾美国产业的发展需求，避免额外刺激美国之外其他国家的高科技产业发展。③ 在外部，以保护本国安全为借口、援引国内法破坏全球供应链安全的行为在国际社会中难获认可。技术"卡脖子"对于全球供应链而言实际是一种综合性的风险，它是由处在供应链之外的主权国家介入干扰供应链正常的供求协调。美国政府对部分企业进行打击所产生的负面影响可能不断外溢，逐渐波及上下游多层

---

① 南方、韩炳阳、沈云怡、任孝平、杨云：《中国—欧盟 2019 年科技创新合作年度监测结果分析》，《全球科技经济瞭望》2021 年第 11 期。

② 《第八次中法高级别经济财金对话取得多方面积极成效》，http：//bj. mof. gov. cn/ztdd/czysjg/jyjl/202112/t20211230_3779675. htm，访问时间：2021 年 12 月 30 日。

③ "Invest & Innovate：U. S. Semiconductor Leadership Under the Biden-Harris Administration"，https：//www. semiconductors. org/wp-content/uploads/2021/01/SIA_TransitionPolicyPaper_BidenHarrisAdmin. pdf，访问时间：2021 年 1 月 20 日。

以外的企业。

## （二）国际金融

### 1. 网络形态

国际金融领域中，各行为体的相互依存呈现为网络形态，且美国在其中的权力优势较为突出。国际金融行为体作为网络中的节点，包括各国金融市场、国际金融机构以及参与国际金融活动的企业和个人；网络连线是各行为体之间进行的各类金融交易；流动的网络要素包括跨境金融资本以及记录资金跨境流动的跨境支付信息；该网络中有两类突出的轴点：一是美国的资本市场，就市场规模、市场质量、市场功能、制度环境等维度而言，其竞争力都在全球资本市场中持续领先。[1] 二是环球银行金融电信协会（SWIFT）。作为美元国际收付清算系统的核心，这家金融报文传送服务机构的业务范围几乎涵盖了世界上所有主要金融机构。[2] 这两大轴点直接或间接地被美国政府所控制：美国政府管辖本国的股债汇市，并在必要时武器化 SWIFT。[3] 虽然 SWIFT 总部位于欧洲并依据比利时法律建立，但由于美元主导了

---

[1]《全球资本市场竞争力报告（2020）》，http：//news. cnstock. com/paper，2020 - 06 - 19，1334735. htm，访问时间：2021 年 1 月 8 日。

[2] Susan V. Scott and Markos Zachariadis, *The Society for Worldwide Interbank Financial Telecommunication（SWIFT）：Cooperative Governance for Network Innovation，Standards，and Community*, London：Routledge, 2014.

[3] 9·11 事件后，SWIFT 开始在美国财政部的压力下帮助后者监测全球恐怖主义融资活动。伊核危机中，美参议院于 2012 年给予美国政府制裁 SWIFT（如果 SWIFT 为伊朗金融机构提供服务）的权力，之后欧盟也跟进出台了类似的禁止 SWIFT 为伊朗金融机构提供服务的措施，标志着 SWIFT 武器化的正式形成。此后，SWIFT 又被美西方用于 2017 年的对朝鲜制裁、2018 年的对伊朗制裁和 2022 年的对俄罗斯制裁中。

国际支付体系，① 美国政府有能力、有手段对其施以控制。②

中国的国际金融行为体在国际金融网络中处于相对依赖的位置上，同时处于逐渐崛起的进程中。这意味着来自中国的节点在同美国控制下轴点的联系中汲取收益，并朝着新轴点的角色成长。一方面，中国的国际大宗商品贸易多年来通过依托美元支付体系蓬勃发展，中国企业也通过在美上市募集大量发展资金。据统计，中国企业进入21世纪以来已经在美国资本市场筹得超过1400亿美元；③ 另一方面，来自中国的国际金融潜在轴点正在快速成长。过去五年中，中国资本市场的竞争力指数排名由第九位升至第五位。④ 同期，人民币跨境支付系统也经历正式启动和二期投产的建设过程。中国在国际金融网络中的这种双重特征给美国政府在该领域中断网或威胁断网以动机。

### 2. 权力行使

特朗普政府曾凭借其权力优势频繁对华发动金融制裁、推行金融"脱钩"，干扰中国企业正常使用国际支付体系和从海外融资。一是于2020年5月以国家安全为由要求联邦退休储蓄投资委员会停止投资部

---

① SWIFT构成美元国际收付清算系统的信息层，作为一种网络通信服务，需和其他系统一起方能完成收付清算。比如，在美国需与CHIPS（纽约清算所银行同业支付系统）＋Fedwire（联邦电子资金转账系统）一起完成收付清算，在欧元区需与TARGET2（泛欧实时全额自动清算系统）一起完成收付清算，在中国需与CIPS（人民币跨境支付系统）＋CNAPS（中国现代化支付系统）一起完成收付清算。

② 任琳、孙振民：《经济安全化与霸权的网络性权力》，《世界经济与政治》2021年第6期。

③ Eric Platt, et al., "Trump's Rules on China Investment Spark Confusion Across Global Finance", https://www.ft.com/content/26d50e39-f070-4a4f-ba74-c8239e3982c1，访问时间：2021年1月8日。

④ 《全球资本市场竞争力报告（2020）》，http://news.cnstock.com/paper，2020-06-19，1334735.htm，访问时间：2021年1月8日。

分"有风险的"中国公司的股票。二是于 2020 年 7 月通过"香港自治法（HKAA）"，试图以金融制裁等方式干涉中国主权问题，部分切断中国实体同国际金融体系的联系。三是于 2020 年 11 月发布 13959 号行政令，禁止本国投资者投资"与中国军方有关的企业"，迫使本国证券市场切断与其联系。四是于 2020 年 12 月通过《外国公司问责法》（HFCAA），威胁中国企业如不接受美国上市公司会计监督委员会（PCAOB）对会计底稿的审查，将在三年内被美股市场除名。[①] 这些法律法规与政策动态不仅要阻碍中国企业获取美国金融资本，还要给中国企业使用 SWIFT 等国际支付基础设施制造障碍。

拜登政府延续了特朗普政府时期的金融断网政策。一是于 2021 年 12 月发布 HFCAA 实施细则，对赴美上市企业的信息披露和审计材料做出明确规定，威胁外国企业如果连续三年不接受美国监管机构对其会计报告的审计，美国证交会（SEC）有权将该公司逐出美股市场。[②] 二

① 参见 Thomas Franck，"White House Directs Federal Pension Fund to Halt Investments in Chinese Stocks"，https：//www.cnbc.com/2020/05/12/white-house-directs-federal-pension-fund-to-halt-investments-in-chinese-stocks.html，访问时间：2020 年 5 月 12 日；"The President's Executive Order on Hong Kong Normalization"，https：//www.federalregister.gov/documents/2020/07/17/2020 – 15646/the-presidents-executive-order-on-hong-kong-normalization，访问时间：2020 年 7 月 17 日；"S.3798-Hong Kong Autonomy Act"，https：//www.congress.gov/bill/116th-congress/senate-bill/3798，访问时间：2020 年 6 月 25 日；"Addressing the Threat from Securities Investments That Finance Communist Chinese Military Companies"，https：//www.federalregister.gov/documents/2020/11/17/2020 – 25459/addressing-the-threat-from-securities-investments-that-finance-communist-chinese-military-companies # main，访问时间：2020 年 11 月 7 日；"S.945-Holding Foreign Companies Accountable Act"，https：//www.congress.gov/bill/116th-congress/senate-bill/945，访问时间：2020 年 12 月 8 日。
② "Statement Holding Foreign Companies Accountable Act：Final Amendments"，https：//www.sec.gov/news/statement/gensler-statement-hfcaa-120221，访问时间：2021 年 12 月 2 日。

是继续借新疆问题、香港问题等中国内政向特别指定国民清单（SDN list）等各类制裁清单中新增中国实体。① 三是于 2021 年 6 月发布第 14032 号行政令，废止美国国防部制订的原中国军事企业清单（CC-MC list），宣布基于美财政部海外资产控制办公室（OFAC）拟定的中国军工复合体企业清单（NS-CMIC list）对中国企业进行投资限制。②

### 3. 用权影响

美国政府的金融断网政策对中国金融的秩序稳定和国际拓展构成一定威胁。一是干扰金融生态稳定。2010—2019 年，OFAC 向特别指定国民清单中净添加逾 4000 个实体，其中，中国内地与香港地区受制裁实体达 254 个。③ 二是抑制人民币国际化。同中国合作推进人民币国际化的他国金融机构可能遭到美国制裁，并因此被迫做出选择：是协助美国将中国"孤立"出现有国际支付体系，还是在人民币国际支付体系尚不成熟时冒险切断与美元体系的联系。④ 美国以此单边强制的方式推动各国进行市场选择，客观上不利于中国金融力量向海外拓展。

不过，金融制裁对中国企业的冲击程度并不十分严重。以阻碍中

---

① "China-OFAC Year In Review 2021-Part 1.", https：//conventuslaw. com/report/china-ofac-year-in-review-2021-part-1/，访问时间：2022 年 2 月 8 日。

② "Addressing the Threat From Securities Investments That Finance Certain Companies of the People's Republic of China", https：//home. treasury. gov/system/files/126/14032. pdf，访问时间：2021 年 6 月 3 日。

③ Jeffrey J. Schott, "Raising a Caution Flag on US Financial Sanctions against China", https：//www. piie. com/sites/default/files/documents/pb21 – 1. pdf，访问时间：2021 年 1 月 8 日。

④ Stewart Patterson, "US-China Economic Decoupling：How Far Have We Come and How Far Could Decoupling Go", Hinrich Foundation，September 2020，p. 5.

国企业参与美国资本市场为例，中国企业在美国资本市场上的集资很大一部分来自国际投资者，而非美国居民。而且即便在公开市场除名，部分中国企业还可借助私募股权公司的私有化交易获得资金。此外，中国企业可以转移至香港联交所二次上市，同美国投资者继续开展交易。① 因此，虽然在特朗普政府提出对"中国军方企业"的投资禁令后，在美上市的相关中国企业出现份额下跌，② 但总体而言，切断部分中国企业与美国资本市场的连线并不能有效切断美国资金流向中国企业。

　　美国政府试图推动中国同美国乃至同他国金融"脱钩"的政策也难以取得预期效果，相反还会推动中国金融市场发展。证券监管政治化不仅威胁到外国企业的财务安全，甚至对投资来源国的国家安全构成挑战，将打击各国投资者对美国金融市场的信心，将金融交易流量推向中国市场或其他发达国家市场。跨国投资银行杰富瑞预计，中国在美上市公司向香港进行"上市移民"将为这座中国城市带来约5570亿美元的财富，港股恒生指数的重心也将向中国本土的科技、电商和信息产业转移。③ 与此同时，中国在金融领域同世界积极挂钩。一方面，更多全球资本进入中国金融市场。随着准入放宽，贝莱德公

① Nicholas R. Lardy and Tianlei Huang, "Despite the Rhetoric, US-China Financial Decoupling Is Not Happening", https：//www.piie.com/blogs/china-economic-watch/despite-rhetoric-us-china-financial-decoupling-not-happening, 访问时间：2021 年 7 月 2 日。

② Eric Platt, "New York Stock Exchange Reverses Course Again on China Delistings", https：//www.ft.com/content/83cd59a9-05ba-4639-8ee4-2cb6c04e89e2, 访问时间：2021 年 1 月 6 日。

③ Weizhen Tan, "As Chinese Listings 'Migrate' from U. S. to Hong Kong, it Could Attract More Than ＄500 Billion to the City", https：//www.cnbc.com/2020/06/15/hong-kong-could-reap-massive-inflows-from-hang-seng-index-changes.html, 访问时间：2020 年 6 月 15 日。

司等美欧知名金融公司已获准同中国企业建立财富管理合作伙伴关系。中国收益率较高的政府债券市场也成为发展中世界的避风港。截至 2021 年 9 月，国际投资者持有中国债券和股票合计 1.2 万亿美元，同比增长 30%。另一方面，中国更多资本进入全球金融市场。资本流动并非单向，2018—2021 年中国居民海外投资翻了一番多，达到 3.8 万亿美元。随着跨境业务和资本流动的联系越来越紧密，东西方经济体之间的相互依存度提高、资本流动加深加快。中国政府推动金融业对外开放全面扩大，不断提升中国资本市场的专业化程度，也在此过程中加深同全球金融体系的相互依存度，提高了其他经济体未来可能对华施以金融制裁的成本。

更重要的是，金融断网会弱化美元本位的合法性。一是金融"脱钩"的举动在美国国内遭遇相关利益集团的阻力。2020 年华尔街各家银行从中国企业在纽约股市的交易中赚得数亿美元，相比上一年年增长约 24%，约占整个此类收入规模的 43%。它们在制裁中国在美上市公司的问题上利益攸关，也将制约美国政府扩大对华金融制裁。① 二是发动金融制裁给世界上其他国家和地区制造难题。在美国的金融制裁体系中，次级制裁旨在阻止制裁目标同第三方国家的实体开展交易，其危害范围远超制裁对象本身，因而迫使第三方国家实施阻断法来保护本国企业免受波及，甚至寻求绕开美元体系。例如，2018 年 8 月美国对伊朗的金融制裁正式生效后，欧盟也适时升级了旨在应对此类"长臂管辖"的《阻断法案》。2019 年 1 月，英、法、德三国又宣布建立支持贸易往来工具（IN-STEX），同受到美国金融制裁、被隔离在美元国际支付体系之外的伊朗等

---

① Hudson Lockett, "Wall Street Bank Fees from China Listings Jump Despite Political Tension", https://www.ft.com/content/0069fc0b-90af-4e30-877a-a0e245a76ae2, 访问时间：2020 年 8 月 12 日。

国开展交易。2019 年年底，比利时、丹麦、荷兰、芬兰和瑞典加入 IN-STEX。2020 年 3 月，INSTEX 的第一笔交易用于帮助伊朗购买应对新冠疫情所需的医疗用品。这种非美元币种、非 SWIFT 通信的交易方式在美元体系中打开了缺口。与此类似，俄罗斯在克里米亚危机中开发了俄央行金融信息传输系统（SPFS）以应对制裁。德国、瑞士、白俄罗斯、哈萨克斯坦等国的多家银行已经连入 SPFS。

### （三）国际数字空间

#### 1. 网络形态

国际数字空间亦呈现为网络形态。其中，网络节点包括洲际光缆、互联网交换中心、互联网数据中心等网络基础设施，以及提供或消费网络服务的各国企业和市场。网络连线是各类主体之间的业务往来和由基础设施连接起的信息流通，它们承载着网络数据与通信技术等网络要素。国际数字空间具有明显的不对称性。[①] 由于网络基础设施大多集中在美国境内，互联网名称与数字地址分配机构（ICANN）等一批掌握数字空间核心话语权的机构也均在美国注册，美国成为国际数字空间中一众轴点的控制国。大部分全球数据流量都要经过美国境内的服务器与公司，美国政府借此长期要求网络公司帮助收集网络信息和开展网络监控。[②] 与美国数字产业的长期主导相对，中国近年

---

① Réka Albert, Hawoong Jeong and Albert-László Barabási, "Diameter of the World-Wide Web", *Nature*, Vol. 401, No. 6749, 1999, pp. 130 – 131.

② "How America's Top Companies Created the Surveillance State", https：//www. nationaljournal. com/s/628088/how-americas-top-tech-companies-created-surveillance-state，访问时间：2021 年 1 月 17 日；Jennifer Stisa Granick, *American Spies*: *Modern Surveillance*, *Why You Should Care*, *and What to Do about It*, New York：Cambridge University Press, 2017.

来在数字空间中进步较快：电商、游戏、短视频、社交网络平台等互联网产品纷纷出海，第五代移动通信技术（5G）取得率先突破，由互联网到物联网（IoT）再到万物互联（IoE）稳步发展，中国电信企业在国际电信联盟（ITU）等国际平台上提议网络架构新标准……这些进步都标志着中国的节点企业在国际数字空间中向成长为轴点迈进。[①]

### 2. 权力行使

由于国际数字空间中的潜在轴点不断成长，美国政府开始不满足于仅仅借助网络公司开展监听活动，还试图阻止其他新兴节点在同美国轴点的联系中获益。为限制中国的电信和互联网行业的国际发展，特朗普政府发起"清洁网络（The Clean Network）"计划，将中国的5G设备制造商、电信运营商、云服务提供商、智能手机制造商和海底电缆、应用程序等定性为"不受信任的"安全威胁，要将其从美国电信市场清除出去，以"保护美国公民与企业的敏感信息"。[②] 其中引发关注度最高的举措是禁止来自中国的应用程序抖音海外版（Tik-Tok）和微信国际版（WeChat）在美国境内上架和使用，构陷两项产品"在美收集用户数据用来支持中国的军民融合与情报工作"[③]。"清

---

① 任琳、孙振民：《经济安全化与霸权的网络性权力》，《世界经济与政治》2021年第6期。

② 参见 "The Clean Network"，https：//2017 – 2021. state. gov/the-clean-network/index. html，访问时间：2021 年 1 月 28 日。

③ "Commerce Department Prohibits WeChat and TikTok Transactions to Protect the National Security of the United States"，https：//www. commerce. gov/news/press-releases/2020/09/commerce-department-prohibits-wechat-and-tiktok-transactions-protect，访问时间：2021 年 1 月 28 日。

洁网络"计划的本质是要安全化电信网络中的设施和业务，以切断中国市场主体同美国市场的联系，从而阻止中国企业获取数据等支撑技术进步的关键要素。为加大打击来自中国的网络节点，美国政府还广泛开展国际动员，将更多国家的相关企业拉入行动阵营，力图在事实上操控它们与中国的联系，进一步放大自身在数字网络中的权力资源。

拜登政府相比特朗普政府时期的做法有过之而无不及。其一，扩大应用程序审查范围。拜登政府虽撤销了特朗普政府时期对 Tik-Tok、WeChat 等中国互联网企业的禁令，但启动了对外国应用程序更广泛的审查。这种全面规制为之后美国政府进一步打击中国企业埋下了伏笔。[①] 其二，加大打压中国电信企业。2021 年 11 月美参众两院通过《安全设备法案》，要求联邦通讯委员会（FCC）不再批准"威胁国家安全"的设备授权申请，从而进一步将华为、中兴、海康威视等中国电信和科技公司赶出美国通信基建网络。[②] 其三，进一步拉拢多国共建数字基础设施。美国《2021 财年国防授权法》提出设立总额达 5 亿美元的"多边通信安全基金"。除"五眼联盟（FVEY）"国家外，该基金还计划纳入日本等国企业。[③] 2021 年 6 月拜登访欧之际，美欧、美英密集开展一系列外交活动，并提出"重建更好世界（B3W）"全球基建计划，特别提到开展数字基础设施建设，拉拢发

---

① "Executive Order on Protecting Americans' Sensitive Data from Foreign Adversaries", https://www.whitehouse.gov/briefing-room/presidential-actions/2021/06/09/executive-order-on-protecting-americans-sensitive-data-from-foreign-adversaries/，访问时间：2021 年 6 月 10 日。

② "H. R. 3919-Secure Equipment Act of 2021", https://www.congress.gov/bill/117th-congress/house-bill/3919，访问时间：2021 年 11 月 11 日。

③ 《日媒披露：美将设立 5G 多边基金遏制中国》，http://www.cankaoxiaoxi.com/finance/20210202/2433838.shtml，访问时间：2021 年 2 月 2 日。

达国家一道争夺发展中世界数字市场，以将后者纳入美国主导的供应链体系。① 其四，联合欧洲引领数字治理多边规则。美欧将建立贸易和技术委员会（TTC）作为推动跨大西洋伙伴关系"再出发"的重要一步，② 并于 9 月正式举办 TTC 部长级会议，宣布在信息通信技术、数据治理和技术平台等领域成立工作组，寻求在全球数字治理规则的制定上统一战线。③

### 3. 用权影响

美国政府的数字断网政策将损害我国信息产业的经营空间和发展环境。截至 2020 年 11 月底，已有来自超过 50 个国家的 180 家电信企业加入"清洁网络"计划。④ 随着美国政府更加注重数字基础设施领域对华竞争，深化所谓"科技民主国家"排他性合作，中国企业面临的国际竞争压力将持续增加。而且，数字空间安全化割裂了全球数字产业合作格局。在可能的数据脱钩前景中，企业的创新效率将因数据库分隔、跨境数据传输受限而下降，营业成本也将上升。美国数字霸权下的数字空间碎片化恶化了中国企业的国际市场环境。

---

① "Carbis Bay G7 Summit Communiqué"，https：//www.whitehouse.gov/briefing-room/statements-releases/2021/06/13/carbis-bay-g7-summit-communique/，访问时间：2021 年 6 月 13 日。

② "U. S. – EU Summit Statement：Towards a Renewed Transatlantic Partnership"，https：//www.whitehouse.gov/briefing-room/statements-releases/2021/06/15/u-s-eu-summit-statement/，访问时间：2021 年 6 月 15 日。

③ "U. S. – EU Trade and Technology Council Inaugural Joint Statement"，https：//www.whitehouse.gov/briefing-room/statements-releases/2021/09/29/u-s-eu-trade-and-technology-council-inaugural-joint-statement/，访问时间：2021 年 9 月 29 日。

④ "Building a Clean Network：Key Milestones"，https：//2017 – 2021.state.gov/building-a-clean-network-key-milestones//index.html，访问时间：2021 年 2 月 28 日。

不过，美国政府试图掌控他国节点合力对华断网的目标难以充分实现。美国虽广泛鼓动各国禁用华为5G，但美国盟国的政策选择呈现差异性。相关研究发现，盟国如果认为美国对其政权安全构成威胁就将接受华为5G，如果不认可美国的国际秩序取向或对中美大国竞争持中立态度则也将接受华为5G。① 美国同其盟国之间远未达到冷战时期那样的协作程度。比如，跨大西洋伙伴尽管都秉持对华3C战略方针，即对抗（confrontation）、竞争（competition）、合作（cooperation）"三位一体"，但在对华的利益与态度上存在不一致：在反华意识形态和经济制裁上强趋同，但在对华经贸关系和技术竞合上弱趋同。② 尤其是在涉及经济利益时，美欧之间的竞争关系和利益分配将成为协调行动的阻碍。而且，美欧双方在全球数字治理等议题上的合作也越发表现为互相利用、争夺领导力。美欧对于数字空间的治理规范还存有很大分歧，在人工智能、数据隐私等方面也未就具体规则达成一致。协调好与盟国的科技政策是摆在美国数字外交面前的首要挑战。③

整体来看，数字断网对美国在数字网络中的权力资源产生负面影响。首先，在阻止中国企业进入本国市场的同时，也拒绝了来自中国的先进技术进入本国市场的可能，主动切断了同世界上其他先进技术的联系。其次，将本国各行各业间接推离海外市场。数据不仅是信息产业的重要生产要素，其对于能源、制造、金融等各行业进行业务优化都日渐发挥不可替代的作用。美国政府政治化地干预本来由市场驱

① 孙学峰、张希坤：《美国盟国华为5G政策的政治逻辑》，《世界经济与政治》2021年第6期。

② "The China Plan: A Transatlantic Blueprint for Strategic Competition"，https://www.atlanticcouncil.org/in-depth-research-reports/report/china-plan-transatlantic-blueprint/，访问时间：2021年6月15日。

③ 刘露馨：《美国科技战略的变革及前景》，《现代国际关系》2021年第10期。

动的产业合作与技术交流，其国内经济的创新动能也会随之下降。再次，诸如"清洁网络"等政策行动并不会加强美国公民的数据安全。所谓"清洁"是要削弱对手国家企业的市场参与，而没有涉及对本国数字企业的行为进行规制。最后，断网背离了国际数字空间规范。国际互联网协会（ISOC）曾就美国政府"清洁网络"计划发表声明，称其严重挑战了互联网赖以维系的全球网络形态："互联网过去 40 年的成功建立在自愿形成的网络形态的基础上。而'清洁网络'计划将延长数据传输的距离，增加网络故障发生的风险，增加所有网络参与者的成本。依据政治原则而非技术考量、通过政治干预来决定网络连接方式只会严重侵害互联网运行的灵活性。照此发展下去，数字空间的碎片化将会加剧，数字空间带给国际社会的经济增长与合作收益也将受到威胁。"①

## ◇三　现实启示

美国政府近年来在护持霸权时，频频以维护国家安全为借口在全球网络结构中对中国施展权力，切断中国企业接入网络的连线，干扰技术、资金、数据等网络要素向中国企业的自然流动，削弱中国企业的发展潜力。相比特朗普政府，拜登政府更加注重掌控盟国的企业和市场，以求进一步放大美国政府手中的权力资源。有必要针对这类现象思考应对之策。

---

① "Internet Society Statement on U. S. Clean Network Program, Internet Society", https://www. internetsociety. org/news/statements/2020/internet-society-statement-on-u-s-clean-network-program/，访问时间：2021 年 2 月 1 日。

首先，保障高科技供应水平。一是前瞻性地布局能与美国战略互卡的战略新兴产业。明确人工智能、量子计算、大数据等技术在国际产业竞争中的关键地位，鼓励技术实力强、产业基础好的城市建设前瞻性技术研发及产业化中心，完善前沿高科技领域的布局体系。[①] 二是提升中国产业链布局能动性。重新定位中国在同欧美跨国公司合作中的角色，同时构建与周边地区的产业链多边协同框架，加强商流、物流、资金流、信息流的高效流动，构筑以中国为驱动的更高开放水平的亚洲区域高科技供应链。[②] 三是提高科技开放与合作水平。利用经贸协定等方式增强与合作伙伴及其跨国企业利益依存度，充分拓展互利共赢空间，并以更高层次科技对外开放与合作倒逼国内高科技企业提升自主创新能力。

其次，提升反金融制裁能力。一是提升国内法框架的反制效力。依托《反外国制裁法》健全政策工具箱，完善该法在实施过程中对企业的保护机制，避免造成中国实体进退两难局面。二是在国际法框架下反制金融制裁行为。积极利用国际司法平台寻求司法救济，可在世贸组织（WTO）上诉机构恢复后采取诉讼措施，也可在国际法院提起诉讼。积极推动国际造法，联合更多造法主体，特别是其他受害国，在更多国际平台推动生成规制次级制裁的国际法。三是变革国际金融秩序。在 SWIFT 内谋求更多董事会席位，并以信息技术革命为契机逐步建设中国的金融信息交换系统。提升人民币国际化水平，将"一带一路"作为人民币国际化主通道，弱化美国次级制裁对中国周

---

① 张越、万劲波、李雅婷：《美国产业链供应链政策动向及我国应对策略》，《创新科技》2021 年第 11 期。

② 张越、万劲波、李雅婷：《美国产业链供应链政策动向及我国应对策略》，《创新科技》2021 年第 11 期。

边国家压力。①

最后，打造数字合作新格局。一是加强同发达国家数字技术合作。通过有选择、有针对地同发达国家开展数字技术合作，打破对方集体围堵，力倡多极化、相互依存的数字秩序。二是发展通信技术为"一带一路"赋能。协调"一带一路"沿线各国数字安全政策，在亚欧大陆乃至全球推进融合线上虚拟现实与线下物理现实，借 5G 万物互联技术为"一带一路"沿线各国打造新的共同发展空间，将亚欧非拉从美数字技术遏制下解放出来。三是推动全球数字治理进程。一方面与俄罗斯、东盟等非西方经济体共同推动数字产业规范与数字伦理倡议；另一方面在数字治理规则上加强对欧盟的争取，弱化美国数字霸权的负面影响。②

此外，还应依托中国的超大规模市场优势实行更积极主动的开放战略，综合政策型开放、制度型开放、融合型开放，加快构建双循环新发展格局：

一是稳固政策型开放。坚持"引进来"和"走出去"更好结合，不断更新贸易投资自由化便利化政策。第一，加快落地更高水平开放举措，进一步增强我国市场吸引力，推动稳外资乘势而上，实现量和质双提升。不断完善政策体系，推进跨境电商综合试验区建设。第二，完善市场采购贸易方式试点动态调整机制，提升市场采购贸易方式便利化水平。③ 健全境外投资政策体系，营造良好外部环境，支持企业不

---

① 潘坤、杨成铭：《〈反外国制裁法〉背景下反美国金融制裁措施研究》，《国际贸易》2021 年第 9 期。

② 姜志达、崔越：《数字霸权与美国对华科技遏制的影响》，《和平与发展》2021 年第 5 期。

③ 《商务部：2021 年中国跨境电商继续保持两位数增长》，http：//www.chinanews.com.cn/cj/2022/01 - 13/9651482.shtml，访问时间：2022 年 1 月 13 日。

断创新对外投资方式，实现与投资目的国或地区的共同发展。第三，推动各类创新主体深度协作，探索推广更具成效的全球科技创新协作模式。畅通内外循环，促进科技要素均衡配置以及产业梯度有序转移。

二是推动制度型开放。以高水平制度型开放完善开放型经济体制，一方面对标国际通行的先进规则，强化国内经济同国际经济的联系；另一方面将国内规则和标准向国际推广，推动全球经济治理制度创新。第一，构建面向全球的高标准自贸区网络，做好自由贸易试验区扩围工作，形成更大范围、更宽领域、更深层次的对外开放格局；第二，统筹推进落实 RCEP 与加入 CPTPP，专设机构并动员社会力量推动国内研学 RCEP 规则，渐进理性对标 CPTPP，不断增强中国的国际经济合作竞争新优势；第三，支持在中国境内设立国际科技组织、"筑巢引凤"，将更多国外贤才"请进来"，同时支持有条件的国内创新主体通过设立海外研发中心等方式"走出去"。[①]

三是探索融合型开放。增强与发达国家、发展中国家、新兴市场国家等国际社会各类主体联动。第一，在"一带一路"项目设计中贯彻"政策沟通"，更加重视东道国政府的作用，重视长期发展绩效；第二，注重吸纳西方发展融资规则，在审慎研究的基础上借鉴传统多边开发银行的相关做法，同国际开发性金融机构密切合作开展项目融资；[②] 第三，针对卫生、环境、气候等重大问题发起设立全球共同挑战基金，面向全球开放申请和开放融资。在此过程中，既要追求以开放促发展的实效，也要维护和践行真正的多边主义。

---

[①] 《推动全球科技创新协作（深入学习贯彻习近平新时代中国特色社会主义思想）》，《人民日报》2021 年 11 月 11 日第 9 版。

[②] 余博闻：《"改革方法论"与中国的全球治理改革方略》，《世界经济与政治》2021 年第 10 期。

# Ⅲ

**全球治理的现实困境与未来图景**

第 六 章

# 各类型国家共同塑造全球治理的制度复杂性

当下的全球治理体系正处在一个瓦解、停滞和重塑的状态。展望未来全球治理图景，很难用一个简单的词汇来描述。一个主要原因是大国博弈越来越激烈，愈发呈现在全球治理领域和多边平台之上。本书倾向于用"制度复杂性"来形容全球治理的当下或短期内可预见的图景。准确研判当下的世情，不仅需要描绘全球治理制度复杂性的表现形态，还需要深入探究其成因。全球治理制度复杂性是国际秩序的基本形态，而全球系统内各类行为体（主要是国家）则是塑造复杂性的主要行为体。国家类型不同，对全球治理秩序的诉求不同，以及各类国家之间存在的矛盾互动关系，共同塑造了全球治理的制度复杂性。其中，霸权国仍然是塑造当下制度复杂性不断增加的最重要因素之一，出于霸权护持的目的，霸权国的行为牵动了系统内其他国家行为体的应急反应，从而进一步加深了全球治理制度复杂性的程度。

## ◇一 问题的提出

近年来，全球治理的制度安排愈发呈现复杂性。与以往的复杂性不同，本轮复杂性的塑造力发生了一定的变化。以往分析复杂性出现的原因，主要有全球治理的去国家化、参与主体多元化，或是由于国家主体的身份或发展阶段不同，在多边框架下存在不同层级或水平的规则规制（例如 WTO 框架下）。然而，霸权国希望将全球治理的议题政治化来护持霸权，则成为本轮全球治理制度复杂性的主要塑造力。

已有研究将产生全球治理复杂性的原因归结如下：第一，全球治理的制度复杂性主要是由于参与全球治理的主体多元，不仅有国家行为体，还有各类非国家行为体。复杂的制度安排给了后者更多的参与机会，例如国际捕鲸协会（International Whaling Commission）。[1] 第二，在已有的全球大多边的国际组织中也存在复合多边的现象，主要原因也是成员国的个体情况不一样。例如，在 WTO 框架下，不同的成员在不同议题领域存在不同的适用组别和规则水平，因此会有不同的规则设计。因此，适用于欠发达国家和发达国家的规则或标准可能是不一样的。第三，近年来为了提高治理效率，增强灵活性，国际机制还存在正式制度和非正式制度之分，例如 UN 是正式的国际组织，而 G20 则是相对灵活的对话机制。[2] 第四，区域贸易协定中存在"意大利面碗现象"，原因包括主导国不同、区域内主要国家关系不同、国家发展程度不同等。

已有研究充分系统总结了全球治理中复杂性的传统成因，但也存

① Kenneth W. Abbott, Jessica F. Green and Robert O. Keohane, "Organizational Ecology in World Politics: Institutional Density and Organizational Strategies", Prepared for the 2013 Annual Convention of the International Studies Association, March 9, 2013, pp. 2 –3.

② 任琳：《全球多边治理：实现有效性和开放性的融通》，《国际关系研究》2014年第 5 期。

在部分不足：第一，缺乏动态性，没有紧跟当下国际形势的变动。近年来，出现的制度复杂性既包含了新现象，又有新的促成原因，而已有的文献对此关注不足。例如，没有关注特朗普政府时期的退出外交、美加墨"毒丸条款"及其他超越多边治理规则的单边霸凌行为，也没有关注拜登政府强调同盟政治回归多边、单方面地频繁使用经济制裁及其对全球治理复杂性带来的影响。第二，对具有系统重要性的国家个体对全球治理秩序的塑造力有所关注，但对各类型国家个体之间的互动关注不足，尤其是没有足够重视霸权国和崛起国互动对国际制度和全球治理秩序的塑造作用。第三，对系统内其他国家的反应研究亦不足，它们的"骑墙"行为或曰联盟异化现象实则在一定程度上塑造了新一轮全球治理秩序中的复边现象。① 诸上因素都是当今世界全球治理制度复杂性的成因。

基于此，本章重点关注当下全球治理的制度复杂性的表现、成因、作用机制和影响结果，换言之，当下霸权国的行为是如何影响全球治理秩序，并最终致使制度复杂现象愈发明显的？此外，系统内其他国家行为体的反应机制如何，及其对全球治理秩序将产生何种塑造效应？

## ◈二　文献回顾与基本概念

全球治理理论一度给人们一种假象，大国关系已经不再是研究关注的重点，因为国家行为体似乎已经渐渐淡出人们的视线。实际上，

----

① 任琳、郑海琦：《联盟异化的起源》，《国际政治科学》2021 年第 2 期。

众多全球治理的中早期概念都强调了治理的"去政府性"和"去政治化"特点，包括哈斯、罗西瑙、基欧汉、奈、赫尔德等人都认为，全球治理随着全球化深入发展，国际政治体系格局发生重大变化，仅仅关注传统的国家间政治已经无法全面分析和解释如今国际关系舞台上的众生相。除了国家行为体，NGOs、跨国公司、个人等非国家行为体在全球治理中发挥着越来越重要的作用。特别是一些欧洲学者围绕跨国行为体、非国家行为体的作用，有着丰富而精彩的著述。再者，托马斯·里斯（Thomas Risse）在他的《请回跨国关系》（*Bringing Transnational Relations Back In*）① 一书中认为，非国家行为体可以突破传统国家利益的立场局限来思考问题，并出于自身的利益考虑、用自己的渠道和方式影响国家政策和跨国关系。

　　然而，如今我们说大国关系回到了全球治理的舞台可能不太贴切，因为它从来没有离场。只是，在以往全球治理的研究中，全球治理和大国关系似乎是两个相隔较为遥远的概念，甚至还常常表现出"去国家化"和"去政治化"，而当下越来越多的实证案例却一再证实，脱离大国关系讨论全球治理是不实际的。

　　全球治理概念的"去政治化"没有反映出全球治理对执行力和效果的客观需求，国家行为体也并没有因此而退出国际舞台。起码现在来看，完全超越国家行为体的作用范畴来讨论全球治理还是不可能的。大国政治仍然在全球治理领域中发挥着重要的作用。大国的磋商与协调，在提供全球公共产品、推动全球治理有序和有效实施方面，仍然扮演着核心的角色。如果单纯讨论"去政治化"的全球治理而不顾及公共产品供给和治理效果，全球治理作为一种国际关系形态的存

---

① Thomas Risse, *Bringing Transnational Relations Back In*, Cambridge：Cambridge University Press，1995.

在意义也会遭受质疑。所以，提供全球公共产品的大国以及这些大国之间的关系仍然是研究的核心和重点问题。只是，在新的世界形势下，在全球治理的语境里，大国关系、大国博弈和大国崛起的方式也随之发生了变化。

首先，议题政治化的概念及其表现。近年来，由于大国博弈逐步蔓延至全球治理议题领域和各类多边平台上，全球治理从当初的去政治化逐步走向议题政治化。议题政治化，主要指在全球治理相关问题中政治安全逻辑超越经济逻辑，国家博弈的逻辑超越全球治理的逻辑。实际上，议题政治化常常表现为霸权国的"经济安全化"行为，"描述的是一种经济—安全在对外交往中相互关联的现象，表现为国家以安全受到威胁为理由将贸易、投资等经济活动'泛政治化'，用政治安全思维指导或干预本国的对外经济活动。"[①]

其次，与议题政治化密切相关的概念还有议题联盟，具体指不同国家因议题领域不同和（或）国家身份不同而选择了不同的联盟对象、合作平台或合作对象。围绕相同议题，在 G20 的框架之下可能有 G7 和 BRICS 两种声音；围绕不同议题，不同身份的国家可以达成合作，例如在全球减贫问题、气候变化治理问题上，发达国家和发展中国家可以达成合作；而欧美发达国家在 5G 高科技领域采取所谓"卡脖子"行为，妄图制定排他性和限制性的治理规则，因此在这些特定的领域内很难达成多边合作。

最后，全球治理制度复杂性的概念，主要描述了全球治理的平台层级及各层级互动、平台的成员组成及不同议题联盟的构成都愈发表现出复杂化的趋势。全球治理复杂性的产生有客观原因，也有

---

① 任琳、孙振民：《经济安全化与霸权的网络性权力》，《世界经济与政治》2021年第 6 期。

主观原因。就客观原因而言，前文提及的身份不一致，不同议题领域里利益不一致，以及某些问题领域的属性本身都会决定全球治理的制度是多层次、复杂化的。例如，跨境河流问题往往不仅需要参考某些国际规则，更重要的还是沿线国家之间的双边对话。如此，全球治理就区分为多边和双边两个层次。然而，这些问题是客观存在的，相对来说变动性不大，并不是最为新近的塑造力，大国博弈才是当前全球治理制度复杂性的重要塑造力。对此，后文再做详述，这里不做展开。

## ◇三　全球治理制度复杂性的塑造

### （一）理论框架

与以往的研究视角不同，这里倾向于从"行为体和结构（Agent and Structure）"互动的视角来分析全球治理的制度复杂性现象。做国际关系研究时，我们非常重视行为体和结构之间的互动。在研究全球治理时，我们也借用制度复杂性来描述国际体系在结构上的变化。此外，结构上的变化是由各类行为体及其互动共同塑造而成的。所以，把"行为体和结构"这一研究框架带入全球治理未来图景的分析之中是非常合适的。我们要使用"行为体和结构"的分析框架，细致观察行为体（主要是国家行为体）是如何塑造全球治理形态的，其中霸权国是最主要的行为体之一，还有霸权同盟国、崛起国和系统内其他国家。

如果要讨论这几类国家行为体的互动及其对全球治理的结构性塑

造，需要引入一对国际政治经济学的逻辑，即"国家与市场的逻辑"，或者说"权力与利益"的逻辑、"政治与经济"的逻辑、"政治化与去政治化"的逻辑。总体来说，国家行为体背后的逻辑驱动分为两类，即权力的逻辑和利益的逻辑。当出现具有相对竞争力的崛起国时，出于平衡权力的考虑，霸权国会采取一系列行为，比如回归联盟，采取"脱钩"或"规锁"战略。而系统内其他国家考虑更多的则可能是利益的逻辑，出于获取功能性利益的诉求，它们对霸权国的行为采取不同的反应，时而追随，时而背离。以前讨论更多的是"去政治化"，而今天我们需要通过把政治逻辑带回到全球治理的舞台去讨论制度复杂性问题。今天我们讲的全球治理的复杂性，就是看大国博弈是如何使政治逻辑超越了经济逻辑，国家逻辑超越了市场逻辑、全球治理的逻辑。

全球治理复杂性加剧的主要原因之一，即霸权国护持霸权的行为致使政治逻辑超越了经济逻辑，权力逻辑与利益逻辑之间产生了矛盾互动。这是此轮制度复杂性趋势加剧的最核心塑造力。实际上，各类国家主体和各类逻辑之间的矛盾互动是非常复杂的，这些都是全球治理复杂性的重要成因。我们从霸权国的行为切入，逐步观察两类逻辑矛盾的起源、演化和结果，进而更加直观地观察全球治理制度复杂性的成因、过程和结果。

为了达到"规锁"的目标，霸权国会政治化某些议题，在科技议题、知识产权、基础设施议题中组建所谓的小圈子（例如 B3W），破坏多边规则的包容性；而在气候变化治理、传染病跨境治理等部分领域内，这种政治化的色彩可能相对淡一些，但并不意味着完全没有政治化，例如全球卫生治理领域曾一度出现霸权国无故"甩锅"、污名化他国的行为。全球治理成功的核心要义在于在共同体意识指导下开展合作治理。然而，霸权国意识的植入让这种原本功能性的全球合作愈发难以形成集体行动。总之，霸权国为了实现权力护持的目的，刻意政治化各类议题，主观塑造非中性的全球治理秩序，而系统内其他国家行为体产生了各式各样的反应，各类国家主体之间的矛盾互动共同塑造了全球治理的复杂性。主要的逻辑传导机制如下：

权力→议题政治化（霸权国）→全球治理的复杂性（各类国家主体）

（1）越是威胁到霸权国霸权护持的竞争领域内，霸权国越是倾向于政治化某些议题，采取拉帮结伙的"小圈子"外交，排斥崛起国的行为。

（2）议题政治化现象越明显的多边平台上，不同类型国家的反应是不同的，最终促使全球治理的制度复杂性更甚。

各类国家主体的反应不同，主要原因是在进行"成本—收益"核算时，有时它们时而考虑的是平衡权力，时而考虑的则是平衡利益，不同行为体在相同的场景下考虑不同，相同行为体在不同场景下考虑也可能不同。换句话说，两类逻辑的错综组合和矛盾互动共同塑造了全球治理的制度复杂性。

当霸权相对衰落且出现具备相当竞争力的崛起国时，霸权国诉诸联盟政治的可能性将再次上升，而其组建联盟是为了平衡权力，但在全球治理背景下，霸权国无法忽视盟国利益，也无法通过强制手段迫使某个盟国绝对服从，盟国的自主选择会影响到联盟的表现形式。当前中美竞争加剧，美国似乎开始着手构建诸如"蓝点计划"等制衡中国的排他性议题联盟，但盟国追随美国的意愿却有强弱之分，影响其是否会选择追随联盟的策略选择，从而或多或少地改变制衡性联盟的形态。而对于霸权同盟国而言，在冷战后形成的一超多强的全球体系下，联盟的动因大多数时候并不在于平衡外部威胁，其他国家也没有共同构建反对霸权国的联盟，它们追随霸权国的行为选择由此往往是以平衡利益为主。既然是利益驱动，议题联盟的对象选择就有可能是多变的，而不是固定的，因为在不同议题领域内，能够符合特定国家利益诉求的合作对象是不同的。随着各类全球性问题的显性涌现，对于追随霸权的同盟国而言，相比桎梏于原联盟的条条框框，在相关功能领域开展务实性合作的必要性不断上升。只有这样，才能应对发展赤字、金融危机、气候变化和恐怖主义等全球性问题的挑战，有效地维护自身利益。因此，英法德日韩等美国的传统盟友既参与了 G7，也与崛起国中国倡议发起的亚投行（AIIB）和"一带一路"等平台倡议保持积极互动，传统联盟政治发生了一定的变化，我们在文中称之为联盟异化。除此之外，改变坚守联盟预期收益的，不仅仅是同盟国的行为驱动与战略取向，系统内其他国家例如崛起国和新兴国家的策略选择和外交信号也被作为同盟国进行"成本—收益"核算的重要外部变量，直接或间接地导致了同盟国"时而追随，时而背离"的联盟异化现象。

表6－1系统展示了不同类型国家行为体的"成本—收益"核算，这些核算决定它们是否在全球治理秩序框架下诉诸追随霸权的策略，以及在当代特殊的国际环境下，原联盟形态将会由此产生新的形态。由此可见，由于不同类型国家的策略选择不同，未来的全球治理秩序的发展前景依然存在诸多不确定性，而我们在本书中关注的全球治理领域中的制度复杂性现象也因此更加显著。

表 6-1 各类型国家情况

| | 国家类型 | | | | |
| --- | --- | --- | --- | --- | --- |
| | 霸权国 | 霸权同盟国 | 崛起国 | 其他大国 | 其他小国 |
| 结盟策略选择 | 弱化联盟承诺；重置扩容联盟 | 联盟异化（选择性追随/背离）；防御型抱团；突破集团的议题联盟 | 不结盟策略开放包容合作；与各类型国家对话；积极参与区域合作 | 选择性追随；防御型抱团 | 选择性追随；防御型抱团 |
| 多边战略目标 | 减少损耗；权力护持；平衡利益 | 平衡利益；平衡强国 | 包容性塑造；利益共享；对冲威胁 | 平衡利益；平衡强国 | 平衡利益；平衡强国 |
| 全球治理中的制度表现 | 退出多边；构筑排他体系；将他国踢出体系 | 部分希望坚持多边；区域化对冲风险；集团内外对话增加 | 全球伙伴关系网络；建立非排他性机制；区域化对冲风险 | 既有多边中的议题联盟；区域化对冲风险 | 既有多边中的议题联盟；区域化对冲风险 |

资料来源：笔者自制。

## （二）案例分析：各类型国家共同塑造全球治理的制度复杂性

塑造全球治理体系的不仅仅是霸权国的重置行为与原霸权同盟国的联盟异化行为，还包括系统内其他国家行为取向的影响，例如崛起国、其他发达国家和其他小国，其中尤为重要的是崛起国。系统内几

类国家彼此互动，相互塑造偏好与行为。例如，面对霸权同盟国的联
盟异化和霸权国的联盟重置行为，其他类型国家对全球治理秩序的取
向和态度也会随即受到影响。此外，联盟异化意味着霸权同盟国受利
益驱动，与其他类型国家开展更多的功能性合作。再者，霸权国的联
盟重置可能会使崛起国面临权力制衡，进而不得不采取相应应对措
施。其他发达国家和小国可能需要在霸权国和崛起国之间进行权衡。
这主要是出于利益驱动，因而它们的行为表现出一定的摇摆性。当
下，美国正拉拢他国构建制衡性、排他性联盟，然而体系成员的"成
本—收益"计算和行为偏好将在一定程度上影响联盟建立成效，并直
接或间接地促使全球治理秩序发生形态演变。

### 1. 霸权国的行为

特朗普政府在全球推行孤立主义、保护主义，肆意无视、退出和
威胁退出各类多边国际组织，或在现行规则体系外"另起炉灶"，例
如新的《美墨加协定》（USMCA）具有明显的排他性条款，刻意排斥
他国而无视系统整体福利的提高，给全球治理事业的前景蒙上了一层
阴影。时至拜登政府时期，美国转而诉诸联盟政治回归多边，但大国
博弈的色彩并未有所减少，各种排他性的制度规则不断被出台，全球
治理领域的复杂性愈发增加。

第一，工具化多边规则，意欲"规锁"崛起国。所谓"规锁"
指的是，美国意图借助国际多边规则"规范"和约束中国行为，将中
国"锁定"在全球价值链的中低端，从而限制中国经济实力在未来的
增长空间与潜力，把中国的实力控制在无力威胁或挑战美国霸主地位
的范围之内。美国的"规锁"战略突出表现为"工具化"地使用全
球治理体系和规则，实现方式则是回归联盟政治，拉拢欧洲等传统西

方发达国家形成对华围堵态势，主要抓手是利用各类高标准规则（例如技术规则、投融资规则、环保规则和劳工规则）约束中国的经济发展前景，"锁定"中国实力上升的幅度和潜力。

为达"规锁"目的，美国在诸多治理领域推行高规则和高标准。在国际投资领域，美国试图推行高规则和高标准，妄图阻碍"一带一路"倡议相关项目的落地，限制和"锁定"中国的海外利益增长。此前的特朗普政府升级了美加墨自贸协定。拜登政府在今年的 G7 峰会上提出所谓的 B3W 倡议，呼吁西方国家共同为发展中国家基础设施建设提供支持，妄图将全球基础设施建设领域的规则升级，抗衡和排挤中国的"一带一路"倡议。美国还频频联合盟国，调查到美投资或融资的相关中国企业，甚至警告和威胁部分华裔科学家。这些所谓依照国际规则和美国国家安全法的限制行为，并不是严格意义上的与中国切断联系，而是为了把中国"锁定"在全球价值链中低端，避免中国实力持续攀升威胁美国的霸权地位。

第二，实施"脱钩"战略，构筑平行世界。在高科技领域，美频频对华发起制裁，尤其是在关键核心技术和零部件领域对中国企业实施"卡脖子"战略。例如，2020 年 5 月 15 日，美国商务部产业安全局发布公告，要求凡是采用了美国技术和设备生产出的芯片必须经由美方批准后才能向华为出售。这种典型的高科技"脱钩"体现在组建排他性多边规则上，表现为例如美国联合盟友打造所谓的新修《瓦森纳协定》，谋划共同实现对华技术封锁，有违真正的多边主义精神。美往往从自身利益出发，借由国内法引导和塑造多边规则，例如 2022 年 8 月，拜登签署了《2022 芯片和科技法案》（所谓的"芯片法案"），进一步暴露出其试图以此打压中国半导体等重点高科技产业成长的企图。

在国际贸易领域，全球贸易治理一度几近停滞，大国博弈特别是霸权国美国的意志严重掣肘 WTO 的改革进展。美国一度威胁退出 WTO，延迟大法官增选，致使上诉机构难以达到 3 名法官的裁决要求，几乎陷入停摆状态。与此同时，美国还试图另立山头，自行设置将中国排除在外的乃至针对中国的局部性国际经贸规则，例如《美墨加协定》中的"毒丸条款"：第 32 章节约定，"任何一方与非市场经济国家签订自由贸易协议时，应允许其他各方在发出 6 个月的通知后终止本协议，并以它们之间的协议（即双边协议）来取而代之。"该条款被认为主要目的在于孤立中国。借助这些排他性的制度安排，美国意欲构筑一个与华"脱钩"的"平行世界"。

第三，回归联盟政治，扩容发达国家俱乐部。霸权国的"规锁"和"脱钩"战略实际上都是意图借由回归联盟政治来实现的。在诸边层面，美国开始调整与盟友国家的关系，一方面，考虑到霸权实力的相对衰弱，弱化或改变联盟承诺；另一方面，借由重塑部分制度安排，例如构建排他性区域组织（美加墨协定），强化美国的权力优势。美国重塑制度安排的目的在于改变所谓的现行体系的"不公平"和"扁平化"，防止制度收益溢出让崛起国受益；减少霸权治理对自身实力的消耗，以防美国的霸权国地位遭到弱化。美国妄图通过重新确立等级式的治理体系，力求获得盟友的追随，重新建立在全球治理秩序中的主导地位和比较优势。

此外，美国力图扩容传统联盟 G7，意图对华塑造制衡性联盟。2020 年 5 月 30 日，特朗普表示希望邀请俄罗斯、韩国、印度和澳大利亚加入 G7。特朗普认为 G7 机制已经过时，难以反映当前形势，应当扩大为 G11 机制。特朗普在诸多国际标准的塑造中将中国排除在外，具有明显的针对性。白宫战略传播主管艾丽莎·法拉（Alyssa

Farah）表示，特朗普希望将"五眼联盟"国家以及传统盟友聚集起来，共同探讨中国的未来动向。蓬佩奥表示，美国需要通过联合国、北约、G7、G20 等机制应对中国挑战，需要组建"志同道合"国家和"民主国家"联盟。① G7 是以美国及其盟国主导的机制，是特朗普政府能够用以在全球范围内进行制度竞争的主要平台。面对中国的经济实力和经济全球化的现实，美国一时间难以与中国完全脱钩，且中国在 G20、金砖等多边经济机制中与系统内其他国家存在大量积极的功能性合作，因此围绕已有全球治理体系改革的博弈将会异常激烈，而扩容自己的势力范围是霸权国将单边意志推广至双边、诸边，进而产生多边影响的主要渠道。在拜登政府执政后，联盟扩容的策略被更广泛地应用在各问题领域，例如美致力于构建 IPEF，意图拉拢该区域内的部分国家，达到掌控区域乃至全球产业链、供应链、价值链，进而"围堵中国"的目标。

### 2. 霸权同盟国的影响

霸权国的联盟重置行为与其盟国诉诸联盟异化策略之间存在矛盾互动关系。面对国际形势和权力格局的变化，霸权国选择强化重置联盟，但又掣肘于衰落的霸权实力不得不模糊或减少对联盟的承诺，致使霸权同盟国的经济利益与安全诉求难以得到满足，后者不得不审视恪守传统联盟的价值所在，并开始寻求保证自身利益的其他方式，与霸权国的联盟关系由此也出现了异化。之所以出现联盟异化现象，即霸权同盟国会选择性追随尤其是选择性背离，主要原因是霸权国的联盟重置行为主要是基于霸权护持考量的，其目的是壮大自身权力优势

---

① Michael R. Pompeo, "Communist China and the Free World's Future", https://www.state.gov/communist-china-and-the-free-worlds-future/，访问时间：2020 年 7 月 24 日。

且弱化崛起国，而不是为了维护盟国利益。霸权国可能通过部分让利的方式拉拢同盟国以达到制衡的效果，也可能会无视同盟国的利益诉求，毕竟各类策略选择都只为迎合霸权护持的单一目标。在这种情况下，同盟国的策略选择具有摇摆性，在利益驱动下会偏向选择性追随，也会倾向于选择性背离。

第一，延续国际多边平台的功能，寻求全球治理秩序的确定性。欧洲和亚太盟友均表达了对多边机制的支持，表现出较强的务实态度。多边主义是被国家选择的战略，是国家追求利益的一种手段，一国是否参与多边主义可以根据战略偏好而改变。但是，值得警惕的是，在霸权国的裹挟下，各多边平台乃至多边主义精神都可能被工具化地使用。因此，霸权同盟国追随的多边可能是已然非中性的多边规制或精神。

以联合国为核心的多边主义是欧盟对外政策的基石，欧盟的现实利益和规范上的影响力都是基于多边体系，因此必须与各成员国一道支持、促进和加强多边主义，其中包括坚持国际规范与协定、将多边主义推广到新的世情当中、改革多边组织以更好地实现目标。① 美国的亚太盟国同样是多边机制的拥护者。国际金融危机以来，澳大利亚、日本和韩国在亚太地区建立新多边机构或振兴地区现有机构，由此进入"多边主义2.0时代"。面对美国霸权衰落和中国崛起，这些盟国希望抓住机会建立多边机构并加强在亚洲事务中的声音。② 此外，欧洲和亚太盟国都支持世贸组织改革，坚定对多边主义的承诺。2018

① "EU action to strengthen rules-based multilateralism", https://data.consilium.europa.eu/doc/document/ST-10341-2019-INIT/en/pdf，访问时间：2019年6月18日。

② He Kai, "Contested Multilateralism 2.0 and Regional Order Transition: Causes and Implications," *The Pacific Review*, Vol. 32, No. 9, 2018, pp. 7 – 8.

年 6 月,欧洲理事会邀请欧盟委员会与志同道合的伙伴共同提出一项全面方案改善世贸组织职能,欧盟委员会主席冯德莱恩表示,世贸组织改革仍然是重中之重。2020 年 1 月,欧盟委员会宣布发起一项有关WTO 改革的倡议。

第二,开展功能性合作,诉诸"两面下注"的务实外交。除了实力下降致使霸权国维系联盟、提供公共产品的意愿和能力不足等因素的影响,单边主义和"美国优先"也在不断损害盟国利益,促使其无法形成所谓稳固的联盟关系。此外,拜登曾在《拜登的政纲草案》中指责,特朗普对传统联盟的明显蔑视显示这位总统已经"背叛"了美国的伙伴,"掏空了美国的外交资源,损毁了国际承诺,削弱了我们的联盟,玷污了我们的信誉"。① 不少欧洲官员表示,在特朗普政府的领导下,跨大西洋关系状况比历史上任何时候都糟糕。美国不寻求广泛的、共同的战略议程,而只是为了实现短期目标。② 其实,甚至在特朗普政府之前,美国就无法迫使盟友完全站在自己一边。奥巴马政府未能说服盟友抵制中国主导的亚投行,相反,不少欧洲国家成为亚投行的创始会员国。这种"跨界合作"的背后驱动力实则是各类功能性需求,例如应对气候变化、进行宏观经济协调、促进世界经济强劲可持续增长等。

日韩等霸权国的传统盟友国家也采取了"两面下注"的务实外

---

① "2020 Democratic Party Platform", https://www.demconvention.com/wp-content/uploads/2020/07/2020 – 07 – 21-DRAFT-Democratic-Party-Platform.pdf, 访问时间:2020 年7 月 22 日。

② Erik Brattberg and David Whineray, "How Europe Views Transatlantic Relations Ahead of the 2020 U. S. Election", https://carnegieendowment.org/2020/02/20/how-europe-views-transatlantic-relations-ahead-of-2020-u. s. -election-pub-81049, 访问时间:2020 年 2 月21 日。

交，形成过非常明显的联盟异化现象。① 这也是各类双边对话出现加强趋势的重要原因，对话不仅发生在南方国家或北方国家的集团内，同样也发生在南北国家之间。大国竞争背景下，全球治理中的议题联盟被划分为了若干个集团，各个集团以其成员国的利益为行动指南，影响国际规则制定的进程。2020 年 1 月 14 日，美欧日发表联合声明，呼吁 WTO 对其成员的政府补贴行为实施更严格的限制。外部评论认为，声明的此条限制旨在限定中国的规模经济优势，阻止中国继续享受得自 WTO 规则的收益。与之相对，双边对话还发生在跨集团中，中国与欧盟开展双边对话，谈判完成了中欧全面投资协定，旨在实现双边经济互补，扩大双方贸易流量。此外，《中欧地理标志协定》正式生效。尽管受到大国博弈影响和疫情冲击，但在 2021 年 1 月至 10 月，中欧双边贸易额达到 6704 亿美元，同比增长 30%，而且双方在经贸领域的合作仍有不断上升的发展空间。一方面追随联盟，另一方面却又背离联盟，这种"政策摇摆"的背后驱动力实则也是功能性利益诉求。

第三，区域化对冲，追求独立性。随着冷战终结，欧洲开始构建欧盟这一主要区域性机制，建立了独立且在某种程度上对美元具有竞争力的欧元区，增强了区域国家参与全球治理的能力和话语权。经济全球化、资本流动的增加、技术革命的出现创造了一个新的前沿，欧洲一体化进入新阶段，欧洲将凝聚力作为建立新实体的原则。随着欧盟管辖权扩展到越来越多的问题领域和国家，各成员国在寻求保护剩余权力和保留机动自由的同时，又参与了范围更广的联合主权和协调

---

① 任琳、郑海琦：《联盟异化的起源》，《国际政治科学》2021 年第 2 期。

活动的体系。① 在应对不断变化的国际体系所带来的挑战和机遇时，欧盟始终重视扩大和深化机制以及制度安排的演变，这通常是由于外部压力变化而产生的。变革压力导向了扩张的欧洲区域主义，欧盟力图成为更大范围内的核心，在建立内部制度的同时，有效地参与和回应变化中的国际体系，使其处于主要行为体的位置。② 特朗普执政时期，美国与全球机构的脱离接触可能会造成更大的地区反弹，美国在全球治理中的影响力减弱会使不依赖美国的区域性倡议持续并深化。③ 这也是近年来欧洲一体化趋势加强的重要背景之一。

第四，欧盟的一体化遭遇困难，开展跨区域外交（尤其是与亚太地区）的必要性上升。亚太地区的一体化趋势有所强化，且区域内国家的经贸互补关系，在全球治理、区域治理规则重塑和全球贸易、区域贸易结构重塑的过程中有所强化。这在某种程度上回应了上文中谈及的联盟异化现象。欧盟区域内、欧美之间在经贸投资等领域的占比下降，意味着欧盟要想维持区域内经济繁荣和稳定，非常有必要开拓跨区域合作，而跟亚太地区的合作大有上升趋势。如此，为了平衡利益，欧盟及区域内国家诉诸联盟异化战略的可能性大大上升了，因此它们时而追随霸权，时而背离霸权与崛起国或其他各类型国家开展功能性合作。

除了经济领域积极的跨区域合作不断涌现，一些消极的跨区域合作近年来在军事领域出现。在霸权国的裹挟下，北约在俄乌冲突爆发后加快

---

① Felipe González and Stanley Hoffmann, "European Union and Globalization", *Foreign Policy*, No. 115, 1999, p. 38.

② David Allen and Michael Smith, "The European Community in the New Europe: Bearing the Burden of Change", *International Journal*, Vol. 47, No. 1, 1992, p. 23.

③ Miles Kahler, "Global Governance: Three Futures", *International Studies Quarterly*, Vol. 20, No. 2, 2018, p. 243.

了"亚太化"进程。例如，2022 年 4 月，北约外长会议在布鲁塞尔举行，会议聚焦北约的新战略构想，首次邀请了日本、韩国、澳大利亚、新西兰等四个亚太国家外长参与。霸权国工具化和武器化北约的行为不仅降低了相关盟友国家的政策自主性，客观上还破坏了跨区域经济合作的整体效益，给已然低迷的区域和世界经济蒙上一层阴霾。

综上，同盟国的联盟异化与霸权国的联盟重置的矛盾互动投射在全球治理体系中，就是美国盟国与各类国家开展功能性合作，对美国表现出选择性背离或追随。一方面，这在一定程度上增加了霸权国重置联盟体系、再塑等级化的全球治理体系之难度；另一方面，同盟国认识到联盟的不可靠、被牵连风险和低回报率，也采取了一系列对冲外部风险的自保措施，具体表现为支持多边和强化区域一体化。

尽管俄乌冲突爆发以后，欧洲的政策独立性有所下降，但长期而言，扭转这种趋势才符合欧洲的根本利益。正如德国前总理施罗德所言，欧洲在俄乌冲突爆发后，完全一股脑地跟随美国步伐行事，这让欧盟成为一个没有头脑的组织，变得和北约一样，是美国的"附属品"，这样下去的话，欧盟或将会丧失自己的主权。实际上，长此以往，对欧洲而言，不仅仅是主权独立堪忧，经济独立、政策自主和长期繁荣将变得可望而不可即。

### 3. 崛起国的影响

随着实力的增强和国际影响力的提升，中国在全球治理中的角色日渐突出。为了塑造良好的国际形象，联合各国应对全球性议题，中国的策略表现出与美国政策的明显不同。具体表现为在全球治理秩序中，中国没有形成具有排他性和对抗性的制衡性联盟，即使倡导建立的合作机制也具有开放性和包容性。

第一，结伴不结盟，打造遍布全球的合作伙伴关系。中国一贯坚持走和平发展道路，秉持客观中立的合作态度，愿与世界各国共同致力于推动构建以合作共赢为核心的新型国际关系。结伴不结盟，推动形成遍布全球的伙伴关系网络，在各种功能性议题领域，与世界各国为维护世界和平与发展而通力合作。正如习近平主席在出席第七十届联合国大会一般性辩论时所指出的，"我们要建立平等相待、互商互谅的伙伴关系。……我们要坚持多边主义，不搞单边主义；要奉行双赢、多赢、共赢的新理念，扔掉我赢你输、赢者通吃的旧思维。协商是民主的重要形式，也应该成为现代国际治理的重要方法，要倡导以对话解争端、以协商化分歧。我们要在国际和区域层面建设全球伙伴关系，走出一条'对话而不对抗，结伴而不结盟'的国与国交往新路。大国之间相处，要不冲突、不对抗、相互尊重、合作共赢。大国与小国相处，要平等相待，践行正确义利观，义利相兼，义重于利。"①

第二，建立亚洲基础设施投资银行、金砖国家新开发银行等非排他性的新机制。伊肯伯里认为，中国建立新的多边制度和机构具有三重目的：国家间合作创造共同利益；建立新机构可以在地区或更广泛的国际体系中建立双边和多边影响力；利用新机构挑战和取代所在政策领域内的现行实质性规则和规范。从长期来看，新机构可能颠覆并最终取代美国和其他国家建立的机构，是反霸权制度的最直接形式。②实际上，中国倡导成立金砖机制的主要原因之一是为了应对全球经济

---

① 《习近平出席第七十届联合国大会一般性辩论并发表重要讲话》，《人民日报》2015 年 9 月 29 日第 1 版。

② G. John Ikenberry and Darren J. Lim，"China's Emerging Institutional Statecraft：The Asian Infrastructure Investment Bank and the Prospects for Counter-hegemony，" https：//www. brookings. edu/research/chinas-emerging-institutional-statecraft/，访问时间：2020 年 7 月 15 日。

治理困境。当前全球经济治理面临发展中国家难以构建国际经济新秩序的知识框架、发达国家改革意愿降低和新兴经济体集体行动的困境。① 此外，西方国家主导下的既成的国际经济机制具有局限性，崛起国和新兴国家在全球经济活动中的份额未能反映在这些机构的投票份额上。因此，中国倡议建立金砖国家新开发银行，作为对现有机制不足的补充。在经济与世界日益相互依存的情况下，中国认为真正的多边主义可以为国际合作提供新平台，提供国际公共产品。任何一个国家都无法有效应对新出现的跨国外部威胁，必须通过与其他国家的多边合作来解决。不论是金砖机制还是亚投行，中国的目标都在于扩大多边合作，因此新建的制度都具备包容性和开放性，在提供公共产品方面也具有非排他性。

第三，诉诸区域一体化，参与区域化制度安排。有学者认为，以区域协议和机构为基础的制度为崛起国提供了全球治理的替代方案。区域伙伴关系会增强崛起国的能力和全球层面的优势，还能够强化全球谈判的外部选择。美国和欧盟已经利用了这种外部选择以赢得全球谈判优势，即借助区域机制威胁退出全球经济体制。② 由于历史性原因，崛起国在与现任大国讨价还价时处于不利地位，因此在注重全球战略的同时对区域战略予以重视。中国重视区域化合作并不断构建相应的制度安排。为应对亚洲金融危机，中国从 21 世纪初开始倡议并力推"东盟 10＋3"机制，在此基础上形成《清迈倡议》，以亚洲国家为主促进区域经济治理。2003 年，中国首次提出"推动清迈倡议

---

① 朱杰进：《金砖银行、竞争性多边主义与全球经济治理改革》，《国际关系研究》2016 年第 5 期。

② Miles Kahler, "Rising Powers and Global Governance: Negotiating Change in A Resilient Status Quo," *International Affairs*, Vol. 89, No. 3, 2013, p. 723.

多边化"的建议，得到了地区国家的积极回应。中国还为该倡议积极
提供资金支持，与日本共同成为最大出资方。此外，中国积极推进由
16 个亚太国家构成的 RCEP，积极主办 RCEP 磋商高级别会议，通过
开放市场、改善营商环境、深化与东盟和韩国等成员的多边和双边合
作。即便是在印度表示退出后，中国仍宣布推动该协议如期签署。

### 4. 其他类型国家的影响

霸权国一系列权力护持行为为全球规则体系带来了极大的不确定
性。为了寻求有利于自身发展的外部环境，确保本国利益不受损失，
系统内的其他国家（包括崛起国）越来越多地以达成双边协定或是
"抱团取暖"的方式为本国在全球经贸活动中获得确定性。一系列双
边和区域小多边协议的签订，为全球规则体系带来了诸多制度增量。
复合规则体系横向并列存在，同时又融于全球规则体系，复边现象变
得更加明显。相比复边现象的前两种路径，这一形成路径的发起主体
不是霸权国，而是系统内其他国家。除此之外，大多数亚非拉国家游
离于霸权联盟体系外，具体表现为在全球治理秩序中，这些国家采取
较为灵活的外交策略。历史上的不结盟运动充分反映了这些国家保持
自主性的诉求，倾向于抱团取暖，以增强与大国的博弈能力。

第一，强调外交独立性，在既有机制中基于身份和利益的共识组
成松散的议题联盟。有学者研究了巴西和印度等国的联盟在全球贸易
治理中的角色，巴西和印度的联盟是全球贸易治理结构改变的关键力
量，动员和领导联盟使它们能在多哈回合中获得核心席位并发挥议程
设定作用。[1] 2003 年，印度、巴西和南非发起三边伙伴关系倡议

① Kristen Hopewell, "The BRICS—Merely a Fable? Emerging Power Alliances in Global Trade Governance", *International Affairs*, Vol. 93, No. 6, 2017, p. 1382.

（IBSA），通过形式化对话为发展中国家在全球贸易和安全问题上的政策协调奠定基础。IBSA 使三国在世贸组织等多边体系内协调全球治理立场。该机制是对全球经济现状的回应，其宗旨和目标在多哈回合谈判破裂的背景下更为重要。印度、巴西和南非存在共同愿景，通过建立平台处理各类挑战。三国建立的议题联盟突出表现在世贸组织谈判中，强调必须全面执行《多哈发展方案》，并强调贸易谈判的结果有助于改进多边贸易体制规则，扭转保护主义政策。① 印度、巴西和南非在多哈回合谈判中联合起来并协调谈判立场，领导发展中国家集团，要求建立全球市场条件，使发展中国家能够从农业、工业和服务业的相对优势中获益，旨在消除发达国家强加的高非关税贸易壁垒。三国利用国际机构建立联盟的战略最终产生了由发展中国家组成的 G20，对全球经济治理的影响在坎昆世贸组织会议上得到了广泛认可。IBSA 一直是 G20 的主要代表，积极参与世贸组织谈判达成协议，例如三国成功地减少了《与贸易有关的知识产权协议》对发展中国家药物高成本的负面影响。②

第二，为了对冲风险相互抱团，构建相对独立的制度安排。单个国家能力不足以应对全球治理挑战，与志同道合的国家联合构建多边制度安排能够壮大自身能力。抱团取暖将有效减少区域内外大国的影响力，最大限度地突出这些国家的地位和利益诉求。一直以来，构建区域内多边机制都是降低大国影响、阻止单边主义、给予小国话语权

---

① "Brasilia Declaration", https：//mea. gov. in/bilateral-documents. htm？ dtl/7670/Brasilia + Declaration，访问时间：2021 年 12 月 6 日。

② Daniel Flemes，"India-Brazil-South Africa（IBSA）in the New Global Order：Interests, Strategies and Values of the Emerging Coalition," *International Studies*, Vol. 46, No. 4, 2009, p. 411.

和投票机会所必需的手段。抱团取暖的举措往往产生于地理邻近的国家之间，因为这些国家制度相近、文化距离小、利益相似，彼此合作能降低制度构建的成本，因而会产生相对独立的域内小国高度活跃的区域化组织机制。东盟的建立充分体现了大国之外的系统内其他国家构建区域化组织的设想。在冷战威胁地区和平与稳定的情况下，东南亚国家的首要战略选项是确保政策独立，阻止外部大国干预，为本国发展创造稳定的外部环境，东盟应运而生。在东盟框架下，各成员国寻求共同利益，搁置分歧，在共同关心的事务上积极合作和相互协助。随着中美在亚太地区竞争加剧，东盟既面临选边站的压力，也需要进一步加强中心性。毋庸置疑，东盟一方面与区域内外大国开展功能性合作，将东盟主导的治理议题和规则塑造嵌入大国主导的治理规则谈判进程之中，用好全球治理制度的利好的同时，抑制大国竞争可能会对本区域带来的伤害。[1] 另一方面，东盟还非常重视强调中心性和独立性，对冲中美大国博弈对本区域国家带来的负面影响，确保各国利益得到保障。所谓的东盟中心性，意味着东盟处于亚太区域机构的核心，为亚太区域机构提供基本平台，东南亚处于亚洲区域主义的中心[2]；借助东盟平台抱团取暖是区域各国对冲外部风险的重要途径；利益导向仍是各国最主要的行为参考，因此面对大国的联盟重置行为，它们是由联盟异化驱动的。成员国不仅考虑维持联盟的收益和抛弃联盟的成本差，也会考虑在保持联盟存续的同时，还要保持本国的独立性和灵活性。当霸权国和盟国之间存在明确条约时，盟国受较大

---

[1]　Tang Siew Mun, "Is ASEAN Due for a Makeover?", *Contemporary Southeast Asia*, Vol. 39, No. 2, 2017, pp. 242 – 243.

[2]　Amitav Acharya, "The Myth of ASEAN Centrality?", *Contemporary Southeast Asia*, Vol. 39, No. 2, 2017, p. 274.

程度的制度约束，抛弃联盟成本过高，但小国也还是力图避免被霸权国绑定，因而可能会在既存的体系框架内寻求争取灵活性，降低被联盟绑定的成本。

近年来，面临大国竞争和疫情冲击带来的不确定性风险，区域一体化的速度和程度进一步加深，因此成为此轮制度复杂性增量的重要组成部分。与霸权国的主观塑造不同，这些国家诉诸区域一体化的主观意图是规避和防范风险。金融危机后，区域国家自身主导的区域一体化进程呈现下行趋势，大国博弈延伸至部分区域，系统重要性大国介入区域制度建设的进程之中。大国政治的不确定性溢出至相关区域并影响到区域安全稳定和经贸畅通。因此，为减少不确定性，系统内其他国家采取防御性策略，增强区域内各国的联合。

经贸领域的制度复杂性最为明显，特别是特朗普的单边主义和霸凌主义行径以及后来新冠疫情导致的全球供应链断裂，使亚太各国意识到加强区域内部合作的重要性。在大国博弈和全球层面 WTO 治理绩效下降的环境下，亚太区域一体化程度大步向前。标志性事件就是 RCEP 的签订和最终生效。这一全球覆盖人口最多的区域贸易协议将在扩大区域内贸易和投资，不断稳固和强化区域内产业链供应链韧性，长效并持续改善营商环境等方面带来大量利好。RCEP 是域内各国为了应对大国博弈和疫情冲击带来不确定性风险的产物，是区域一体化进程中经贸领域的制度增量，也是全球治理复边现象的重要组成部分。此外，CPTPP 可能成为未来区域一体化的新产物，但由于受到域外霸权国的影响程度、主导国的政策导向、区域内大小成员国的互动情况的影响，很难预期这一制度增量可能给全球治理制度复杂性带来的影响。不过，其中的衡量是中国对其保持开放的态度，并于 2021 年 9 月 16 日正式提出申请加入。

最后，面对大国博弈带来充满变数的世界，系统内大多数国家（包括中小国家乃至霸权国的传统盟友国家）不再是简单的"选边站"，而是采取了更加务实的、符合自身利益的对外政策。区域内的其他国家在寻求"抱团取暖"的同时，还往往倾向于在中美之间两面下注，寻求利益最大化。区域一体化迅速推进的背景下，一些东南亚国家选择了同时加入 CPTPP 和 RCEP，或是时而追随美国，通过频繁使用"论坛选择"的手段实现自身利益最大化，这种"两边下注"的行为在某种程度上也增加了复边现象出现的可能。

区域内中小国家采取制度制衡或"抱团取暖"的手段，进一步增强了区域内外的制度复杂性，同一地区内各类型各标准的制度彼此堆叠、嵌套或重合的程度加深；[1] 区域整体的制度推进也加速了规则标准设置、小范围议题领域制度建设和成员国利益趋同，为新一轮复边现象提供了新的动力。[2] 与之相对，虽然霸权国试图影响系统内中小国家或是盟国的战略偏好，借由较高经济发展水平和制度性话语权优势，向这些国家和地区输出制度规则标准，但各国出于维护国家利益的考量，选择了务实的"论坛选择"机制，客观上为复边现象的产生制造了土壤。

---

[1] 对于国际制度复杂性学界已有相关研究，一般认为国际制度复杂性描述的是，针对某一领域的治理存在各种彼此交错、复杂互动的制度这一现象，参见王明国《国际制度复杂性与东亚一体化进程》，《当代亚太》2013 年第 1 期；任琳、张尊月《全球经济治理的制度复杂性分析——以亚太地区经济治理为例》，《国际经贸探索》2020 年第 10 期；Karen J. Alter and Sophie Meuiner, "The Politics of International Regime Complexity", *Perspectives of Politics*, Vol. 7, No. 1, p. 15；Vimod K. Aggarwl and Seungjoo Lee, *Trade Policy in the Asia-Pacific: The Role of Ideas, International And Domestic Institution*, New York: Springer, 2010.

[2] 有学者认为国际制度复杂性很好地解决了制度过剩（Institutional surplus）的问题，但更多的学者认为制度拥挤与堆叠是现存现象。

## ◇四　结论

我们倾向于用"制度复杂性"来形容全球治理的当下或短期内可预见的图景，霸权国的权力护持行为是多边秩序处于相对不稳定状态、全球治理体系改革难以推进的最主要原因。当然，如若霸权国把政治经济冲突之火烧到国际制度和全球治理秩序领域，亦不排除崛起国出于自卫而采取制度制衡的可能性，但当下而言，这种存在排他性、对抗性且成员相斥的"平行体系"[1] 的主要塑造者是作为霸权国的美国，而非崛起国或系统内任何国家。崛起国并未采取联盟手段诉诸制度制衡，进而冲击既有的全球治理秩序，反而是霸权国做出了制度制衡的诸多反应。对霸权国而言，联盟重置和瓦解体系的成本高昂，且现实战略意义不高，毕竟包括崛起国在内的系统内绝大多数国家都是遵守既成的全球治理多边秩序的。随着霸权国实力的相对衰落，它在短期内并不具备联盟重置、体系瓦解与重塑的能力。同时，出于霸权护持目的的系统重置行为，必然有伤于全球治理体系的客观中性。因此，国际社会亟须一个能够塑造政治互信、凝聚各方共识、克服大国博弈阴影、致力于增强有效性与合法性的全球治理体系改革方案。

---

① 任琳、张尊月：《全球经济治理的制度复杂性分析——以亚太地区经济治理为例》，《国际经贸探索》2020 年第 10 期。

# 第 七 章

# 未来世界全球治理秩序的几种图景

面对日益增加的不确定性，人们不得不开始思考未来世界的全球治理秩序将会呈现何种图景。作为世界上最为重要的两个行为体，中美两国的双边关系走向将最终塑造全球治理的未来图景。综合已有文献和学界观点，本书总结了几种颇具影响的预测图景，逐个分析它们产生的可能性和中国应对方案。相比前几种图景，最后一种是在中短期内非常有可能出现、风险系数和破坏性极大的图景，亟须做好预案。

图景一：G0——无秩序世界
图景二：人类命运共同体
图景三：G2——中美共享全球经济治理权
图景四："平行体系"
图景五："各自为政"的小集团

## 图景一：G0——无秩序世界

G0指一个没有核心大国承担领导者角色的世界。在这种图景下，系统内最主要的国家不再热心于全球治理事务，不愿意继续提供全球公共产品、承担大量国际义务，全球治理赤字骤然加剧。世界将有可能陷入曾在 20 世纪 30 年代出现的"金德尔伯格陷阱"，没有国家愿意作为世界领导者提供全球公共产品，没有国家维持世界经济与安全秩序，气候变化、难民问题、恐怖主义等各类全球问题不断发酵，结果是世界经济衰退，甚至陷入世界大战。

当然，如果系统内有其他国家或国家集团可以团结起来，借助已有的国际组织和机制维持秩序，保障最低限度的公共产品供应，世界也不一定会陷入完全无秩序的混乱之中。国际组织和机制具有一定的迟滞效应，即使没有一个核心大国承担全球治理秩序的领导角色，主要大国没有意愿提供公共产品，已有的国际组织和机制仍然可以在一定限度上维持最低限度的世界秩序。只不过这种秩序缺乏稳定性和持续性，但是维持一定的秩序符合系统内各国家行为体的共同利益。这些关心秩序的国家或国家集团不一定具有领导力，但也能提供少量的公共产品，维持某些领域内秩序的稳定。

图景二：人类命运共同体

人类命运共同体理念是对全球治理的规范创新，是一套关于世界秩序的全新的、积极的、美好的构想。在这种图景下，国家之间的互信得以加强，经济全球化将得到巩固，相互依存、"地球村"和休戚与共的意识增强，共商共建共享的全球治理观更加深入人心。各国深刻领悟到国际社会面临的共同问题和挑战，笃定只有合作治理才能解决问题。全球性问题产生于各国的深度相互依赖，世界的繁荣也依赖于世界的深度相互依赖，因此解决和应对问题也必须有赖于各国的相互合作、彼此信任、合作治理。这是一种理想世界的图景，实现这一图景可能需要某些特殊事件的促成，各国尤其是系统内主要国家之间达成一致，愿意放下成见，合作应对重大全球性问题。

此前暴发的新冠疫情是全人类共同的敌人，本应该使休戚与共的理念更加深入人心，携手应对危机。然而，在大国博弈等因素的影响下，一些国家不仅选择性地参与全球合作抗疫，甚至抹黑他国抗疫贡献。由此可见，在真正意义上实现人类命运共同体绝非易事，但这是全人类的最优方案和最美好未来。

### 图景三：G2——中美共享全球经济治理权

第三种图景是中美共享领导权，合作应对挑战。在这种图景下，中美两国共同承担世界领导者的角色，合作维持全球经济治理体系的运行。这种说法首先由彼得森国际经济研究所所长弗雷德·伯格斯登（Fred Bergsten）在 2008 年《外交》杂志上撰文提出，他认为，"如果美国要鼓励中国在全球经济事务中承担更多的责任，就应该和中国分享全球经济治理的领导地位"，因此，他建议，"当时的'美中战略经济对话机制'应进一步升级为领导世界经济秩序的两国集团。"①

客观分析，出现这种 G2 图景需要具备主客观条件。一方面，客观条件逐渐成熟。随着经济实力的上升，中国对国际事务的贡献日益增加，但并未体现在全球治理的投票份额和话语权上。随着全球治理赤字的增加和治理失灵问题频频出现，美国同意与中国分享全球经济治理权、共同分担公共产品供应的客观必要性逐步显现。另一方面，

---

① C. Fred Bergsten, "A Partnership of Equals How Washington Should Respond to China's Economic Challenge", *Foreign Affairs*, Vol. 87, No. 4, 2008, pp. 57 – 69.

从主观条件上看，中美两国仍需培育足够的战略互信。中美之间存在的经贸摩擦，究其根源在于缺乏战略互信。美国尚未学会如何与一个日益崛起的中国相处。因此，G2 是否可行将取决于主观条件是否完备：两国能否放弃猜疑，增进战略互信，特别是美国能否接纳一个正在崛起的中国。

图景四："平行体系"

所谓的"平行体系"① 也是一种 G2 图景，但区别于共享权力彼此兼容的 G2，"平行体系"曾在冷战时期出现过，表现为美国和苏联各持一套全球治理的理念、机制和体系，各自希望自己主导的那套体系能够在争霸中获胜。最终，两极争霸以美国主导治理体系的胜出结束。随着世界向多极化发展，特别是以中国为代表的新兴国家的积极参与和贡献，既成全球治理体系的中立性和功能性有所加强。

恰恰是因为霸权国认为这套治理体系的"功能性溢出效应"② 让崛起国和系统内其他国家都受益，并将自身霸权衰落的原因归咎于此，因而不断给既成的治理体系制造障碍。例如，特朗普时期阻滞 WTO 改革，拜登时期拉拢盟国在全球大多边之外搞"小圈子"外交，或是试图将其他对手国家踢出既成的治理体系。美国还多次试图"另起炉灶"，在 WTO 规则体系之外打造一个更为"美国优先"的全球贸易治理体系，例如以往的 TPP、TTIP 和 USMCA 等皆具排斥中国的

---

① 张宇燕：《新冠疫情与世界格局》，《世界经济与政治》2020 年第 4 期。

② 任琳：《"退出外交"与全球治理秩序——一种制度现实主义的分析》，《国际政治科学》2019 年第 1 期；任琳、郑海琦：《联盟异化的起源》，《国际政治科学》2021 年第 2 期。

条款，以及 2022 年年初动用全方位、立体化的对俄制裁，试图将俄罗斯踢出美国主导的全球金融体系、全球贸易体系及全球经济治理体系。

与之不同，中国并无意打造一套与美国主导体系平行的全球治理体系，中国坚决支持以国际法为基础的国际秩序和以联合国宪章宗旨和原则为根基的国际关系基本准则。然而，美国却一再极限施压，试图塑造一个对比对立、各成阵营的"平行体系"。

图景五："各自为政"的小集团

各国家集团都有自己的利益诉求和治理主张，特别是在美国奉行贸易霸凌主义、滥用单边制裁盛行的背景之下，出于"站队"或是自保的考虑，以欧盟、东盟为代表的区域性小集团和以金砖、G7 为代表的俱乐部集团，都可能形成自拟制度、"各自为政"、小集团林立的短期状况。

在某种程度上，这些"各自为政"的小集团最低限度地提供必要的公共产品供应，维护着其成员国范围内的秩序，整个国际秩序也不至于像"G0——无秩序"图景一样。由于主要利益诉求存在一定的差异，彼此之间的边界还是存在的。其中，没有大国参与的小集团及其成员国担心过分靠近某一个大国及其主导的集团，因而会寻求一定的独立性，有意或无意地撇清跟大国的关系，在选择性追随以某大国为中心的集团时，又会强调自身的中立地位和身份认定。

然而，正如前面所分析的，各小集团彼此之间的隔离状态不是彻底的，一旦持有不同立场的集团之间（例如中欧之间）实现了具有突破性进展的沟通对话，就很有可能改变力量对比、缓解集团间矛盾，修正全球治理的最终图景。

最后，之所以会出现全球治理制度复杂性的现实情景，是因为国家逻辑和市场逻辑的矛盾互动。它们似乎构成一个统一的矛盾体彼此互动，在不同阶段不同议题中，不同的逻辑占主导，导致全球治理的制度复杂性愈发明显。从现实需求看，我们需要一个统一的世界市场和统一的全球经济治理体系。但实际上我们没有办法摆脱国家的逻辑、权力的逻辑，于是我们看到了产业链的割裂、各种形式的贸易战和"脱钩"行为等。经贸领域里的制度复杂性现象最为明显，大多边有 WTO，诸边有 G7，区域有美墨加，双边有美日、美韩、美欧。一时间，高低不一的规则复合叠加或交叉。涉及科技议题（5G、AI、半导体），美国的"小圈子"外交现象明显，利用联盟政治进行战略围堵，而不考虑其他国家对崛起国市场的需求。实际上，即使在大国博弈的焦点领域，例如高新科技研发也需要有足够大的世界市场去消费，这样才能最终带来世界经济的增长。再加上系统内其他国家的自保行为，使区域一体化得到强化，制度复杂性现象明显上升。可见，在大国博弈的环境下，国家逻辑超越了市场逻辑和利益逻辑，大大塑造了全球治理的版图现状。展望未来，国家逻辑和市场逻辑两种逻辑哪个占主导，会把全球治理导向完全不同的情景之中。

# 制度现实主义视角下的国际秩序及中国应对

国际问题是一门彼学和关系学①，我们研究好外部世界以及中国与外部世界关系的目的是为了准确定位中国的历史方位、世界坐标、角色定位，从而为中国实现"两个一百年"奋斗目标与实现中华民族伟大复兴的历史性使命创造良好的外部环境，为实现构建人类命运共同体的长远目标提供实践动力与理论支持。把脉"世界怎么了"，其出发点和落脚点都是为了更好地回答"我们怎么办"的历史之问、时代之问、民族之问。

## ◇◇ 一　世界怎么了？

回顾全书，我们把重心放在回答"世界怎么了"的问题上，基本论述逻辑是，霸权的内生性矛盾→阶段性的相对衰落→霸权护持→改变国际格局→冲击全球治理秩序，从而改变了"二战"后逐步形成的相对稳定的世情。"二战"后，大国进入后战争时代，权力的生产方式发生了根本性改变。大国博弈更多地呈现在全球治理和国际制度领

---

① 彼学的研究对象系其他国家，关系学则主要研究国家与国家之间的关系。

域。霸权国的相对衰落不仅体现在器物层面，更可能是在多边制度领域里失去权威和公信力。当然，这两者之间是具有联动作用的，前者是动因，后者是结果，而后者又加剧了前者。这也是总论《大国博弈的底层逻辑：权力结构与制度化趋势》中的核心论点。我们由此认为，斯特兰奇的结构性权力已经不能充分描述当下的大国博弈逻辑，所以，我们在回答"世界怎么了"的问题时特意增加了制度[1]的分析维度，在一定程度上延续了制度现实主义的思考路径。

霸权兴衰或者具体到霸权衰落是由霸权国的内生性矛盾决定的。正如马克思和恩格斯指出的，资本主义必然走上灭亡的历史命运，是因为其内在的矛盾始终无法真正得到解决。我们并不试图追踪霸权命运的历史必然，或是断定其实现的历史时限，只是力求对其内生性矛盾及其作用机制做出客观中性的观察。如同马恩针对资本主义的论断一样，其历史进程可能是漫长的，方式也可能是多样的。因此，第一部分的标题为《霸权兴衰：国家与市场的逻辑》，重点观察市场逻辑与国家逻辑的矛盾互动。霸权衰落具有内生性原因，在全球化时代，霸权国依然无法从根本上克服资本主义固有的内生的矛盾，无法处理好市场逻辑与国家逻辑的关系。借用斯特兰奇的结构性权力的概念，致使霸权步入必然衰落历史命运的结构性因素有安全、生产、金融、知识、技术等核心和次级结构，还有基于此形成的资源性权力、联系性权力、结构性权力。其中，结构性权力生成自资源性权力和联系性

---

[1]　在这个意义上，全书还暗含一个论述角度，即器物、观念和制度。器物指斯特兰奇的结构性权力，例如技术、金融等；观念主要涉及为了护持霸权，霸权国基于所谓"志同道合"理念诉诸各类联盟策略；制度主要表现为网络性权力和全球治理的形态。这三个维度和几种既有的逻辑相互交织，共同作用。为了保证全书论证的简洁清晰，我们并没有把这种思考角度明显地提出来。

权力，并包含了前两者。我们在考察结构性权力时选取了金融和技术这两个近年来讨论比较多的领域。所以，这在第二章《霸权兴衰与技术扩散：国家与市场逻辑的博弈》的论述中表现尤为突出。然而，霸权国在把国内产业结构不均衡、技术进步迟滞不前和收入差距拉大等问题"甩锅"给其他国家尤其是崛起国时，并没有从根源上处理国内经济社会矛盾，因此也预示着霸权国无法从根源上消除自身内部的固有矛盾。这突出表现在第一章《金融霸权的内生矛盾：国家与市场逻辑的失衡》涉及的经济金融化和收入差距拉大等方面。

为了护持霸权，霸权国并未审慎应对各类内生性矛盾，而是倾向于向系统内的崛起国"甩锅"，进而依托其拥有的网络性权力（亦即依托第五章《霸权的断网行为与相互依赖武器化》中讨论的由不对称相互依赖关系组成的国际经济结构）采取了一系列的"脱钩""断链"行为；此外，为了实现对崛起国的"规锁"或战略遏制的目标，更是采用了在联盟对象国数量和问题领域内的多种"联盟扩容"行为（这在第四章《联盟政治与联盟扩容：成本、收益与机制》中都有详述）。

总之，从时间、程度、绝对或相对上看，学界对霸权衰落进程的认知是不同的，但相同的认知是，在某些特殊领域里霸权为了避免衰落而做的挣扎最为激烈，试图改变衰落的命运。霸权护持的方式路径还有很多，包括本书第二部分涉及的减少联盟消耗、诉诸联盟政治和联盟扩容等。此外，霸权国还把经济问题安全化，进而试图诉诸所谓"脱钩"战略，或是滥用单边制裁，切断他国使用SWIFT的权限。在这些领域内，霸权护持使用的是基于全球化时代复合相互依赖而形成的网络性权力。然而，负向形式的这些权力究竟是有利于霸权护持，还是伤害了霸权本身？

如果从制度现实主义的维度来审视国际秩序，我们认为结构性权力这一大国权力博弈的目标增添了新维度——制度性权力。制度性权力以资源性权力、联系性权力为基础，且与后者存在着紧密的互动关系。例如，金融霸权塑造了霸权国与系统内各类国家之间的联系性权力，霸权国掌握全球金融网络中的核心节点或连线，借由这一网络性权力夯实其制度性权力，进而通过权力的制度化来巩固权力的比较优势，使他国不对称地对其产生依赖。这一过程的实现是通过书中讨论的两种"相互依赖武器化"的作用机制。

我们引入了制度维度审视霸权国的诸上权力护持行为及其产生的后续影响力。毕竟，霸权国不是系统内的单一行为体。随着霸权国降低国际义务，违背联合国框架下的多边秩序，国际信誉下降，系统内各类型国家对于霸权国的诸多行为也采取了愈发多元的应对方式，进而共同塑造了愈发明显的全球治理的制度复杂性现象。这在第六章《各类型国家共同塑造全球治理的制度复杂性》和第七章《未来世界全球治理秩序的几种图景》中有着具体呈现。当下而言，治理赤字、信任赤字、和平赤字、发展赤字"四大赤字"加剧，全球治理体系改革的必要性和重要性不断凸显。然而，由于大国博弈的加剧，多边改革步履维艰。只有从根本上克服信任赤字，真正践行人类命运共同体理念，才能悬崖勒马，避免全球治理秩序深陷危机，有效应对世界和平稳定所面临的巨大挑战。

综上，致力于回答"世界怎么了"的问题，本书前半部分关注权力因素，后半部分关注制度因素，聚焦全球治理秩序。所以，本书不仅是再次见到斯特兰奇的各类结构性权力因素，亦是挥别单纯从器物类权力及其联系看世界的阶段。我们尝试从制度现实主义视角看世界，不仅关注权力，也关注制度，制度既是影响因素，也是结果变

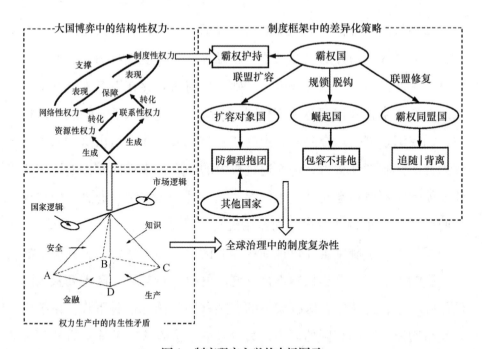

**图 1　制度现实主义的内涵图示**

资料来源：笔者自制。

量。不能割裂权力与制度来看世界。这也是本书排列章节的主要
考虑。

## ◇二　我们怎么办？

　　本书的收尾处已经开始将关注点转向"我们怎么办"，为后续研
究做好铺垫。收尾前，我们想首先从学界争鸣的角度观察中国正在或
将或如何适应大国权力博弈的新内容、积极参与全球治理体系改革，
并从对策建议的角度重申践行科学思想方法和工作方法的重要意义。
　　随着国际形势的变化，仅仅像上述文献综述中讨论国际制度博弈也已无法全面描述外部世情的变化。如今，各国政策内顾倾向增强、全球治理碎片化加剧、治理体系改革举步维艰，进而导致外部世界的不确定性不断上升。

　　各国政策的内向化和全球治理的碎片化激发了学界对全球治理中的国家性（stateness），或曰国家在全球治理中所扮演角色的讨论。[1]当前全球治理中国家性的增强是大国战略竞争加剧、发达国家内部不平等扩大、国家主导型经济模式优势增强等因素共同作用的结果。[2]其本质是国家逻辑在与市场逻辑的博弈中占据上风，并表现为民粹主义、保护主义思潮对自由主义思潮的冲击。国家逻辑的此轮占优是对此前占优的市场逻辑的反弹，此前市场逻辑占优时驱动了不均衡的全球化，在各国内部和国际社会积累了一系列分配问题。要走出此前不均衡的全球化，并超越当下对国际社会具有一定破坏性的去全球化（deglobalization）[3]，就要塑造新型全球化、对国家逻辑与市场逻辑的关系进行再平衡。[4] 这其中的关键在于提升经济全球化的包容性。包

---

　　① 任剑涛：《找回国家：全球治理中的国家凯旋》，《探索与争鸣》2020 年第 3 期；刘建军、莫丰玮：《国家从未离场，何须找回——兼与任剑涛教授商榷》，《探索与争鸣》2021 年第 1 期；许超：《全球治理中国家如何在场——兼与刘建军教授商榷》，《探索与争鸣》2021 年第 8 期。

　　② 田野、卢玫：《全球经济治理的国家性：延续还是变革》，《探索与争鸣》2020 年第 3 期。

　　③ 庞中英：《"去全球化"是长期趋势还是暂时现象——全球化悖论剖析》，《探索与争鸣》2017 年第 3 期；张宇燕：《全球化与去全球化：世界经济的视角》，《探索与争鸣》2017 年第 3 期；李丹：《"去全球化"：表现、原因与中国应对之策》，《中国人民大学学报》2017 年第 3 期；阎学通：《新冠肺炎疫情为去全球化提供合理性》，《国际政治科学》2020 年第 3 期；钟飞腾：《慢全球化：新冠疫情与中国的外部经济环境》，《教学与研究》2020 年第 10 期。

　　④ 吴白乙、张一飞：《全球治理困境与国家"再现"的最终逻辑》，《学术月刊》2021 年第 1 期。

容性具体指的是对经济全球化的受损者进行合理补偿，从而尽可能地让所有人共享全球化成果。①

对国家逻辑与市场逻辑进行再平衡离不开中国方案。从制度的视角来看，治理赤字的根源是治理规则的强非中性，填补治理赤字需要以中国方案扭转治理规则的强非中性。当前全球治理体系中的各类规则被用来在强势群体和弱势群体之间严重地扩大收益差距，从而阻碍国际社会对全球性问题做出有效应对。不仅发展中国家无法有效维护自身利益，发达国家内部的弱势群体也被严重剥削。要破解治理赤字，就要突出全球治理的协商性，即"国际上的事需要大家心平气和商量着办"②。与此同时，还要强调由强势群体承担更多责任和对弱势群体做出更多照顾。大国能力更强、面对全球风险更为利益攸关，应更多提供公共产品。③ 中国作为世界上最大的发展中国家，逐渐具备作为国际社会强势群体所应有的实力，却并不恃强凌弱，仍然承受作为国际社会弱势群体所遭到的损害，却并不忍气吞声，应充分发挥发展中大国的角色来维护发展中世界的权益，坚持民主共商、责任共担、规则共建、成果共享的治理方案，努力在去中心化的世界中实现填补全球治理赤字、提升自身全球影响、推动国家治理现代化等多重目标。④ 此外，作为目前世界上规模最大的文明古国和社会主义国家，

---

① 徐秀军：《经济全球化时代的国家、市场与治理赤字的政策根源》，《世界经济与政治》2019 年第 10 期。

② 《习近平同法国德国领导人举行视频峰会》，《人民日报》2021 年 7 月 6 日第 1 版。

③ 庞中英：《全球治理赤字及其解决——中国在解决全球治理赤字中的作用》，《社会科学》2016 年第 12 期；赵洋：《破解"全球治理赤字"何以可能？——兼论中国对全球治理理念的创新》，《社会科学》2021 年第 5 期。

④ 刘世强：《应对全球治理赤字的中国方案及其现实意义》，《理论月刊》2020 年第 3 期。

中国的治理思路还应统筹好中华文明智慧和历史唯物主义。在规范层面上，和谐共生、协商共治、合作共赢、求同存异、义利相兼的中华文明智慧有助于化解新时代的治理赤字。① 而立足历史唯物主义，中国方案则寻求超越资本逻辑和西方模式的缺陷，强调在不断推进世界普遍交往的基础上，构建政治共同体、安全共同体、经济共同体、文明共同体和生态共同体"五位一体"的人类命运共同体。②

## ◇三　具体对策：掌握科学思想方法和工作方法

具体到政策实践中，我们要准确把握外部风险，靶向发力，精准施策，新时期处理对美关系、参与引领全球治理体系改革，还要掌握科学思想方法和工作方法，坚持马克思主义立场观点方法，深入领会习近平外交思想，加强对外工作顶层设计，推进新时期对外工作能力建设。

第一，揭批美国的权力逻辑，倡导共商共建共享的全球治理观。人民性是当代中国马克思主义最闪耀的理论品质。习近平总书记指出，"中国共产党所做的一切，就是为中国人民谋幸福、为中华民族谋复兴、为人类谋和平与发展。"③ 不同于美国奉行"你赢我输、赢

---

① 张程：《治理赤字的思想根源及化解之道》，《红旗文稿》2017 年第 17 期；吴志成、李佳轩：《全球信任赤字治理的中国视角》，《政治学研究》2020 年第 6 期。

② 吴志成、刘培东：《全球发展赤字与中国的治理实践》，《国际问题研究》2020 年第 4 期；唐爱军：《"世界怎么了、我们怎么办"——基于历史唯物主义的解答》，《中共中央党校（国家行政学院）学报》2021 年第 6 期。

③ 《习近平出席中国共产党与世界政党高层对话会开幕式并发表主旨讲话》，《人民日报》2017 年 12 月 2 日第 1 版。

者通吃"① 的权力逻辑，中国梦与世界人民的美好梦想相通。中国倡
导人类命运共同体理念，以"把世界人民对美好生活的向往变成现
实"② 为奋斗目标。全球治理体系改革离不开理念的引领，要坚持改
革为了世界人民，改革依靠世界人民，改革的成果为世界人民共享，
继续丰富打造人类命运共同体，弘扬以世界人民为本的全球治理
理念。

第二，坚持历史唯物主义，客观看待国际制度的历史作用与局
限。以公正合理为理念积极参与引领全球治理体系改革，适时扭转美
西方主导"非中性"治理秩序的局面。习近平总书记指出，"我们应
该共同推动国际关系合理化。适应国际力量对比新变化，推进全球治
理体系改革，体现各方关切和诉求，更好维护广大发展中国家正当权
益。"③ 历史唯物主义是社会发展的根本动力，生产力和生产关系、
经济基础和上层建筑的矛盾是人类社会的基本矛盾。这对矛盾"必然
要求通过改变生产方式来使生产力摆脱桎梏"④。同理，全球治理体
系的制度安排（生产关系范畴）在很大程度上取决于国际力量对比
（生产力范畴）的基本格局。由于历史性原因，美西方国家曾是"二
战"后形成的全球治理体系的主要塑造者，但近年来"东升西降"
现象日益显现，以中国为代表的新兴市场经济体要求改革不合理的全

---

① 《习近平出席世界经济论坛"达沃斯议程"对话会并发表特别致辞》，《人民日
报》2021 年 1 月 26 日第 1 版。

② 《习近平出席中国共产党与世界政党高层对话会开幕式并发表主旨讲话》，《人
民日报》2017 年 12 月 2 日第 1 版。

③ 《习近平在和平共处五项原则发表 60 周年纪念大会上的讲话（全文）》，中国政
府网，http: //www. gov. cn/xinwen/2014 – 06/29/content _2709613 _2. htm，访问时间：
2022 年 5 月 1 日。

④ 《马克思恩格斯文集》第 4 卷，人民出版社 2009 年版，第 306 页。

球治理体系的呼声不断上升。

第三，有效应对霸权国在各领域的"脱钩""断链"举措，统筹国内国际两个大局，深化改革扩大开放。首先，借力更深层次更宽领域更高水平的改革，提高国家抵御外部风险的能力。明确新一轮高水平开放的方向和路径，从商品和要素流动型开放，到规则、规制、管理、标准等制度型开放，构建起一个安全高效的开放型经济体系。以高水平制度规则为基础，参与、制定和践行高水平国际规则，是一个积极与外部世界"挂钩"的过程，也是下好先手棋，取得战略主动的重大举措。其次，持续推进更高水平的对外开放，坚持以开放促改革、促发展、促创新。开放带来进步，封闭必然落后。我国发展要赢得优势、赢得主动、赢得未来，必须顺应经济全球化，依托我国超大规模市场优势，实施更加积极主动的开放战略。贯彻加快构建新发展格局的主动作为，"以国内大循环为主体、国内国际双循环相互促进"①，以更高水平的开放抵抗外部风险与挑战；以中国的新发展为世界提供新机遇，共建开放合作、开放创新、开放共享的世界经济。针对当下的世界形势，习近平主席指出，"'孤举者难起，众行者易趋。'新冠肺炎疫情阴霾未散，世界经济复苏前路坎坷，各国人民更需要同舟共济、共克时艰。中国愿同各国一道，共建开放型世界经济，让开放的春风温暖世界！"②

第四，求同存异、团结一切可以团结的力量，用区域一体化缓冲全球层面大国博弈风险。坚持马克思主义矛盾斗争性，发扬斗争精

---

① 习近平：《把握新发展阶段，贯彻新发展理念，构建新发展格局》，《求是》2021年第9期。

② 《习近平在第四届中国国际进口博览会开幕式上发表主旨演讲》，《人民日报》2021年11月5日第1版。

神，"在原则问题上寸步不让、寸土不让，以前所未有的意志品质维护国家主权、安全、发展利益。"① 坚持唯物辩证法，在斗争中求合作，在合作中求斗争，善于创新斗争方式，例如避开多边冲突，转而稳固区域诸边合作。在多边层面进展艰难的时候可以转而在区域发力，借力 RCEP 的落地和申请加入 CPTPP 的谈判。要本着互惠互利的原则同周边国家开展合作，通过区域经济合作编织更加紧密的共同利益网络，把双方利益融合从经济要素流动，提升到制度型开放的更高水平，打造周边命运共同体。我们要坚持系统思维，谋大势、讲战略、重运筹。把周边外交工作做得更好是中国在复杂国际形势下安身立命之所、发展繁荣之基，是中国的重要战略筹码，不仅有助于缓冲来自美西方的"规锁""脱钩"和"转嫁"矛盾的风险，还将有助于中国借力周边，赢得战略主动，下好先手棋。

第五，培养国际化专业化人才，提高中国参与国际规则制定和全球治理体系改革的能力。参与全球治理需要一大批熟悉党和国家方针政策、了解中国国情、具有全球视野、熟练运用外语、通晓国际规则、精通国际谈判的专业人才。要加强全球治理人才队伍建设。突破人才瓶颈，做好人才储备，为中国参与全球治理提供有力人才支撑。习近平总书记在 2021 年秋季学期中央党校（国家行政学院）中青年干部培训班开班式上对年轻干部提出要求，"要学习马克思主义理论特别是新时代党的创新理论，学习党史、新中国史、改革开放史、社会主义发展史，学习经济、政治、法律、文化、社会、管理、生态、国际等各方面基础性知识，学习同做好本职工作相关的新知识新技

① 《信念坚定对党忠诚实事求是担当作为 努力成为可堪大用能担重任的栋梁之才》，《人民日报》2021 年 9 月 2 日第 1 版。

能，不断完善履职尽责必备的知识体系。"① 因此，要高度重视培养既政治坚定，又知识体系完备；既了解中国国情，又具备全球视野的国际型人才，为中国参与国际规则制定和全球治理事务提供人才保障和智力支撑。

---

① 《信念坚定对党忠诚实事求是担当作为　努力成为可堪大用能担重任的栋梁之才》，《人民日报》2021 年 9 月 2 日第 1 版。

# 主要参考文献

保罗·肯尼迪:《大国的兴衰》,王保存等译,中信出版社2013年版。

罗伯特·基欧汉、约瑟夫·奈:《权力与相互依赖》,门洪华译,北京大学出版社2004年版。

罗伯特·基欧汉:《霸权之后:世界政治经济中的合作与纷争》,苏长和等译,上海人民出版社2001年版。

罗伯特·吉尔平:《国际关系政治经济学》,杨宇光等译,经济科学出版社1989年版。

罗伯特·吉尔平:《跨国公司与美国霸权》,钟飞腾译,东方出版社2011年版。

马克思:《资本论》第一卷,中共中央编译局译,人民出版社2004年版。

李巍:《制度之战:战略竞争时代的中美关系》,社会科学文献出版社2017年版。

曼瑟·奥尔森:《国家的兴衰:经济增长、滞胀和社会僵化》,李增刚译,上海人民出版社2007年版。

苏珊·斯特兰奇:《国际政治经济学导论——国家与市场》,杨宇光等译,经济科学出版社1990年版。

托马斯·皮凯蒂:《21世纪资本论》,巴曙松等译,中信出版社2018

年版。

王湘穗:《币缘论:货币政治的演化》,中信出版社 2017 年版。

约翰·伊肯伯里:《大战胜利之后:制度、战略约束与战后秩序重建》,门洪华译,北京大学出版社 2008 年版。


黄琪轩:《世界技术变迁的国际政治经济学——大国权力竞争如何引发了技术革命?》,《世界政治研究》2018 年第 1 期。

任琳:《后疫情时代的全球治理秩序与中国应对》,《国际问题研究》2021 年第 1 期。

任琳、黄宇韬:《技术与霸权兴衰的关系——国家与市场逻辑的博弈》,《世界经济与政治》2020 年第 5 期。

任琳:《金融与霸权关系的悖论》,《国际政治科学》2020 年第 1 期。

任琳、孙振民:《大国战争之后:权力生产方式的历史演变》,《当代亚太》2020 年第 1 期。

任琳、孙振民:《经济安全化与霸权的网络性权力》,《世界经济与政治》2021 年第 6 期。

任琳、郑海琦:《联盟异化的起源》,《国际政治科学》2021 年第 2 期。

任琳、郑海琦:《虚弱的联盟扩容与全球治理秩序》,《国际政治科学》2022 年第 1 期。

张宇燕、冯维江:《从"接触"到"规锁":美国对华战略意图及中美博弈的四种前景》,《清华金融评论》2018 年第 7 期。

张宇燕:《利益集团与制度非中性》,《改革》1994 年第 2 期。


Farrell, Henry, Abraham L. Newman, "Weaponized Interdependence:

How Global Economic Networks Shape State Coercion", *International Security*, *Vol.* 44, No. 1, 2019.

Germain, Randall, ed. , *Susan Strange and the Future of Global Political Economy: Power, Control and Transformation*, London and New York: Routledge, 2016.

Glenn Snyder, Alliance Politics, Ithaca: Cornell University Press, 1997.

Stephen Walt, "Why Alliances Endure or Collapse", *Survival: Global Politics and Strategy*, Vol. 39, No. 1, 1997.

Todd Sandler, "Alliance Formation, Alliance Expansion, and the Core", *The Journal of Conflict Resolution*, Vol. 43, No. 6, 1999.

# 后 记

　　研究国际问题不仅是门"彼学"，亦是一门关系学。今日之中国，是世界之中国；今日之世界，是深受中国影响之世界。把"彼学"做扎实了，把关系学理清楚了，有助于在相互依存世界中做好"己学"，为中华民族的伟大复兴创造良好的外部环境和内部动力，有针对性地破解世界性难题、构建更加美好的世界。了解世界的最直接方式就是把脉最为重要的现实和理论命题。本书关注的大国兴衰之机理与全球治理秩序的演变就是这样的命题。在学术研究和外交研判中准确判断环境、把脉规律、把握大势，有助于我们在世界大变局中开新局、在世界乱局中化危为机。

　　构思这本书，是对一段时间思考的总结。2018 年年初，中国社会科学院选派了几位年轻学者去波尔多政治学院（Sciences Po Bordeaux）交流授课，同行的有社会学所和文学所的老师。在波尔多的生活很单一，除了认真备课上课之外，我会待在办公室里专注地读书与思考。就在那时，我开始慎重考虑将研究聚焦到大国兴衰背后的机理与全球治理秩序的演变上来。实际上，这两个主题是密切联系在一起的，恰恰是霸权国的相对衰落及其权力护持行为直接或间接地导致全球治理秩序的变动与调整。于是，这本书的思维框架雏形开始在我的脑海中浮现，并计划在未来的五年内完成全书写作。

　　最初的思维框架图是建立在批判借鉴斯特兰奇开创的国际政治经济学分析路径基础之上的。作为国际政治经济学的奠基人，她对学科成长的贡献功莫大焉，她提出的结构性权力概念在一定程度上发展了对国家兴衰动能、国际货币和金融领域的研究。然而，时代的车轮不断前行，她的理论预设前提、变量选择和基本假设都或多或少地不再适用于当下的分析，且对大国系统效应、秩序塑造和全球治理规则的相对忽视，也让一些论述不再适宜于如今的世情。这也是我想写这本书的动意所在，通过拆解和发展斯特兰奇提出的结构性权力，揭示纷繁复杂世界背后的机理。思维框架的完善主要得益于日常工作中对政治与经济研究视角的结合，此外，我所从事的全球治理研究有助于系统思维和系统观念的培养和磨砺。站在全球秩序的总体高度观察和思考问题，在一定程度上避免了本书研究"只见树木，不见森林"。

　　把思想的火花落到纸上是一件漫长而艰辛的工作。回国后，学生和研究助理们的加入，加快了这一转化进程，并让外人看来枯燥的工作充满了快乐、惊喜和期待。不管是对理论精致性的极致追求和对现实检验的严格要求，不管是审慎求证定量数据还是严谨推演理论模型，都意味着我们要付出大量的劳动。否定之否定，理论塑造过程中曲折性与前进性并存。我们想要尽可能地契合理论与实际。我们深信，一味精致描述现实的理论是没有力量的，而过分远离实际的理论又是没有温度的。一个有生命的理论是可以被证伪的，在谨慎调适理论保护地带和坚守理论内核间不断寻求不完美平衡。也正是因为不完美，理论才会不断地被完善，不断地推动人类认知的进步。很多次完成了立论，又无情地推翻自己。虽然呈现在读者面前的书稿亦不尽完美，但在这个过程中我看到了自己和大家的成长。当这本书问世的时候，孙振民已经去了清华大学读书，在全球治理领域继续深造；郑海琦去了中共中央党校（国家行政学院）国际战略研究院工作，专注海洋安全和全球治理研究；黄宇韬成了我的同事，正在不断夯实并开创国际规范研究的新路径。在本书的写作中，任琳、孙振民共同撰写了总论、第一章第一部分和第二章第五部分；任琳、郑海琦共同撰写了第二章第三和第四部分；任琳、黄宇韬共同撰写了第一章第二部分。孙振民为整个研究项目的有序推进做了大量的协调工作。同时感谢校对编辑细致认真的文字勘校。我不想对他们的贡献进行排序，因为每个人的付出都是不可或缺的。感谢他们陪伴我走过这一段难忘的学术征程，一起欣喜，一起沮丧，一起坚持，一起奔赴。

　　整个研究耗时五年，部分阶段性成果已陆续发表在权威与核心期刊上，包括《大国战争之后：权力生产方式的历史演变》《技术与霸权兴衰的关系》《金融与霸权关系的悖论》《联盟异化的起源》《虚弱的联盟扩容与全球治理秩序》《经济安全化与霸权的网络性权力》等。然而，论文仅展示出我们研究旅程的些许片段，未能完全呈现五年间学术踏青的点点滴滴。有多少次，我们被许多有趣的数据或案例所触动，欣喜若狂地想要尝试解读，并期许这或许能够推进国际关系中层理论向前发展。虽然本书进一步拓展了上述论文发表的内容，但掣肘于有限精力和聚焦主题的需求，我们还是不得不再次舍弃了许多有趣的发现，例如日本、俄罗斯、欧洲国家在我们理论框架下的行为表现和行为逻辑。本书只是个开始，文终仍感意犹未尽。不得不说，理论创新这条路是很苦的。理论每一次的发展和进步都犹如蝉蜕，点滴欣喜的背后是夜以继日的拼搏，几许收获皆伴随撕裂般的痛楚，为达彼岸需历经不断"否定之否定"之艰辛。在此，我们愿能借此依旧青涩的文字"抛砖引玉"，吸引更多更加优秀的学术同仁加入到对话中来，彼此鼓舞、携手前行、攻坚克难。

　　这本书主要讲"今日之世界",已经临近曲末。谈及霸权相对衰落的实质性原因,包括其对内国家与市场逻辑的平衡不利,以及对外出于霸权护持的目的,破坏中性的全球治理秩序,无视全球治理的义务担当。已有霸权治下的全球治理体系处于瓦解、停滞与重塑的过程之中。那么,未来的全球治理体系改革将会遵循什么样的规则,将对世界各国带来什么样的影响,中国又将对此做出何种积极努力呢? 在本书收尾之际,我已经准备开启下一场学术旅程,届时将把聚光灯转向"中国与世界":中国之于世界,世界之于中国。面对常态化的大国博弈和外部压力,我们要坚持敢于斗争,坚持自立自强,坚持开拓创新,难不住、压不垮,推动民族复兴伟大事业劈波斩浪、一往无前;面对百年未有之大变局和日趋严峻的全球性问题,我们要始终不渝地倡导正确的义利观,秉持全人类共同价值,积极倡导构建人类命运共同体。

　　在本书的撰写过程中,张宇燕老师、阎学通老师、王正毅老师、高祖贵老师等学界前辈都给予了我莫大的支持。漆海霞、黄琪轩等学界同伴的相伴而行也时刻鼓舞着我探索更广泛的学术天地。此外,我深深地感受到,与斯特兰奇一样,当代中国国关女学人的辛勤耕耘和通力合作,也为中国国际政治经济学与全球治理研究的发展与完善带来一抹阳光。文终,我想把这本书送给她们,乐见我们共同的研究事业正春华枝俏,待秋实果茂,与君共勉。

任 琳

于贡院西街